[澳大利亚] 珍妮弗 · M.吉德利 著　刘露 译

未来

牛津通识读本 ·

The Future

A Very Short Introduction

译林出版社

图书在版编目（CIP）数据

未来 / （澳）珍妮弗·M.吉德利
（Jennifer M. Gidley）著 ; 刘露译. -- 南京 : 译林出
版社, 2025. 2. -- （牛津通识读本）. -- ISBN 978-7
-5753-0339-2

Ⅰ. G303-49

中国国家版本馆CIP数据核字第20249ER976号

The Future: A Very Short Introduction by Jennifer M. Gidley

著作权合同登记号　图字：10-2018-429 号

未来　［澳大利亚］珍妮弗·M.吉德利 / 著　刘露 / 译

责任编辑　於　梅
装帧设计　景秋萍
校　　对　戴小娥
责任印制　董　虎

原文出版　Oxford University Press, 2017
出版发行　译林出版社
地　　址　南京市湖南路 1 号 A 楼
邮　　箱　yilin@yilin.com
网　　址　www.yilin.com
市场热线　025-86633278
排　　版　南京展望文化发展有限公司
印　　刷　江苏凤凰通达印刷有限公司
开　　本　890 毫米 × 1260 毫米　1/32
印　　张　10.25
插　　页　4
版　　次　2025 年 2 月第 1 版
印　　次　2025 年 2 月第 1 次印刷
书　　号　ISBN 978-7-5753-0339-2
定　　价　39.00 元

序　言

秦麟征

澳大利亚未来学家珍妮弗·M. 吉德利（Jennifer M. Gidley）教授的未来学代表作《未来》（*The Future: A Very Short Introduction*）是"牛津通识读本"系列中第一本关于未来思考的图书。自2017年出版以来，该书在全球学术界产生了广泛的影响，许多国家先后出版了本国语言的版本，世界各地的大学也把它作为未来课程的必读书目。继阿拉伯语、土耳其语、意大利语、希腊语等版本之后，其他语种的版本也在陆续出版中。而今，《未来》也开始在我国出版发行，以中英对照的形式，出现在广大读者面前。

作者珍妮弗·M.吉德利博士是澳大利亚心理学家和教育家，也是一位具有国际影响力的未来学家。作为悉尼科技大学可持续未来研究所的兼职教授，她的足迹遍及世界各地，在许多国家与地区从事科研和教学工作。她具有深厚的跨学科学术背景、丰富的教学经验和扎实的专业功底。卓越的学术成就、成熟的见解、对日益不确定的世界给人们带来的挑战的深刻理解，使她在世界未来学界独树一帜。她两次当选世界未来研究联合会（WFSF）的主席（2009—2017），成为该组织任期最长的领导者。世界未来研究联合会是全球未来研究领域的高水平学术机构，由来自全球七十多个国家的数百名世界领先的未来学家和研究人员构成，是联合国教科文组织（UNESCO）和联合国经济及社会理事会（UN ECOSOC）的合作伙伴。在八年的任期中，她把处在疲惫及遗留状态的世界未来研究联合会，重建为世界上具有强大影响力和极受尊敬的非政府组织。她被誉为全球思想领袖和高科技时代“以人为中心的未来”的倡导者。福布斯排行榜将她列入“世界前50位女性未来学家”榜单。

正如珍妮弗在《未来》一书中所说的那样，让她撰写一本深入浅出、专业与非专业读者共赏的“未来”通识读物，对她“的确是一个挑战”。其原因是，她需要介绍和论述的主题是“未来”这一抽象、复杂而又重要的概念。她清楚地意识到，让人们正确地认识未来概念具有重要意义：帮助社会及个人更好地规划和管理未来，减少不确定性带来的风险，抓住未来的机遇。自有人类以来，人们对未来的探索、想象和思考便已存在且无休无止。不论是出于对未来的恐惧，还是出于求知的好奇心，人类主观能动地探索、想象和思考未来的能力被称为“未来意识”。人类的这种意识是在不断提高的。即使从有文字记载的时候算起，未来意识的发展也已经历了数千年。随着历史的变迁和文明的更替，人类的未来意识也在不断地成长和增强，在20世纪从传统阶段进化到现代阶段。可以说，《未来》一书是人类未来意识悠久发展历程的真实写照，更是现代未来意识和增强这种意识的现代未来学的系统介绍。

不少人已经感悟到：在我们所处的世界，唯一不变的是变化，唯一能确定的是不确定性。这种感悟虽然极端，但在一定程度上是成立的，因为它在强调变化是宇宙的基本特征，不确定性是现代社会的显著标志。在人们的心目中，未来是扑朔迷离、变幻莫测、复杂多端和虚无缥缈的，把未来作为科学研究的对象，是件不可思议的事情。珍妮弗在书中对此做了解读。她断言，未来已成为现代未来学的独特研究对象，这门学科既是艺术也是科学，它针对多元未来而非单一未来进行科学研究。不可否认的是，把目前并不存在的未来作为学科的研究对象，难度极大，但也因此而充满魅力。

珍妮弗赞同前辈未来学家们的主张和对未来概念的界定，强调未来会有多种多样的可能性，而非有一个固定的、单一的、等待着我们去预言或预测的未来。她用批判的眼光分析线性时间观。当人们说“未来已来”的时候，意味着“未来”已经或正在成为“现在”。当人们说“凡是过往，皆为序章，凡是未来，皆有可期”的时候，则意味着“现在”已经成为“过去”，“未来”即将成为“现在”。这些说法，正是线性时间观的体现。线性时间观和非线性时间观相左。前者遵循过去、现在、未来的直线发展顺序，是有序而不可逆的，而后者则打破了时间的直线发展顺序，允许时间的循环往复、随意跳跃、回溯、并行或周期性发展。两者各有其优缺点，都可以用来探索未来。珍妮弗认为，以往人们习惯于用线性时间观探究未来，而这种时间观是有局限性的。她指出，随着科学方法的改进和计算机技术的发展，用线性时间观探究未来的方法，即通过积累及解释“过去”的模式来预测和量化“未来”的能力虽然增强了许多，却依然无法排除“未来”

的不确定性。

在线性时间观中，过去、现在和未来三者都可长可短，但最有争议和最难以确定的却是“现在”。在我们耳熟能详、带有励志色彩的“一个今天，胜过两个明天”（柏拉图语）和“活在当下”（现代流行语）这两个表述中，“今天”和“当下”并没有按其原意被对待，而是被扩展为或长或短的一段时间，即“今天”并非一天，而“当下”的时间跨度也往往很大。按照佛家的说法，“当下”是三千六百分之一秒（一秒为六十个刹那，一刹那为六十个当下），和我们的理解相距甚远。随着现代科技的发展，秒的计算已经细分到极小的程度，秒之下依次为毫秒、微秒、纳秒、皮秒、飞秒、仄秒、幺秒和普朗克时间。最小的普朗克时间为10^{-43}秒。不论用“当下”还是秒以下的时间来计算，承接“未来”和“过去”的“现在”几乎是不存在的。所以“现在”的长短，通常是约定俗成的一段不短的时间。根据某些未来学家的主张，应该把“现在”的时间跨度，扩大为100年甚至200年，以着眼于更长远的未来。现代未来学研究在兼顾“过去”的基础上，以宽容的态度对待“现在”，艺术地、科学地探究未来。

《未来》一书聚焦于人类对未来的思考、恐惧及好奇，以及人们如何去理解和预测未来。作者通过本书，披露了她把未来作为一个开放系统的见解：在这个系统中，未来具有各种可能性和不确定性，它不是一个确定的结果，未来可以通过我们的行动和决策来塑造。作者以简洁明了的语言，阐述复杂的未来学概念，通过生动的案例及实例，提供未来学的历史沿革、基本框架和方法论指导，引领读者以开放和多元的视角，审视与思考未来的复杂性、多样性和可能性，提升读者设计和创造未来的能力。从学术上来说，本书通过未来学知识和方法论的普及、未来学和教育相结合的倡导，激发人们对未来的关注、思考和讨论，搭建学术与公众对话的桥梁，为未来学的发展和学科建设做出了重要贡献。它不仅为未来学研究者提供了有价值的参考和启示，而且为广大读者打开了一扇通往未来世界的大门。

我国探究未来的历史源远流长，为后人留下了丰富和宝贵的遗产。《易经》既是一部研究变化，也是一部探索未来的经典著作，已有6500年至7000年的历史。孔子提出天下为公的大同世界的理想，也早于本书提及的柏拉图的《理想国》。20世纪70年代中期，未来学和现代未来研究开始在我国兴起。50年来，越来越多的专家及学者投身现代未来研究和未来学学科建设。随着我国面向未来的教育的逐步发展和扶持交叉学科、跨学科政策的出台，许多大学设立了未来技术学院，以及大量的交叉学科和跨学科专业，未来学的教育也将提上日程。未来学的发展有着诱人的前景，随着未来学专业和课程的设置，未来学教授、未来学硕士和博士在我国的出现已不再遥远。

感谢《未来》（中英对照版）的译者、校订者和编辑，正是由于他们的辛勤付出，珍妮弗的这本力作才得以在中国出版。我相信，它的出版不仅将促进我国未来学事业和以未来为定向的教育的发展，而且将使我国广大读者获得不少教益与启发。

目 录

引　言　1

第一章　3000 年来的未来观　21

第二章　多元未来　45

第三章　多元未来研究的学术发展　64

第四章　水晶球、飞行汽车和机器人　83

第五章　技术乌托邦，还是以人为本的未来？　102

第六章　全球未来大挑战　117

结　论　137

附录：全球未来时间线　140

索　引　146

英文原文　155

引 言

介绍“未来”

我们当下面临的未来，威胁着我们作为一个物种的生死存亡。它令我们许多人珍视的、舒适的城市生活方式危机四伏，也让地球自身的宜居性充满隐患。我们正处在一个关键的时代，地球公民面临着诸多复杂、艰巨和无序的挑战。仅气候危机一项，就预示着种种可怕的未来——海平面上升、城市被淹没、气候难民大规模迁移；干旱、洪水和盐渍化带来的耕地流失，引起严重的粮食短缺，以及大规模的物种灭绝。一些太平洋岛屿已经消失，而在美国，第一批气候难民正在从低洼的岛屿向地势较高的地方搬迁。而这一切仅仅是开始。

著名理论物理学家斯蒂芬·霍金，牛津大学哲学教授尼克·博斯特罗姆，以及亿万富翁、企业家和工程师埃隆·马斯克都已经对我们提出了严正警告：“超人工智能”的发展给人类文明的存续带来了潜在的威胁。如果再考虑到频发的随机恐怖袭

击事件、日益加剧的贫富差距，以及在全球年轻人中肆虐的心理疾病，不免让整本书有末日故事之感。在这个时代写一部关于
1 未来的通识读本，的确是一个挑战。

上述情形似乎都暗示着未来是一颗定时炸弹，但这只是事态的一面。

尽管当前的趋势预示着潜在的灾难，但我们也处于有史以来最有利的位置，可以通过自身掌握的手段扭转种种负面趋势。作为一个物种，人类从未比今天更自觉、更紧密地建立全球层面的联系，也从未比今天更有能力进行彻底的、积极的变革。有了即时通信手段，只要具备理解、热情和意愿，数以百万计的人可以在一瞬间动员起来，为公益事业而行动。

无论人类在这些具有挑战性的问题上如何选择，我们通过今天的行动创造的未来，将影响未来整个人类数千年甚至数百万年之久。人类一直影响着未来，我们在这本书中探讨人类与未来关系的历史时，将会看到这一点。

几千年来，我们一直在努力预测、控制、管理和理解未来。我们的祖先祈求神谕的指点，以占星术解读日月星辰的预言，从哲学角度辩论时间和未来的概念，写下乌托邦和反乌托邦小说；进入近代科学的时代之后，人们力求通过积累和阐释过去的模式来推断未来的模型，以此预测未来。

然而，画面单一、可被预测、一成不变的未来，事实上并不存在。相反，未来存在无穷无尽的可能。这一观念变化的核心是人类意识的进化。了解这一点，意味着我们有能力想象和创造我们选择的未来。我们要记住，生活环境的不同，会让一部分人相比另一部分人对未来拥有大得多的权力和影响力。毫无疑

问，社会、政治和经济结构会对某些人群产生更多的限制。我们 2
还必须明白，我们可创造的未来，不同于日常生存所依赖的确定未来，如日复一日的日出日落和年复一年的季节更替。我们需要意识到，人们在日常生活中运用着基于种种假设的“日常预见力”，如公共交通的稳定运行、旅行预订的可靠和天气预报的基本准确。

直到近来，我们一直相信生活通常会按预期的方式进行，依据这样的信念，我们建立了各种社会和文化体系。但在21世纪，我们亲眼看到许多社会文化和生态体系正在土崩瓦解。当今世界复杂而又不可靠。我们预计明天的世界会更加如此。20世纪90年代，美国国防部创造了一个新词VUCA，它代表易变的（volatile）、不确定的（uncertain）、复杂的（complex）和模糊的（ambiguous）。商界也热衷在其领导力叙事中使用VUCA这个词。

随着社会变革步伐的加快，“未来”一词在大众媒体、商业文献以及教育和学术等领域的使用越来越普遍。各地的咨询人士都自称未来学家。进入21世纪以来，随着技术变革的指数级增长，时间本身似乎也在加速，让“未来”离我们更近了。当下“未来”一词的流行，让全球越来越多的政府部门、企业机构、咨询公司和趋势观察者都声称自己关注未来。“未来”成为一个炙手可热的词，而趋势观察也成为一股热潮。现在，普遍认为大学和中小学都有义务在其战略计划中加入诸如“抵御未来风险”和“为未来做准备”之类的表述。然而讽刺的是，商界、政界和教育界里短期思维盛行，几乎没有证据表明它们对几十年来成果丰富的多元未来研究文献有所贡献。

对于个体而言，未来是神秘莫测、变化万端的：有时它像一
3 道彩虹，其尽头的宝藏始终不可触及；有时它像龙卷风一般向我们袭来，或者又像一场海啸，将我们淹没于混乱和无序之中。未来充满着矛盾：它是完全开放的，超出了我们的控制范围，但它又是政府耗资数万亿美元意图掌控的对象。未来既是科幻小说的游乐场，也是城市规划者和政策学究的原材料。未来可能昙花一现、稍纵即逝，且不期而至，刚到来便结束，但也可能似乎永远不会到来。我们每个个体的未来，或被噩梦困扰，或孕育着希望和梦想，或不可思议地与过往生活中的阴霾和喜悦交织在一起，而你却永远可以通过当下的勇敢行动重新创造它。

在这本通识读本中，我希望阐述自己25年来在多元未来研究这一引人入胜的领域的种种发现。我会特别提到在阅读有关未来的内容时有可能遇到的一些潜在的冲突点，尤其是科学预测和毫无根据的猜测之间的冲突。我将讨论未来是时间概念还是地点概念，以及3000多年来人类思考未来的历史，并力图在两个极端——马尔萨斯预言的末日灾难景象和技术乐观派描绘的丰饶主义未来画面——之间找到一条未来的路线。

虽然这本书涉及一些民粹主义的观点，但其重点还是向好奇的读者介绍多元未来学术研究的多元维度。这一跨学科领域拥有50年的历史，会集了来自各大洲的专业人员：数千名教授、研究人员、实践者和学生。多元未来研究是一个全球性的学术领域，该领域的运作基于以下假设：人类的意识水平已经提高，可以包容未来的多种可能性，并且我们是自由的主体，可以创造我们所选择的世界，自觉地参与我们自己的进化。本书的重点之一，便是向读者介绍这种理解多元未来世界的多元化方法所

包含的艺术性和科学性。 4

给未来研究命名

英文中的“未来”一词似乎最早出现于14世纪。《在线词源词典》认为其起源于拉丁语中的futura/futurus一词，意思是“将要成为、尚未成为”，它的动词形式是esse，意为“存在”。它也可以追溯到13世纪古法语中的futur一词，意为“将来、即将到来”。然而，我们今天习以为常的未来的概念，其历史则要古老得多。

目前对未来的研究规模甚广，也有一系列词语来描述它，最常见的是“多元未来研究”（futures studies）、“预见”（foresight）和“前瞻”（prospective）。我希望通过梳理这几个主要的词语，在迥异的概念间建立一种一致性。最早的研究未来的方法被称为“预言”（prophecy），可以追溯到公元前的那个千年，与古老的前理性世界观相关。如今，除非媒体想要贬低关于未来的研究，这个词已经很少使用。

19世纪末20世纪初，人们通常用“预报”（forecast）一词来描述一切关于未来的文字。当时人们对进步充满信念，科技的发展看似前途无量，著名人物的预报风靡一时。英国20世纪20年代出品的“今天和明天”丛书的成功就是一个很好的例子。20世纪60年代，预报技术经历了大的革新，时至今日，那些自认为采用科学方法研究未来的人仍青睐这个词。在我们所讨论的这些词语中，“预报”的词义与“预测”最为接近，并且通常与技术发展相关联，如“技术性预报”。虽然人们普遍认为多元未来研究主要基于当前趋势的推断，但预测性的未来只是几种严肃的未来研究的方法之一。

正如未来历史学家沃伦·瓦加尔曾经指出的那样，H.G.威尔斯是最早呼吁对新技术发明的未来后果进行更为正式研究的人之一：

> 将1902年1月24日，也就是［H.G.］威尔斯在皇家学院做讲座的那一天确立为未来研究诞生的日子，并不算牵强。

1901年，威尔斯在其先锋之作《预期》成功出版后，受邀来到伦敦，在皇家学院做了一次讲座，讲座内容后来结集成《发现未来》一书出版。他在讲座中宣称，需要有一个系统的、“关于未来的学术性研究”。不过，50年后学术界才开始认真对待他的这番话。1932年，威尔斯在一次电台演讲中批评了现状：世界上有成千上万的历史学教授，却没有一位预见学教授。威尔斯认为，预见力调整着我们行为的未来后果，正如他曾说的：

> 这些新事物、新发明和新力量纷至沓来；每一样都带来了深远的影响，但只有在某些事情给我们造成沉重打击之后，我们才开始着手处理它。

第一个尝试用学术方法来研究未来的是德国历史学和政府学教授奥西普·K.弗莱希泰姆，他于第二次世界大战后创造了“未来术”（futurology）这个词，将其视作一门包罗万象的人文或社会科学：“关于特定事物的、有组织的知识系统”。他认为未来术具有“将历史投影到新的时间维度上”的潜力，它与历史的不同之处则在于，由于无法利用已有的书面或口头记录，未来术会使用解释、概括、推测等方法，就如文化人类学或理论社会学那样。如今，我们已很少使用“未来术”这个词。

1957年，法国哲学家、实业家和教育家加斯顿·伯杰（1896—1960）在巴黎成立了国际前瞻中心，出版《前瞻》杂志，同时创造了“前瞻”一词。在伯杰眼中，前瞻是回顾的镜像。它 6
意味着不仅要努力看到未来，而且要采取行动。如今，这个词主要为法国的前瞻学家（如米歇尔·高代）和拉丁美洲的未来学家（如吉列尔米纳·巴埃纳·帕兹和安东尼奥·阿隆索-孔切罗）所使用。高代特别指出了伯杰前瞻概念中的行动元素：“前瞻研究认为未来是人类能动性的结果，而这种能动性又受到人类欲望、计划和梦想的强烈制约。”在伯杰成立国际前瞻中心几年后，法国前瞻学者贝特朗·德·茹弗内尔（1903—1987）在巴黎创立了“可能未来”协会（1960），并出版同名期刊，至今仍在发行。德·茹弗内尔坚信，未来不是预先确定的，而是纯粹的未知，但对于任何给定的事态，各种各样的未来都是可能的，即实际结果将取决于我们的干预行动——人类的能动性。

在欧洲的未来研究取得进展的同时，美国的兰德公司也在开发情景规划方法，特别是20世纪60年代赫尔曼·卡恩做了战后情景研究。法国石油业高管皮埃尔·瓦克据信是首个在私营企业中使用情景规划的人，从20世纪70年代起即开始与总部位于伦敦的荷兰皇家壳牌集团合作。20世纪80年代起，法国前瞻派学者高代将情景规划引入自己的方法，接着彼得·施瓦茨的“全球商业网络”也采取了情景规划法。情景规划是一种宽泛的方法论，可以应用于各种未来研究方法。要想理解各种情景规划所依托的多元未来研究方法，我们就需要关注关键术语、理论、目标、描述词和相关的研究方法。

20世纪60年代后期，其他学科发生的一些重大变化也影响了未来研究。未来研究命名方面最重要的变化源于詹姆斯·达托、埃莉奥诺拉·马西尼等该领域的主要思想家，他们
7 坚持认为，未来和研究这两个词都需要使用复数，“多元未来研究”（futures studies）这个词因此诞生。这个词成为复数看似微不足道，却反映出背后一种更深层次的哲学和政治策略，意在让未来变得民主化与多元化。随着1973年世界未来研究联合会的成立，多元未来研究这一复数化的表述得以确立。我在本书中使用多元未来研究一词时，指的是它是一个跨学科的学术领域，将教育、哲学、社会学、历史学、心理学、经济学理论与现实生活中的观察相结合。它从社会的福祉出发，提出多样而不是单一的未来。目前从这种宽泛立场出发的研究人员，均使用多元未来研究这一复数化的表述来描述其研究和实践的全部领域。

威尔斯的用语“预见”在20世纪90年代再度流行，如今被普遍使用，在从业者中尤为如此。欧盟委员会预见高级专家组对其做了如下描述：“我们可以将预见定义为一个系统的、参与性的、未来情报的收集过程和中长期视野的构建过程……它针对当下的决策，动员联合的行动。”通常认为战略预见（strategic foresight）是预见的一个分支。理查德·斯劳特将战略预见描述为未来研究方法与战略管理方法的融合。对于那些在战略和规划领域工作的人来说，战略预见让他们可以将工作延伸到更为长远的背景中，因此相对新颖且更受欢迎。高代认为，除了缺

乏法国前瞻研究的行动主义导向之外，战略预见是英语中最贴近法国式研究方法的用语。

此外还有一些不常见的用语，为其他个体或小群体使用，以下仅简略提及。

冷战时期，苏联控制下的东欧曾使用“预测学”（prognostics）一词。马西尼认为其与科学实证主义和列宁的思想相关。匈牙利未来学家埃尔泽贝特·诺瓦基解释说，预测学中多元未来研 8
究探索的领域服从于苏维埃政权的集中计划。20世纪六七十年代，一些未来学家一心想要赋予参与者创造另类更可取未来的权力，他们使用了“未来学”（futuristics）一词，但该词始终没有获得太大的关注。20世纪70年代初，另一个词“未来主义”被广泛用于描述该领域，但由于它与20世纪初意大利极右翼激进艺术运动有关，今天人们一般会避免使用它。

“预期”（anticipation）一词最早由威尔斯在1901年出版的《预期》一书中使用，如今也再度出现在公众视野里。值得一提的是，威尔斯当时使用了复数形式，暗示未来是多样和开放的，而不是预先设定好的。20世纪80年代，弗朗克·比安切里在泛欧政治背景下，创造了“政治预期”（political anticipation）一词。罗伯特·罗森随后从苏联的预期系统方法中汲取灵感，试图通过引入数学、计算机科学和控制论，使未来研究名正言顺地成为一门科学。意大利特伦托大学的预期项目、英国布里斯托大学的预期研究小组均是预期研究近期的代表性成果。

未来研究阵容中的最新用语是“趋势观察”。它通常指为了推测未来而汇总过去或当前的信息。虽然趋势观察似乎深具当代色彩，但它从根本上与一直以来的信念密切相关——未来只不过是过去趋势的投射。这个词很受各类顾问的青睐，他们希望借此让客户感受到自己紧跟时代浪潮，并且具备竞争优势。颇具讽刺意味的是，比起我们讨论过的一些其他方法，这一民粹主义的方法虽然缺乏学术深度，却有可能在商业上大获成功，比如市场调研。

与威尔斯在电台演讲中发出号召的1932年相比，我们所处的时代已经有了很大的变化——如今世界上预见学的教授就有
9 好几位。此外，在过去的50年中，无数的大学课程都涉及多元未来研究，其中许多是硕士课程；数十个国家机构和数个全球非政府组织相继成立，以研究或应用长期思维，或两者兼而有之；多种未来研究方法相继问世；数百本未来研究的书籍先后出版；现在至少有五种各具特色的多元未来研究的哲学路径。

综上所述，一个世纪以来，对未来的研究被赋予了不同的名称，它们彼此争夺主导地位，如今人们普遍认为有一个跨学科领域叫作多元未来研究。即使是偏好战略预见、情景规划或前瞻等用语的人也会同意，所有这些概念本身都包含着多元未来研究的复杂多元性。

未来是乌托邦吗？

未来史学家常将乌托邦文学视作早期人们未来观念的证据。我们在此对各类乌托邦进行一个简短的讨论，会获得某些启示——人们将未来视作一个尚未到来的时代，还是一个代表我们的恐惧或欲望的想象之地。乌托邦作为一个想象的理想之地的观念，往往与未来联系在一起。此外，可怕的未来，如常出

现在科幻电影中的那种，被称为反乌托邦。本质上，乌托邦和反乌托邦都是关于在“此时此地”以外的地方发生的、人们所希望和恐惧的未来的故事。但是，在乌托邦/反乌托邦、未来、地点和时间的概念之间，存在着更加错综复杂的关系。

今天我们眼中的乌托邦文学这一体裁起源于古希腊，人们普遍认为柏拉图的《理想国》是创造乌托邦文明模式的第一次严肃尝试。更准确地说，这是一个“优”托邦（eu-topia）——一个好地方。这也为后人的创作奠定了基础——他们笔下的人们 10
生活在更加完美的地方。具有悖论意味的是，“作为一个想象的地方的乌托邦”的概念诞生于柏拉图的《理想国》，而这也正是古代历史上希腊哲学家提出线性时间（过去、现在和未来）概念的时代。莱曼·塔·萨金特在“牛津通识读本”书系的《乌托邦主义》中指出，这些古希腊和古罗马时代出现的正式的乌托邦叙事，不同于那些想要回到过去黄金时代的早期乌托邦神话。《理想国》当时并未被叫作乌托邦，因为直到16世纪初托马斯·莫尔（1478—1535）写了《乌托邦》一书后，人们才开始使用这个词。

早期的乌托邦理念深深植根于“其他空间”的概念，因此它们影响未来（或“其他时间”）的潜力是隐含而非明确的。此类乌托邦叙事是一个关于更好的地方的寓言，其隐含意义是未来的行事方式应当与现在有所不同。反乌托邦同样与地方有关，圣乔治和龙的神话便是早期简单的反乌托邦叙事的例子。无论是基于事实还是虚构，圣乔治和龙的神话都告诉我们在那些日子里，在公元第一个千年的早期，反乌托邦叙事相对简单，也较为黑白分明：村庄受到龙的威胁，一个勇敢的年轻人继而杀死了龙，整个村庄——尤其是那遇险的少女——又变得安全，生活又回到了乌托邦式的幸福和简单。

和所有概念一样，乌托邦和反乌托邦的概念本身也在不断演变。

直到18世纪末，乌托邦叙事才更明确地转向未来叙事。社会学家温德尔·贝尔对此作出了如下解释：

> 18世纪末，乌托邦写作发生了从空间到时间的重大转变。理想社会（或其对立面——反乌托邦）的典型环境发生了根本改变，从同时代的其他地点转变为另一时代的同
> 11 一地点。

未来历史学家伊格内修斯·F. 克拉克提出了有关“旧式地球乌托邦的衰落”的类似观点，这一观点将被科技发达国家文学作品中对“未来理想状态”的关注所取代。随着社会日益错综复杂，乌托邦和反乌托邦叙事也同样如此。

较为晚近的乌托邦未来叙事中，存在着一个悖论，即许多乌托邦是通过全体主义的政府力量或某种形式的社会工程来构建的。大多数乌托邦都是占主导地位的意识形态的反映，这些意识形态在许多情况下都接近全体主义。20世纪极权主义制度崩塌后，全球社会对它的认知逐渐明确，这也促进了反乌托邦小说的繁荣。另一个悖论在于，关于文明如何发展的各种线性模型总是充满价值导向。有些人倾向于将未来理想化，将过去的时代斥为原始，并将进步、发展和进化誉为通往文明的单行道。另一些理论和意识形态则采取了相反的立场，将当下妖魔化，却以理想化的方式看待浪漫的过去——将过去视作美好的乌托邦。

探讨我们今天对乌托邦和反乌托邦的看法，这会告诉我们关于未来、时间和地点的什么呢？今天的一些科幻电影可以归入贝尔所说的后18世纪的类型（同一地点，另一时间）。例如，《疯狂的麦克斯》系列中的故事发生在地球上，不过却是一个被摧毁后的未来地球。然而，许多当代未来派电影都设定在外太空的殖民地，如《星际迷航》系列和《星球大战》系列、《异形》系列和《终结者》系列。这创造了与贝尔提及的其他两种类型不同的第三种类型。这第三种类型在当今非常普遍，故事设定在另一时间（未来）和另一地点（外太空）。此外，在今天的大众媒体中，反乌托邦甚至世界末日叙事远多于乌托邦叙事。 12

未来是尚未到来的时间吗？

在思考未来时，一个常见的假设是，人类的时间概念总是由三部分组成——过去、现在和未来。但人类并非一直这样看待时间，今天也并非所有文化都持有这样的时间观。这种线性时间观大约2500年前才出现，与古希腊西方哲学起源于同一时期。在此之前，人类生活在一种更为植入式的、循环性的时间观念中，它在宇宙尺度上由大的天文周期所主宰，日常尺度上则由季节的节奏变化，以及太阳和月亮的循环周期所驱动。

文化进化史文献告诉我们，自柏拉图时代起，人类对世界的理解不断深入，对世界的再现方式也从神话、故事、史诗和象形文字，逐渐转向更抽象、更深思熟虑的概念。意识进化的研究人员解释说，人类进化出了新的、形成抽象心理概念的能力，让希腊哲学家和数学家奠定了逻辑思维的基础，这种逻辑思维正是我们今天所追求的。巴门尼德和赫拉克利特等哲学家努力探索存在的本质，这也导致了后来关于时间的各种哲学思想流派的形成。它们核心思想的区别在于，时间是恒久、持续和不变的，抑或时间是变化的衡量。后一种观念引发了新的思维方式，即存在这一概念可以划分为线性的时间块——过去、现在和未来，这与时间循环流动的旧观念截然不同。随着线性时间概念的出现，哲学和数学也开始发展。同时，象形符号被字母取代，书面历史诞生了，这意味着过去变得更加稳定，未来的概念也变得更为独立，并成为一个独立的研究对象。直到20世纪初，这种线性
13 的时间观在西方一直占据着主导地位。

驾驭时间的追求

作为探索和驾驭世界的行动的一部分，人类在数千年前就开始测量和控制时间，希望借此掌控我们的未来。在宏观尺度上，人们用日历和星盘掌控时间，这些工具能够测量太阳的运行、月相的变化，以及恒星和行星的运动轨迹。在微观尺度上，人们则通过钟表实现对时间的掌控。这两种类型的时间机器——日历和钟表——并不总像今天这样泾渭分明。

我们今天所知道的大多数古代历法（波斯阿契美尼德历、中国农历、玛雅历、罗马历和儒略历）均发明于2000年前到3000年前。这正是希腊哲学家将时间从循环形态转变为线性形态，并发展抽象思维的那个时代。

古波斯文化是一个有趣的例子，它展示了早期文化与时间及未来之间的密切关系。古波斯历是一种太阳历，是人类历史上最古老的编年方式之一，可以追溯到公元前2000年，比琐罗亚斯德教出现的时间还要早。完整的考古记录表明，现在称为阿

图 1a 《那波尼德年代记》是一部古巴比伦文献，记载着希腊人在公元前330年采用了波斯阿契美尼德历

契美尼德历（见图 1a）的历法，至少可以追溯到公元前330年，希腊人在征服巴比伦后采用了这种历法。波斯历在今天仍然被认为是高度精确的，因为它是通过天文观测而非数学来校准的。它至今仍是伊朗和阿富汗的官方历法。

几乎与波斯人同时，中国人发明了一种主要基于月亮周期的历法。虽然今天的中国采取现代公历作为民用日历，但中国人仍根据中国农历来确定他们的节日，如农历新年。 14

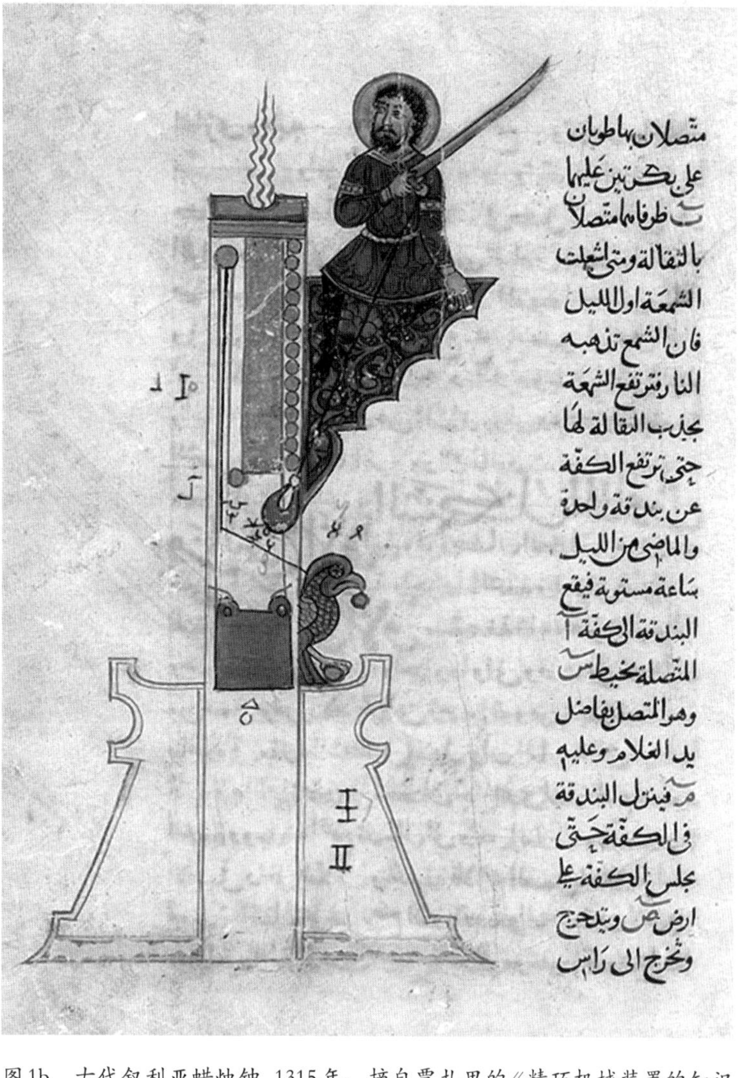

图1b　古代叙利亚蜡烛钟，1315年。摘自贾扎里的《精巧机械装置的知识之书》

玛雅文明在公元前的那个千年里也有了历法，它比波斯太阳历或中国农历都更为复杂。玛雅历法涉及三个不同时间周期的复杂交织，其中一个周期——大周期——结束于2012年12月31日。2012年媒体对此大肆宣传。由于对玛雅历复杂性的理解不足，很多人产生了错误解读，甚至声称这标志着世界末日。玛雅历尤其有趣的地方在于被称为“长纪历”的第三周期。 15

我们从这里开始发现与未来思维相关的地方，特别是主导社会范式下的短期思维和长期思维之间的对比，如旧金山的今日永存基金会提出的“今日永存”概念。 16

按照欧洲的观点，罗马历和儒略历也出现在公元前的那个千年内。罗马历与中国农历类似，也基于月亮周期，形成于公元前750年左右。尤利乌斯·恺撒于公元前45年引入儒略历，它取代了罗马历，至今仍为一些东正教教堂所使用。又过了1500年，如今全世界普遍接受的公历才被引入。

日历展示了人类如何努力理解，并在一定程度上预测太阳、月亮和恒星的宏观时间循环模式，以便对未来有所把握。

钟表则不同，它们被用来以更微观的尺度测量时间，其目的是帮助人们安排日常活动。在14世纪机械钟发明之前，人类设计了许多精妙的方式来测量时间的流逝。几千年中，我们用日晷和石圈、水钟、蜡烛钟（见图1b）和沙漏来测量时间，后来又研制出发明机械钟所需的摆锤、弹簧和齿轮。

介于日历和时钟之间的是占星钟和星盘。早期的时钟有着天文和占星方面的特征，表明这一时期的时间概念仍与宇宙的循环相关——布拉格天文钟就是一个极妙的例子（见图2a）。这件融科学与艺术为一体的作品蕴含着复杂的美学和动态特征，它已经端坐在布拉格老城广场的市政厅外墙上600多年了。

与此形成鲜明对比的是数字智能手表体现出的简约美感（见图2b）。智能手表——也称为穿戴式计算机——尽管凝聚着
17 复杂的高科技，却只能佩戴在个体身上，不能指望它如布拉格市政厅时钟般拥有标志性建筑所代表的文化力量。尽管数字智能手表能够录制我们的声音、运行移动应用程序、执行基本任务、计算和翻译，但它充其量只能为佩戴者提供一种虚拟的联结感。它需要每两天充电一次，它与短期主义锁定，在推出后的两年内要么坏掉，要么被“更智能”的手表所取代。

无论是布拉格老城中心的天文钟，还是北京和新加坡机场

图2a　布拉格天文钟，1410年。它安装在老城广场市政厅的南墙上，是世界上仍在运行的最古老的天文钟

图2b “鹅卵石”数字智能手表,2016年

出售的智能手表，都能够“指示时间”。但是我们谈论的是哪种意义上的时间呢？这些不同的时间又给了我们哪些关于未来走
18 向的启示呢？

虽然我们可能会觉得自己被封闭在一个令人忧心的未来中，无法逃脱，但了解思考未来的不同方式，会给我们更多的选
19 择，并赋予我们从无数可能性中创造出不同未来的力量。

第一章

3000 年来的未来观

时间意识的历史

通过理解过去人类如何叙述和构建未来，我们可以更深刻地认识到未来思维的重要性。探索“历史中的未来”及其与“当今的未来”之间的联系，会让我们准备好去创造更明智的未来。

我们对未来，以及未来与时间的关系的看法一直在不断进化，这样的进化与人类意识的发展交织在一起。文化历史学家和意识研究者提供了充分的证据，表明进化论并非只有查尔斯·达尔文的生物学理论。关于文化和意识进化的理论，早在18世纪后期就已经在德国唯心主义和浪漫主义哲学家（如格奥尔格·威廉·弗里德里希·黑格尔、约翰·沃尔夫冈·冯·歌德和弗里德里希·威廉·约瑟夫·谢林）中间传播。在许多20世纪思想家的著作中都有一个核心议题，即人类意识在漫长的历史进程中不断进化。这些思想家包括鲁道夫·斯坦纳、德

日进①、让·盖布瑟、尤尔根·哈贝马斯、马歇尔·麦克卢汉和
20 肯·威尔伯。意识的进化影响了我们看待时间和未来的历史。

文化历史学家盖布瑟所著的《始终存在的原初》一书，凝结了他20年间对人类意识研究的成果。他提出，整个人类历史上先后发展出五种意识结构，他称之为古老意识、魔幻意识、神话意识、心理意识和（正在涌现的）整体意识。盖布瑟、斯坦纳和威尔伯还提出，时间意识随着人类意识的进化而变化。英国社会学家芭芭拉·亚当在社会时间和未来方面著述颇丰，并在所著的《时间》一书中借鉴了盖布瑟对文化史的详细研究。从事多元未来研究的社会学家埃莉奥诺拉·马西尼则以社会学、历史学和人类学术语对时间和未来进行了分析。以下是对盖布瑟的意识结构的简要描述，包括他和其他思想家如何将每种结构与相应的时间意识类型联系在一起。

早在有历史记载之前，最古老的人类体验着原初的意识，不过对此我们了解甚少。盖布瑟的观点是，最早的人类生活在一种前时间的体验中，他称之为"始终存在的原初"或"永恒的现在"。女性主义未来主义者伊万娜·米洛耶维奇将这个最早的阶段称为梦境时代或永恒的现在。

盖布瑟称，直至冰河时代到来之前，早期生活在大自然中的狩猎采集者、游牧民族和穴居人经历着这种魔幻意识。他称他们的时间意识为"永恒性"，并指出作为现代人类的我们，在聆听音乐或享受其他愉悦体验时，也能体会到这一感觉。芭芭拉·亚当使用"前时间的时代"一词来描述这个古老的时代。

① 即皮埃尔·泰亚尔·德·夏尔丹，德日进是他为自己取的中文名字。书中注释均由译者所加，以下不再一一说明。

和魔幻意识一样，彼时的人们与整个世界有一种内在的联系和统一感。

魔幻意识后来转向了神话意识，人类从游牧生活过渡到定居的农业村庄，随后建立地球上第一批城市与此发生在同一时期。神话意识与语言系统的发展密切相关，这些语言系统使得 21
复杂的神话、象形文字、天文学和更加复杂的社会群体的形成成为可能。盖布瑟称这个神话时期的时间意识为“有节奏的/循环的”时间观。马西尼表达了一致的看法，并指出佛教文化和印度文化的神话叙事中也可以发现循环性的时间观点。

盖布瑟等学者认为理性意识起源于古希腊伟大哲学家活跃的时代。这一时期，字母书写、哲学、数学、精英教育和正式的法律体系的发展，推动了智力和文化的飞跃。盖布瑟、斯坦纳和威尔伯都指出，线性时间概念在这一时期开始萌芽，并由此引发了我们今天基本的未来观念。马西尼认为线性时间的概念同样起源于古希腊-古罗马时代，她用箭头作为其象征。后来，箭头在科技不断发展的近代也成为进步的象征。她同样指出，自从20世纪70年代罗马俱乐部发布《增长的极限》报告之后，线性时间总是与进步联系在一起的观念逐渐失去了阵地。

第五种意识结构被盖布瑟称为整体意识，萌芽于文艺复兴时期，并随着科学、哲学及人权的进步，在个体和文化群体中的影响力逐渐增强。它与发展心理学家认定的更高级的推理方式同步发展。在盖布瑟看来，整体意识是意识的最高级形态，与最高级的时间意识相关联。盖布瑟将这种时间意识称为“时间自由”或“时间的凝聚”，在这种状态下，我们能够体验到所有不同文化的时间感，而不局限于某一种。马西尼则以螺旋来象征这种最高级形态的时间意识，其中圆圈和箭头融为一体，并借鉴了22 系统科学家和意识研究家欧文·拉兹洛的成果。

这些不断演进的时间观念，在过去的数千年间改变了我们对未来的感知。与整体意识相关的新兴时间意识，则会塑造我们今后的时间意识。

先知、女预言家和占卜

从公元前的那个千年起，犹太基督教和波斯文化中的主要文化领袖被人们称为先知。“先知”一词的意思是“代言者”（希腊语）和“神的代表或喉舌”（希伯来语）。此时人们相信未来掌握在上帝的手中。未来是上帝预先安排好的神圣计划的一部分。先知被赋予了巨大的权力，人们认为他们可以听到并影响上帝的启示。他们被视为人民的领导者。

在古老的波斯，先知琐罗亚斯德（查拉图斯特拉）（约前628—约前551）既是民众的领袖，也是琐罗亚斯德教的创始人。这个人物的身上体现了领导权、预言，以及宗教/神/灵魂的紧密结合。伊斯兰教在1000多年后诞生时，也将先知这一称号赋予了它的领袖。

希伯来文化中，预言主要从占卜活动中产生，先知作为上帝（耶和华）的使者，主要担任预言宣布者的角色。他们在预言方面的成功与否取决于他们获得上帝启示的能力，这对于早期的先知来说至关重要。他们在社会中也集多重角色于一身，既是民间领袖也是宗教领袖。从公元前1000年左右开始，先知间形成了行会，他们常成为活跃的政治家或担任国王的导师。然而，并非所有先知的话在国王听来都很顺耳。一些后来的先知演说

家是反叛的激进分子，他们扬言国王要对自己的品质或德行的沦丧负责。先知以利亚便是一位激进的改革家，他是如今需要 23
其勇气才能“向权力说真话”的批判性未来思想家的原型。最著名的希伯来先知都是男性，如亚伯拉罕、以撒、雅各布和摩西。但是，《塔木德》中提到了七位女先知的名字，还称莎拉的预言能力优于她那更有名的丈夫亚伯拉罕。讽刺的是，当阿尔文·托夫勒出版《未来学家》（1972）一书时，书中提及的22名未来学家中只有一位女性，即玛格丽特·米德，虽然他承认几位作者的妻子也常参与作品撰写，包括他自己的妻子海蒂。

在古希腊，妇女在未来方面承担着更加主导性的角色，女预言家即神谕发布者。人们相信，女预言家可以直接获得神的启示，其口中说出的神谕和预言在当时的文化中受到极大的尊崇。人们收集女预言家传达的神谕原文，置于神庙中保管，待危急时刻从中寻求启示。不过，围绕这些神谕也存在不少争议，因为后来犹太人和基督徒都写下了相似的文字，与原文真伪难辨。尽管最初的女预言家是基督教出现前异教时代的人物，但西斯廷大教堂米开朗基罗创作的天顶壁画，却让五个女预言家（分别是德尔菲、库比、波斯、利比亚和厄利特里亚的女预言家）的名字被后世所铭记。女预言家常被视为最早预言基督降临的人。米开朗基罗将她们描绘为最先感知到救世主到来的人，救世主将预言与灵魂的救赎联系起来。在这样的时代，未来的召唤是一种灵魂的呼唤。

亚伯拉罕的子民和其他宗教的信众，在很大程度上都信奉要由人来斡旋上帝与人类之间的事务，但中国人则不同，他们主要利用无生命的对象来解释宇宙规律并“观测未来”。早在公

元前1200年，中国商朝的巫师便以甲骨文记载卜辞和预言。后来维京人用抛掷符文来预测他们的未来，年代虽然比商朝巫师
24 晚得多，但指导原则却与之类似。中世纪的欧洲，占卜仍风行一时。塔罗牌最早出现于15世纪中叶的法国，不过想象不到的是，直到18世纪近代科学出现之后，它们才被用来预测未来。

从柏拉图到列奥纳多·达·芬奇

公元前那个千年的中期，人们的未来观发生了转变——从依赖先知和女预言家传达神的旨意，转向古希腊和古罗马文化中以人为中心的乌托邦想象。萨金特在“牛津通识读本”书系的《乌托邦主义》一书中告诉我们，较早的乌托邦经典神话幻想了一个存在于过去的黄金时代，柏拉图和维吉尔（前70—前19）的古希腊和古罗马乌托邦故事则不同，它们有关人类创造的社会。

> 这一脉的乌托邦传统给人们带来了希望，因为它更加现实，且关注人类如何自行解决食物、住房、衣服、安全等问题，而非依靠自然或众神。

柏拉图在《理想国》（前380）中不仅谈及了教育问题和男女两性在社会中的角色，也设想出一个由哲学家统治的理想而和谐的国家。萨金特将其描述为“最接近理想社会的形态”。他对维吉尔笔下的阿卡迪亚[①]也作出了类似的评价：“在那里，更美好的世界由人类的活动所创造，而不仅仅是众神的礼物。”

---

① 希腊神话中自然之神潘神居住的地方，代表着收获、富足与自由。维吉尔在《牧歌》中创作了一系列有关阿卡迪亚的诗歌，将其塑造为一个田园牧歌的发祥地。

他进而指出，维吉尔的《牧歌·其四》标志着乌托邦从过去的黄金时代向未来时代的转变。

古罗马时代，人们逐渐明确了过去和未来之间的区分。德·茹弗内尔指出，古罗马哲学家马尔库斯·图利乌斯·西塞罗（前106—前43）区分了facta（已完成和可以被视为确定之事）和futura（即将发生却尚未完成之事）这两个词。德·茹弗 25
内尔继而又指出，不存在关于未来的科学，因为“未来不是处于‘真或假’的领域，而是处于‘可能性’的领域”，或者他称为“可能未来”的领域。虽然时间理论家可能会批评德·茹弗内尔对“已成事实”和“未来事项”的理解过于简单化，但这两个概念只是起点，为其预测艺术中更加复杂微妙的概念奠定了基础。

宏观历史学家约翰·加尔通和索海尔·伊纳亚图拉认为，中国哲学家司马迁（前145—前90）是最早的未来主义者之一，因为他绘制了“天运”的循环周期，分布在30、100、300和1000年的时段上[①]。值得注意的是，司马迁和西塞罗的文字虽然在时间上仅相隔几年，却代表了从循环性时间观向线性时间观转变时期的两种截然不同的世界观。

在所谓的黑暗时代和中世纪，人类探索未来的旅程中只能找到少数几个路标。基督教神学家和哲学家希波的奥古斯丁（354—430）是首个在线性时间的框架内提出乌托邦想象的人，此时线性时间相对而言还是新生事物。公元426年，奥古斯丁的作品《上帝之城》问世。奥古斯丁在书中根据当时的基督教教义，提出了一个基于爱的乌托邦未来社会的构想。

① 当指《史记·天官书》中的“夫天运，三十岁一小变，百年中变，五百载大变”。

又过了几百年，下一个重要的乌托邦幻想家才出现。12世纪后期，西西里修道院院长和神秘主义者菲奥雷的约阿希姆（1135—1202）预言地球将经历三个大纪元。他预测第三纪元将以1260年为起点，其时地球上将发生信仰的大变局。奥古斯丁和约阿希姆二人对未来的观念截然相反，对此荷兰社会学家和政治家弗雷德·波拉克在《未来的形象》（1955）一书中提供了重要见解。波拉克认为奥古斯丁的乌托邦是柏拉图式的理想，试图通过将人世提升至天堂的形态来重塑它——将其精神化为
26 上帝之城。在奥古斯丁的未来里，人类在统御万物的上帝和势力强大的教会面前处于被动的地位。约阿希姆的第三纪元则与之形成鲜明对比，人类负责通过行动来改变地球。约阿希姆的方法启发了欧洲托钵修会，并促成了“社会乌托邦主义和乌托邦社会主义”的出现。

具有讽刺意味的是，正是1260年，即约阿希姆预言第三纪元开始的那一年，英国哲学家、修士和数学家罗杰·培根（约1220—1292）出版了《工艺与自然的奥秘》一书。罗杰·培根（不像400年后的那位弗朗西斯·培根）名不见经传，却预见到科学知识有一天会让人们发明汽车、直升机和机动船。克拉克曾在《未来的模式（1644—2001）》一书中引用了培根的《工艺与自然的奥秘》中的一段文字，我放在这里：

……人们可以制造汽车，从而在不借助动物的情况下以惊人的速度移动……飞行器也能制造出来，由人坐在这机器中间旋转某些引擎，人造的机翼就能像飞鸟一样搏击空气。

19世纪，罗杰·培根的科学著作重见天日，被视为弗朗西斯·培根开创的实验法的先驱之作。然而，他的《工艺与自然的奥秘》更多地属于炼金术作品而非科学著作的范畴。而在我看来，它是科幻小说的原型。

在罗杰·培根的作品问世一个世纪后，北非阿拉伯历史学家伊本·赫勒敦（1332—1406）写下了《历史绪论》（1377）一书。宏观历史学家向我们指出，这本书中阐释了一种关于社会变革的循环性理论，即游牧征服、巩固、衰败、腐朽和进一步征服的循环模式。而未来到底是进步、衰落，还是仅仅是重复循环，在21世纪的今天仍是热议的话题。 27

文艺复兴时代的未来

文艺复兴代表了一场思维与文化的革命，指向一个截然不同的未来。它跨越了从14世纪后期到17世纪的漫长年月，见证了欧洲旺盛的艺术和文学创造力。列奥纳多·达·芬奇（1452—1519）是一位重要的早期未来想象者，15世纪末，他绘制了飞行机器和战争机器的详细图纸，并制造出模型。从1488年起的十多年间，他还设计了一个理想城市的复杂模型，旨在应对米兰肆虐的瘟疫。列奥纳多的理想城市中基础设施齐全，包括宽阔的道路、建筑物中的新鲜空气通风口和地下清洁系统（以防止疾病的传播），但是设计规模过于庞大，当时的条件无法建造。作为文艺复兴时期的未来主义者，达·芬奇的想象为几个世纪后的一些发明提供了原型。

文艺复兴的同一时期，西班牙、葡萄牙、英国、法国和荷兰迎来了大航海时代。这些国家的探险家离开欧洲，去往大西洋、印度洋和太平洋地区的海上探险，为他们的国王和女王占领疆土。法国哲学家埃德加·莫兰将其称为“行星时代”的开端。随着17世纪初英国东印度公司、荷兰东印度公司等第一批跨国公司的成立，大航海时代不仅标志着欧洲对世界其他地区殖民化的开始，也意味着全球化的起点。

这种超越已知、探索未知世界的精神，极有可能激发了乌托邦作家去想象一片片异域，在那里生活可以重新开始，并得到改善。这个时期的乌托邦是处于另一地点，而不是将来时间的乌托邦，后者更晚才出现。托马斯·莫尔的《乌托邦》（1516）是最
28 著名的乌托邦叙事。它是空想社会主义的先驱之作。书中，集体的价值高于集体中个人的价值。

未来史的书写者常常有意忽略诺查丹玛斯的预言作品《预言集》（1555），或许是因为担心这会给未来研究招来嘲讽，而许多人正要力图明确它的科学地位。与诺查丹玛斯充满想象色彩的预言形成鲜明对比的，是尼古拉·哥白尼（1473—1543）发表于1543年的《天体运行论》，它引发了被称为哥白尼革命的重大思想变革，让人们对宇宙的主导观念由地心说转向日心说。哥白尼等到去世前才发表这一学说，很可能是估计到会被教会视为异端。他的著作被称作“新天文学”，由此开启了科学革命。

1589年，西班牙神学家路易斯·德·莫利纳（1535—1600）加入了关于自由意志和未来决定论的神学辩论，之前这样的辩论已经持续了几个世纪。在著作《和谐论第四部：关于神的预知》中，德·莫利纳提出了“可能的未来”（futura）的概念，指出未来既不是完全由上帝决定的，也不是彻底由人类自由选择的，但对于人类而言存在着偶然和可能的未来，理论上可以被上帝

知晓。虽然这场辩论过于复杂，此处无法充分展开，但德·莫利纳的作品的的确确影响了后人的思想。

莫尔之后的一个世纪，意大利哲学家、多明我会修士托马斯·康帕内拉（1568—1639）出版了《太阳城》。这个故事以一位圣约翰医院骑士团宗师和一位热那亚航海家的对话形式讲述，航海家是宗师的客人，他告诉宗师他在旅途中所见到的奇异的城市景象。故事的开端描绘了一个建在巨大山丘上、由七个巨大圆环构成的城市。随着描绘的进行，故事逐渐涉及一些更为深奥的细节，它们似乎是受奥古斯丁《上帝之城》的启发。在 29
对话的最后部分，宗师对未来的看法是占星师式的，明显还是一种前现代的思维方式。

> 啊，你真该了解一下我们的占星师如何预言未来的时代，以及我们这个时代——最近100年的历史比之前4000年全世界所经历的还要多。他们预见到了印刷和火器的奇妙发明，以及磁铁的使用，而这一切都和水星、火星、月亮和天蝎座有关！

中世纪的乌托邦作品常带有宗教价值观，但教会常会因作者的观点而对其加以迫害。比如康帕内拉就因其异端观点而被判入狱27年，但讽刺的是，他的大部分作品正是在监狱中创作的。和他相比，被处死的莫尔运气就差多了。

对未来的首次科学探索

整个16世纪和17世纪，巨大的变革浪潮席卷了全球：文艺复兴带来了艺术创新和创造力的爆发；欧洲人前往其他大陆进行探索和殖民；曾由神话及宗教主导的未来想象，变成由近代科学激发的未来视野，这也预示着权力由教会的条规戒律向近代科学转移。科学革命和启蒙时代引入了对未来的首次科学和理性的探索。

英国科学家弗朗西斯·培根（1561—1626）的《新大西岛》一书出版于他死后的1627年。人们之所以常称培根为经验主义之父，是因为他提出了归纳法这一科学方法。培根对于未来的想象，在方法上比以前的未来派叙事更为科学。它与中世纪的观点分道扬镳，标志着以奥古斯丁或康帕内拉为代表的、寻求理想化和精神化乐土的未来观，被相信近代科学和人类进步可能
30 性的世界观所取代。培根对未来的想象中，包括对人类品质的理想化观点和由国家资助的研究型学院，后者成为启蒙运动中诞生的现代研究型大学的雏形。

培根的乌托邦故事问世后不久，勒内·笛卡尔发表了论著《方法论》（1637），他的名句“Cogito ergo Sum”（我思故我在）正出自此书。笛卡尔的心物二元论，成为笛卡尔理性主义（或法国理性主义）的基石，也是法国启蒙运动的灵感源泉。

哥白尼、约翰尼斯·开普勒和伽利略·伽利雷新撰写的天文学著作，启发了未来派小说的诞生，这些小说将视线投向地球外的月球和其他行星。英国主教弗朗西斯·戈德温去世后出版的幻想故事《月中人》（1638），常被视作最早的科幻小说之一（见图3）。小说最初是一个地球乌托邦的故事，逐渐发展为一场幻想，故事的主角建造了一台由大型野天鹅充当动力的飞行器，能够载他用12天的时间飞到月球上。

在更为务实的一派中，英国科学家罗伯特·波义耳写下了

图3 弗朗西斯·戈德温的《月中人》封面图,1768年。来自《多明戈·冈萨雷斯的奇异航行与冒险:通往月球的世界》一书的插图

24个科学预测，被称为“波义耳的愿望清单”（1662），清单中的大多数事物随后被人们发明出来。1697年，德国哲学家和博学大师戈特弗里德·威廉·莱布尼茨发表了《论事物的终极起源》一文，专门论述进化，为德国唯心主义意识论著的发展和达尔文的生物进化论做了铺垫。

法国作家贝尔纳·勒·布耶·德·丰特奈尔（1657—1757）紧随戈德温的脚步，出版了《关于宇宙多样化的对话》（1686）一书。超人类主义者没有将他称为先驱之一，简直不可思议。次年，艾萨克·牛顿出版了《自然哲学的数学原理》（1687），标志
31 着近代科学的诞生。

这一系列的迅速发展见证着近代科学与启蒙理性战胜了教会设定的规则及中世纪（赫密斯派）的占星术和炼金术，开始居于主导地位，开启了认为未来由理性和科学规则决定的新时代。艾萨克·牛顿和弗朗西斯·培根身上尤为鲜明地体现出近代科学与神秘主义科学间的冲突，前者是近代科学之父，同时也是最后一位杰出的炼金术士，后者则既是经验主义之父，又是英国蔷薇十字会的领导者。

启蒙时代的未来

18世纪是欧洲的启蒙时代，此时出版的一些重要著作，成为未来几个世纪的理性哲学和知识理论的基础。启蒙时代的一些杰出成果对人类的未来观产生了特殊的影响。

贝特朗·德·茹弗内尔的著作让我们注意到法国数学家和哲学家皮埃尔·路易·莫佩尔蒂对未来思维的重要贡献，莫佩尔蒂在《作品集》（1752）中提出了“记忆和先见”的概念。

德·茹弗内尔引用了他的原文:“前者是对过去的追溯,后者是对未来的期待。”其他的一些贡献在这里也值得一提:法国哲学家德尼·狄德罗耗费20年时间(1751—1772)组织编纂的首部《百科全书》问世,随后德国哲学家伊曼努尔·康德(1724—1804)出版了《纯粹理性批判》(1783)。让-雅克·卢梭出版了《社会契约论》(1762),书中传达了他的乌托邦社会思想,在这个社会中,普通百姓充分参与到社会规则的制定中,这是参与性民主的一种早期形式。法国作家路易-塞巴斯蒂安·梅西耶发表了乌托邦小说《2440年》(1771),他在书中描绘了一个“国家和平、
君主立宪、教育普及和技术进步”的世界,是培根《新大西岛》的 33
延续。克拉克指出,梅西耶是个乐观主义者,因为他认为“人文与科学的逻辑结合,将毫无疑问地带来整个星球的和谐与合作”。

1783年,世界上第一个热气球从巴黎升空,这是科技进步的结果,也带来了欧洲人未来心理的转变。蒙哥尔费兄弟的热气球飞行事件(见图4a)引发了一股热潮,人们迅速绘制了大量构想技术进步的未来的图像,尤其是人类以各种形式飞行的图像(见图4b)。这项新颖的科学发明,让人类最终驾驭了空气——这一幻想已经有至少700年的历史,也让一大批未来主义小说接踵而至。这种新的小说题材在法语中被称为“未来之书”(roman de l’avenir),英语中叫作“未来故事”(the tale of futurity),德语中则是“未来派小说”(Zukunftsroman)。

18世纪下半叶,巨大的政治和社会动荡席卷了大半个地球。英国工业革命(约1760年)后,美国革命(1765—1783)接踵而来,随后又爆发了法国大革命(1789—1799)。每场革命都极大地影响了其所在国家及更广阔的世界对于未来的看法。

Grande Notice 1786

图4a 蒙哥尔费兄弟的热气球,1783年。插图描绘了首个热气球在巴黎升空的场景

这个世纪的中叶诞生了一些重要的理论，为我们今天看到的两种截然对立的未来路径播撒下了种子：以人为中心的未来

图4b 法国的飞行幻想图，1900年。图为2003至2004年展出的上世纪法国的乌托邦飞行器，展品名称为《飞行的梦想》，描绘了怀着航空幻想的一次奇妙飞行

和技术乌托邦的未来。我们会在第五章中专门讨论一些著作，它们受到了该时期一些重要理论的影响，包括拉·梅特里的机械论人性观、德·孔多塞和德国唯心主义者及浪漫主义者关于人类进步的理论。

18世纪的最后十年在德国被称为浪漫主义极盛时期，德国唯心主义和浪漫主义哲学家活跃一时，法国大革命也给他们带来了诸多灵感。歌德发表了《威廉·迈斯特的学习时代》
34 （1796），开启了成长小说或哲学进化小说的流派。谢林出版了《先验唯心论体系》（1800），书中表达了他对意识进化的看法。这些哲学家对新兴的、相信人类进步和文化知识主导未来的人文主义未来观作出了巨大的贡献。他们至今在关于思维和意识
35 的未来理论中仍然具有很大的影响力。

这个激动人心的世纪，见证了科学技术的巨大进步、哲学的觉醒、后殖民革命和欧洲各地涌现的科技乌托邦未来派小说。然而，在它即将结束时，无限进步的梦想开始出现第一道裂痕。克拉克生动地描述了乌托邦和反乌托邦故事中的极端情形：

> 未来故事往往是一种趋于极端的文学……沿着希望与恐惧的轨迹，富有逻辑地展现着社会理想的图景、恐怖战争的预言，或是对人类力量的夸张想象。

进步的黑暗面

工业革命即将席卷整个欧洲大陆之时，一部名为《人口论：论人口对未来社会进步的影响》（1798）的作品在伦敦问世。它

最初是匿名出版的，但作者很快被确定为英国牧师托马斯·马尔萨斯。马尔萨斯对戈德温、梅西耶和德·孔多塞的乐观乌托邦观点与杜尔哥的进步论提出了批判性的质疑。马尔萨斯是一位哲学上的反乌托邦主义者，因为他认为所谓的无限进步和繁荣会带来严重的问题。他的理论认为指数级的人口增长，将导致人类因生存需要耗竭地球资源，令未来成为一个反乌托邦。马尔萨斯的理论给了悲观主义者启发，他们后来被称为马尔萨斯主义者。

随着欧洲工业革命的深入，马尔萨斯的理论似乎加剧了人们对人类未来的焦虑。未来派小说的焦点发生了戏剧性的改变，从技术乐观主义转向人类生存问题和对它的恐惧。 37

19世纪的前30年中，出现了以最后的幸存者为主题的新末日小说和艺术作品。英国研究者凯瑟琳·雷德福告诉我们，首部问世的此类作品是让-巴普蒂斯特·库辛·德·格兰维尔的《最后一个人类》(1805)。拜伦爵士和托马斯·坎贝尔也进行了此类主题的创作，不过此类作品中最著名的还是玛丽·沃斯通克拉夫特·雪莱的《最后一个人》(1826)。想象不到的是，就在最后幸存者叙事盛行之前，法国作家尼古拉·雷蒂夫·德·拉·布勒托纳出版了《身后事》(1802)，首次在小说中提及了超人的概念。

到19世纪中叶，德国主要浪漫主义哲学家相继去世，法国、德国和英国的浪漫主义文学，让位于对未来的更务实的探究。19世纪30年代至60年代，社会学创始人奥古斯特·孔德发展了他的社会进化论和实证主义理论。温德尔·贝尔认为，孔德对社会变革元模式的讨论，预示了多元未来研究作为一门学术学科的出现。

1848年，卡尔·马克思和弗里德里希·恩格斯出版了《共产党宣言》，这本政治宣言中描绘了理想化的、超越了阶级斗争的共产主义社会。马克思对未来的观点不乏矛盾和争议，他一面谴责乌托邦主义者，一面否认自己的乌托邦意图。然而，正如贝尔所指出的，他的“《共产党宣言》被许多人视为人类历史上最具影响力的乌托邦想象之一”。

1859年，达尔文发表了《物种起源》，阐述了他的生物进化论。赫伯特·斯宾塞则受到孔德的社会进化理论、马克思主义社会经济学意识形态和达尔文进化论的多重影响，在19世纪70年代提出了社会工程学理论。孔德和斯宾塞的社会工程学，将自然选择和适者生存的生物学概念应用于社会学和政治学，开始流行于欧美。

科幻小说和早期预报

19世纪末，人们对普遍的人类进步的信念进一步确立。进化论的流行、科学发明的日新月异、对唯物论的推崇，都让人类社会开始从心理上接受世界处于永无止境的变化之中的观念。丰饶主义是作为对马尔萨斯理论的回应而出现的，其名称源自cornucopia，即“丰饶之角”，象征着丰富和溢出的财富。丰饶主义对未来无限乐观，坚信技术将满足社会的所有需求。林赛·格兰特告诉我们，丰饶主义者认为人口增长是好事，它会自行解决其问题，或者物质的短缺可以通过技术弥补。他们的理论认为，马尔萨斯对人口问题的预测，没有充分考虑到科学发明指数级增长的潜力可以解决各种问题。

同一时期，这些哲学思想也融入了新形式的科幻小说，包括乌托邦和反乌托邦的叙事。这种新体裁成为后来几十年中未来叙事的主导模式，即科幻小说。19世纪70年代，诞生了一批杰出的作品，包括儒勒·凡尔纳的生态乌托邦小说《海底两万里》（1870）、乔治·汤姆金斯·切斯尼的反乌托邦科幻小说《多尔金之战》（1871）和爱德华·布威-利顿的《维利：未来种族的力量》。一般认为，这些作品为科幻小说这一文学体裁的诞生作出了贡献。

几年后，爱德华·贝拉米（1850—1898）出版了《回顾》（1888），这是一部富有远见的社会主义小说；威廉·莫里斯出版了《乌有乡消息》，这本书某种程度上是对贝拉米的空想社会主义思想的回应。但莫里斯更专注于改变劳动的质量，使其更有用、更具创造力和艺术性，而不是仅在数字意义上减少劳动时间。

19世纪末，H.G.威尔斯出版了《时间机器》。之后不到十年，威尔斯便确立了自己作为"真正科幻小说"重要作家的地位，凭借的是基于可靠科学知识的写作。除了科幻小说外，有关社会改革的更严肃的观点也正在出现，催生了更为正式的预报种类的形成。威尔斯走在这一切的前沿。50年后才得以完全确立的现代的社会和技术预测，正是由他启动的。

此时，未来主义小说深入人心已有至少一个世纪，科技的不断发展带来灵感，进步话语的地位也进一步稳固，一种新的预报随之开始出现。1890年到第一次世界大战爆发的1914年之间的25年里，报纸和杂志上关于各种话题的预报竞相涌现。欧洲和美国有数十本相关书籍相继面世，大部分都洋溢着技术乐观主义的色彩。20世纪初，欧洲的玛丽亚·蒙台梭利和鲁道夫·斯坦纳以及美国的约翰·杜威开发了前沿的、面向未来的教育方法。这一时期也诞生了全新的科学和哲学思想。阿尔伯特·爱因斯坦、马克斯·普朗克等著名物理学家，以及阿弗烈·诺夫·怀特海、亨利·柏格森等哲学家，颠覆了线性时间的概念。他们的新理论（相对论、量子力学、过程哲学和时间的多重性）带来了更多的时间自由感，赋予了我们选择自己时间和未来的权力。

孔德和斯宾塞的社会达尔文主义被用来解释许多种族主义和民族中心主义的社会暴行——包括奴隶制、殖民主义、种族灭绝和极权主义优生学的恐怖行径，并受到社会科学学者的抨击。
40 20世纪初的文化人类学家对这些模型提出了尖锐的批评，他们指出，社会工程学的意识形态是种族中心主义的、单进路的意识形态，将进步凌驾于保护之上。

第一次世界大战爆发后，明显的反乌托邦转向取得进展。新一代的未来主义者出现了，他们反对19世纪的技术乐观主义，开始严肃地质疑进步叙事。原本玫瑰色的乌托邦眼镜被涂成了黑色，反乌托邦小说体裁问世，它对技术文明面临的危险发出警告，对人类将发明和使用武器来毁灭自身充满恐惧。虽然约翰·斯图尔特·密尔（1806—1873）1868年便在英国议会创造出反乌托邦这个词，但反乌托邦文学体裁直到20世纪才出现。

格雷戈里·克莱斯在《剑桥乌托邦文学导读》中专章论述了反乌托邦文学的起源，该章节以“谬丽丝漫游仙境”为副标题，讨论了19世纪末至20世纪中叶的反乌托邦转向。他声称反乌托邦已成为乌托邦理想的主要表现形式，并将此与极权主义政权的失败联系起来。反乌托邦小说时代出现了一些富有预见力的故事，其中所谓的乌托邦由于对控制的过度追求，变成了反乌托邦。第一次世界大战后的小说带有非常明确的反乌托邦色彩，呈现出对迫在眉睫的巨大危机的忧惧和焦虑。和一个世纪前的最后幸存者叙事一样，这个时期的小说再次唤起了人们对终极灾难即将来临的恐惧。该时期著名的反乌托邦小说有西塞莉·汉密尔顿的《免得你们死》（1928）、阿道司·赫胥黎的《美丽新世界》（1932）和H.G.威尔斯的《智人的命运》（1939）等。

第一次世界大战后，未来也成为更广泛职业群体日益关注的主题。从1923年开始的十年间，英国的凯根保罗出版社、战壕出版社和特吕布纳出版公司委托创作了一系列创新的小册子，称为“今天和明天”丛书。这些简明的专题出版物中有100多本 41
描述了科学、技术和社会的现状，旨在预报一个**总体上**进步的、围绕下一个世纪的长远图景。这套丛书面世时，乐观的战前时期已经过去，因此它反映了战后对未来的焦虑。该丛书中的一些作品传达了与生物、技术和社会焦虑相关的争议。读物的作者有科学家、哲学家和诗人，也有小说家、社会学家和神学家，其中许多人都是各自领域内的名人。丛书中的第一本是英国科学家J.B.S.霍尔丹的《代达罗斯，或科学与未来》（1923），被超人类主义者称为开创性的文本。

策划战争还是创造和平？

为应对第一次世界大战，美国总统赫伯特·胡佛于1929年成立了威廉·F.奥格本领导下的社会趋势研究委员会。奥格本利用以往的统计数据来绘制趋势并推断未来，开创了技术性评估，并制作了第一份报告《美国近来的社会趋势》。1928年，即胡佛成立研究委员会的前一年，苏联开始实行第一个五年经济计划

（由苏联国家计划委员会制定），该计划一直持续到1991年苏联解体。1933年，希特勒启动了纳粹德国的第一个四年计划，随后又开始实行戈林计划，包括对工资、生产和工作条件的管控。

此时规划已经深入全球地缘政治思维，随之而来的是找到更复杂的方法来预测或理解未来。到1939年第二次世界大战爆发时，世界各国的国家元首都在制订计划。战后，国家计划遍地开花。资本主义者和共产主义者都将预报工作，特别是预测类
42 型，引入计划和决策过程，而这些都与战争行动密切相关。

第二次世界大战爆发之前的整个20世纪30年代，大多数预测都指向了毁灭和破坏，正与反乌托邦小说的主题相一致。第二次世界大战期间，希特勒倡导的意识形态乌托邦主义固有的危险充分暴露，因而乌托邦社会也因其简单和一元化的概念在战后广受批评。此时，简单的反乌托邦角色如中世纪的龙，被更复杂的反乌托邦隐喻所取代。这些隐喻出现在科幻小说中，如乔治·奥威尔的《一九八四》（1949）、艾萨克·阿西莫夫的《我，机器人》（1950）系列短篇小说集和雷·布拉德伯里的《华氏451》（1953）。

接下来的30年，即20世纪40年代到60年代，未来成为与军工利益相关的国家计划工作的重点。按照胡佛总统的规划，作为重要智库协助美国战争行动的兰德公司于1945年成立。兰德公司编写了关于军事技术、战略、作战和遏制共产主义的未来报告。该公司由美国空军资助，是专门为军事和工业目标开发未来预测和预报方法的最重要的组织。不过令人意想不到的是，军事力量的主导地位无意中催生了一股相反的力量，聚焦和平
43 研究的替代性方案开始兴起。

第二章

多元未来

预测未来的冲动

一些了解我在多元未来领域所做研究的人，可能会对书名中“未来”的单数形式而不是复数形式感到疑惑。由于我一直都在兴致勃勃地鼓励年轻人等各种文化群体设想和创造他们喜欢的不同未来，因此接受出版社的建议、采用单数形式的“未来”最初对我来说是一个挑战。慎重思考之后，我接受了这一挑战，因为它让我能够澄清，单数形式的未来概念本质上是充满权力色彩的。它还鼓励我去阐明20世纪60年代多元未来概念的出现，并解释为什么多元主义对未来的民主化至关重要。

在日常语言中，我们在提及未来一词时仿佛它是个单数形式的名词，但这种说法隐含着概念和政治层面上的意义。复数形式的未来则为设想和创造与现状不同的可能未来打开了渠道。它为我们提供了概念上的空间，以探索多元未来研究的理论和实践如何在不同的地理区域中发挥作用，了解全球的学者、

44 实践者和研究人员对未来的观点如何异彩纷呈。

历史学家珍妮·安德森认为，冷战早期到20世纪五六十年代，是通过通用性的预测理论来培育和控制未来的时代。她提到兰德公司致力于完善预测科学，其手段是通过发展“主要基于数学方法，并依靠新获得的计算机能力的各种预测技术”。安德森在她和埃格尔·林泽维丘特合著的《未来的助产士》（2015）一书的序言中这样说道：

> 兰德公司建立了一个知识的冷战武器库：用各种技术去了解一个敌人，通过各种形式的虚拟实验和“综合事实”揭示敌人未来的行为，以弥补传统知识的欠缺。

德裔美国哲学家和数学家尼古拉斯·雷舍尔曾在20世纪50年代与兰德公司合作，并于1998年出版了《预测未来》一书。雷舍尔在书的开头便声称“预测是我们在认知方面通向未来的途径”，这表明在冷战结束近十年后，预测未来的需求依然旺盛。他指出自己出书的目标是试图发展一种通用性的预测理论，并将其解释为一种预报理论。雷舍尔显然认为预测和预报这两个词是同义词，尽管一些未来学家会将这两个词用在不同的地方。乔根·兰德斯曾与丹尼斯·梅多斯和德内拉·梅多斯合著《增长的极限》一书，他在新书《未来40年的全球预报：2052》中回避了预测这个词，并将预报称为“有根据的猜测”。

未来预测和科学实证主义

早期的未来研究，特别是美国的未来研究，受到实证主义

科学理论的影响，并在很大程度上依赖于牛顿经典物理学的实 45
证方法，该理论对人性持有机械论的观点，认为人性是可以预测的。温德尔·贝尔指出了实证主义的一个核心原则——“相信科学涉及科学统一的概念，即存在着一门关于真实世界的科学，它是各门科学学科的基石”。

“单一的可预测的未来”的理念正与上述科学实证主义的这一核心原则密切相关。实证主义的另一个关键特征在于，其主张可以通过对现实的观察进行检验和验证。经验主义是实证主义的主要方法，有时候这两个词会互换使用。由于20世纪初人们认为经验主义是研究和了解世界的唯一正确方式，因此早期的未来主义者使用经验主义的方法来“预测未来”是可以理解的。当时他们正努力将对未来的研究确立为一门科学。

德国物理学家、经济学家和社会学家罗尔夫·克雷比奇与弗莱希泰姆在柏林共同创立了多元未来研究和技术评估研究所，并于1981年至2012年间担任该研究所的领导人。克雷比奇在《所有明日的危机》一书中描述了单一未来的研究方法：

> 对未来的构想越来越集中于一条单一的路径，即科学-技术-工业在日常生活中的全方位扩张。这种未来由科学和技术决定的狭隘视野，给农业、家政、商品和服务生产、国内安全、军事技术、消费模式、医疗保健系统，甚至休闲和文化领域带来了不利影响。

研究未来的预测性-实证性方法起源于奥格本领导的美国社会趋势研究委员会。来自兰德公司和未来研究所的卡恩、戈

46 登、赫尔默等预报专家拓展了研究方法。在20世纪60年代前和整个冷战期间，美国和苏联的未来学家持续开发了基于数学、建模、模拟和游戏的预测方法。美国人和苏联人都使用了安德森和林泽维丘特称为兰德式技术的方法——“使冷战对双方来说都更加容易预见，从而也更加可控”。

马西尼指出这群未来学家“以技术为导向，[因为他们]寻求基于技术进程的多元未来研究”。彼得·摩尔称这种方法为顺应式的、外推式的方法，该方法“强调预测、规划，以及技术和经济预报”。斯劳特则称其为“经验主义/分析主义”方法。

预测性-实证性方法的优势之一是具有可感知的客观性和价值观的中立性。它的弱点包括关注范围的狭窄和背景意识的缺乏。这种方法还暗示了趋势带有不可避免性。趋势如果是负面的，便可能会削弱人们的能动性。

在《预测的艺术》（1964）一书中，德·茹弗内尔区分了他所谓的“历史性预测”和“科学性预测”。德·茹弗内尔认为，科学预测是物质科学领域内方法的核心：“科学和技术日积月累的进步在为我们建立预测的语料库。”系统地重复实验室实验并控制变量的做法，是为了证明假设和确立理论的可预测性。

德·茹弗内尔继而讨论了科学性预测中的不确定性，声称即使在预测天气方面，我们也无法作出超过一天的准确预测。不错，自20世纪60年代以来，气象预测的水平有所提高，但21
47 世纪的飓风、海啸和山洪仍然会让我们措手不及。在长期的气候变化方面，我们了解了很多过去的情况。基于这一点，可以合理地推断碳排放量的持续增加将加剧全球变暖，并导致大规模的气候危机。我们还可以估算出上述情况可能对环境造成的破坏，特别是海平面上升对沿海环境造成的破坏。然而，我们却无法确切地预测气候变化是否会增加或减少特定地区的降雨或干旱。尽管气候变化可以作为科学研究的对象，但它的复杂性不可能实现对细节的预测。在缺乏明确预测，并且未缓解的气候危机可能造成巨大危害的情况下，我们需要运用预防原则。欧盟对预防原则定义如下：

> 当人类活动可能导致科学上可能但不确定、道德上却不可接受的损害时，应采取行动避免或减少这种损害。

德·茹弗内尔又将他的科学性预测与他对人类行为的历史性预测进行对比。他声称，对于涉及人类复杂性的未来事件，我们使用科学预测方法的成功概率不比古代人使用占卜方法的成功概率更高。这是因为人类及其社会文化背景极其复杂，历史性的变局又会带来额外的不确定性。德·茹弗内尔挑战了19世纪孔德提出的主张——政治学是一种特殊的“社会物理学”，因而可以预测。在德·茹弗内尔看来，孔德“混淆了科学性预测和历史性预测——这是截然不同的两回事”。

德·茹弗内尔的书后来被翻译成英文，同一时期，雷舍尔在《作为研究对象的未来》（1967）一书中对经验主义未来研究 48
使用的预测方法进行了有力的描述。雷舍尔指出，20世纪60年代，对科学性预测方法的排斥，特别是在社会科学领域，是有充分理由的，之后他又列举了当时使用的三种预测工具。前两种工具与德·茹弗内尔的两种方法类似。

> 总体上，我们可以使用三种预测方法：基于历史经验的推断、分析模型的使用，以及以专家作为预报者。

雷舍尔简要介绍了奥格本在20世纪30年代开发的、将当前潮流和趋势投射到未来的预测方法，声称人人都很清楚其效用和严重局限。他认为，鉴于科学和技术的迅速变化及其社会影响（当时正处于20世纪60年代），基于历史的推断方法是无效的。这和德·茹弗内尔对历史性预测方法的评价一致。其次，雷舍尔对分析性预测（类似于德·茹弗内尔的科学性预测）也持否定态度——认为它至少无法分析复杂的社会系统。虽然雷舍尔承认分析性预测模型适用于天文学、气象学甚至经济学，但当涉及“科学创新、技术发明和传播的过程以及社会变革模式的展开”时，他更多持怀疑态度。到这里为止，他的立场都与德·茹弗内尔一致。

然而，雷舍尔提出了第三种预测方法，即“系统地（最好是结构化地）利用专家意见和推测”。他认为这是在技术、科学和社会领域最适合、最成功的预测方式。雷舍尔和奥拉夫·赫尔默及诺曼·达尔基一起创制了德尔菲预测法，该预测法成为“千年项目”中全球项目的首选方法。杰罗姆·格伦、西奥多·戈登等人每年都会以《未来展望》年度报告的形式将他们的发现公
49 之于众。

预测性方法试图绘制过往趋势所暗示的唯一未来，也被叫作大概率未来，意即“趋势就是命运”。这种经验主义的预测方法今天仍然是未来文献数据库和大众媒体观点中的主流。1966年，世界未来学会在美国成立，它对建立服务于更广泛的非军事

目的的预测方法提供了支持，同时也推广了未来研究。

以预测及预报对未来进行殖民、控制和培育的冲动至今仍未消失。它仍然是一种试图应对不确定性的有力模式。一些人致力于开发更准确的预测方法，他们坚信未来只有一种可能，只要我们能找到足够强大的方法，就可以以科学的方式了解它。菲利普·泰洛克和丹·加德纳于2015年出版的《超预测：预见未来的艺术和科学》[①]一书中出现了更多破解未来不确定性的新方法。两位作者在书中识别出了几位看似普通的超级预报者。他们发现，采用众包的方式对锦标赛进行预测，会让超级预报者在锦标赛中的成功率大大高于平均水平。泰洛克和加德纳也承认，他们的方法有一定的运气成分，最终依赖于概率。

预测、预报甚至超级预报的前提，是有一个唯一的未来等待着预测。具有反讽意味的是，雷舍尔的精辟论述反而强化了这样一个观点：考虑到人类事务的复杂性，我们的未来在很大程度上是不可捉摸的。他声称，在塑造未来的问题上，我们实际上是无能为力的，因为未来“不受我们的控制”。

这就留给我们一个问题：“如果如雷舍尔所言，我们缺乏控制未来的能力，因此对它无能为力，那么如果我们不再试图控制
未来的话，还有其他什么选择吗？”（见方框1） 50

方框1：阿瑟·C. 克拉克的预测三定律

科幻作家阿瑟·C. 克拉克以轻松的笔调制定了三条

---

① 本书中的forecast一词依据语境和意义一般译为“预报”，该书名中的“预测”为现行中译本的译法。

预测的“定律”：

克拉克第一定律：当一位德高望重的老科学家声称某事是可能的时候，他几乎肯定是对的；当他说某事是不可能的时候，他很可能是错的。

克拉克第二定律：探索可能的极限的唯一方法，是稍加冒险地越过这个界限，进入不可能的领域。

克拉克第三定律：任何技术只要足够先进，就与魔法无异。

未来蛋上的裂缝

如果并非只有一个可以被殖民和控制的未来，而是有许多我们可以共同想象、设计和创造的可能的未来呢？在经历过两次世界大战和经济大萧条之后，一些致力于民主的全球未来的个体，在多元未来研究领域播下了种子。从20世纪50年代开始，系统科学、社会学、和平研究、新闻学、神学和媒体的先驱将多元未来研究从军工复合体引向了更具人文关怀、更为和平与平等的方法。

几个重大的发展接踵而至。1954年，路德维希·冯·贝塔朗菲、肯尼斯·博尔丁等人创立了斯坦福大学通用系统研究学会，罗伯特·容克出版了《明天已在此》，有力地批评了美国采取的对未来殖民的方法，对未来殖民这一说法是容克创造的。波拉克出版了《未来的形象》，直到今天，它也被视为想象替代性未来的奠基之作。伯杰创立了国际前瞻中心（1957），开创了

法国行动主义的未来方法。挪威和平研究家约翰·加尔通于 51
1959年在奥斯陆创立了和平研究所。法国古生物学家和神学家德日进出版了《人的未来》(1959),这是意识进化领域的重要著作。贝特朗·德·茹弗内尔和他的妻子伊莲娜在巴黎创立了国际“可能未来”协会(1960)。

这些个体及其创立的组织,在哲学上和实践上都致力于发展以人为本的多元未来研究理论及方法,它们与主要强调战争情景的国家计划和兰德式的预测方法有很大不同。

安德森在《未来大辩论》(2012)中称,20世纪60年代末,两种涉及未来的思想运动在争夺世界的未来。预测(或预报)单一未来的经验科学,在军事力量的支持下在北美仍然占据主导地位。更具批判性的社会学研究方法则在欧洲及世界其他地方兴起,它们致力于普及多元未来思维的强大概念和方法。

社会科学中的多元主义

温德尔·贝尔将实证主义者与后实证主义者的观点进行了对比:前者认为有一门单一的科学可以研究一个单一的世界,后者则认为“科学不构成一个统一体……相反,我们认为科学由许多不同的‘知识’组成,每个‘知识’都与特定的主题和科学家群体有关”。这种多元知识的思想正是社会科学思维向多元世界观转变的核心。

科学家及社会科学家对实证主义与经验主义展开了批判,如托马斯·库恩、卡尔·波普尔、尤尔根·哈贝马斯和法兰克福
学派的批判理论家。到了20世纪60年代末,许多理论家不再认 52
为实证主义是一种可信的知识理论,在社会科学领域尤其如此。

而后实证主义的一个核心特征，概而言之就是多元主义。

当多元未来研究作为一个学术领域兴起时，科学研究的构思和实践方式正在发生重大变化。科学领域内部的这种转变，为社会科学的多元化铺平了道路。社会科学家们发展了各种定性方法并运用于实践，定性方法比定量方法更适合社会科学研究。

德国哲学家哈贝马斯对后实证主义方法作出了重要贡献。他划分了三种哲学研究的旨趣：技术的旨趣（通过实证主义方法获取工具知识）、实践的旨趣（通过解释/阐释学方法获得实践知识）和解放的旨趣（通过社会批判方法获得解放的知识）。未来预测正是哈贝马斯所说的技术的旨趣。

转向多元未来

20世纪60年代和70年代初是一段激动人心且成果迭出的时期，全球范围内新的思想和激进的学术观念风起云涌，人们对变革性的思想及进程充满希望。

科学的前沿已经摆脱了封闭系统的机械论世界观，不再认为一切都是可预测的，而是欣然接受了量子与有机世界开放的可能性、混乱和复杂性，以及自我适应的组织方式。

同样，欧洲未来思维的前沿，伴随着实证主义科学向社会科
53 学新的多元主义的转向，对预测性方法提出了挑战。第一步就是理念上要从单一的未来转向多种可能的未来。

20世纪60年代后期，未来学家们举行了第一次关于多元未来研究的全球会议。当时新的多元主义哲学正在兴起，主要以欧洲为阵地。这一运动的先驱们将他们的研究聚焦于“城市扩张、饥饿、缺乏教育和日益加剧的疏离感等问题”。这些问题也

是由容克、加尔通、詹姆斯·韦尔斯利-韦斯利（1926—2007）等人发起的“第一届国际未来研究会议：人类2000年”（奥斯陆，1967）探讨的目标。正如容克在会后出版的会议论文集《人类2000年》中所说：

> 富国不仅有能力对未来进行探索及研究，还能够定义和重新定义未来，并利用已然充满对他们有利的偏见的全球通信渠道传播他们的形象。而这就是**权力**：那些洞察未来的人也能够部分地控制现在。

德国未来历史学家埃尔克·塞弗里德在《驾驭未来》（2014）一书中探讨了20世纪60年代后期以复数形式重新定义未来的转向，并以两份文件为证。第一份由兰德公司的赫尔默撰写于1967年，其中提到了“多种可能的未来”。第二份则是成立于1968年的柏林未来研究中心的第一本信息手册，其中写道：“人们开始意识到，未来有很多种可能，这些可能可以通过不同的方式塑造。塞弗里德指出，这种从单数形式到复数形式的未来的转变是通过她所谓的“知识流通”产生的，但她并未解释流通的具体过程。此外，她总结道：“未来研究的新的元学科建立在这样一个假设之上，即存在着许多可能的未来，人们可以对其进行估计、预测和操纵。”这个结论意味着塞弗里德不加批判地采用了赫尔默的预测性-实证性的观点。 54

这里，我想在塞弗里德的研究基础上讨论知识流通是如何发生的，并证明构想多元未来的方法有很多种，且不需要对未来进行“估计、预测和操纵”。

1960年，德·茹弗内尔创造了“可能未来”（futuribles）一词，引入了复数形式的未来概念。他说：“futuribles……意味着可能的未来，复数形式是其关键。”容克强调，德·茹弗内尔具有开拓性和创造性的研究在塞弗里德提到的知识流通中发挥了至关重要的作用。1967年召开的奥斯陆第一届国际未来研究会议出版了论文集《人类2000年》，容克在序言中写了三段话，将这三段话放在一起看，可以认定“人类2000年”会议是未来变为复数形式的关键节点。

首先，容克引用了“人类2000年”与会者赫尔默的话，赫尔默指出这次会议标志着“新一代现代建设性乌托邦主义者的出现，他们不仅将创造更好的未来，而且将创造实现这些未来的社会工具”。其次，容克指出，“在未来研究尚未诞生的德意志联邦共和国，第一届国际未来研究会议［‘人类2000年’］的参与者创立了……柏林未来研究中心”。再次，容克提到了欧洲创办的一些新期刊“将以贝特朗·德·茹弗内尔创立的历史最悠久和最重要的出版物（《分析与预测》）为中心集结”，并称德·茹弗内尔为欧洲未来主义运动的领袖。

最后，我读到登载于1976年《可能未来》期刊上的一篇关于柏林未来研究中心（ZBZ）的文章，发现容克本人是这个成立于1968年的研究中心的创始人之一，其时他刚从奥斯陆会议返回，会议期间与赫尔默、德·茹弗内尔和其他与会者会面并交换了看法。毫无疑问，奥斯陆会议在塞弗里德所说的“知识流通”中
55 发挥了至关重要的作用。

总之，“人类2000年”会议及其后续事件标志着多元未来研究开始转向后实证主义：“未来”如何、何时以及为何会成为“无限多个未来”。在这一时期，容克、加尔通和其他人发起了关于

建立多元未来研究“世界联合会”的讨论，最终促成了1973年世界未来研究联合会（WFSF）的成立。德·茹弗内尔担任了世界未来研究联合会的创始主席（1973—1974），加尔通是第二任主席（1974—1977）。随着未来学家的观点变得日益复杂，有关多种可能未来的想法也在不断发展。

民主化公民社会的未来

战后的历史学家倾向于认为从第二次世界大战结束到冷战结束间的45年是最有趣、最值得研究的时期。塞弗里德指出，从20世纪70年代开始，人们对系统分析和大规模建模项目失去了信心。她还指出，在具有里程碑意义的罗马俱乐部报告《增长的极限》（1972）之后，未来研究开始了她所谓的生态化的转变。这种生态化“以生态学为导向，关注人类及其需求和价值观，拒绝‘高冷’的技术科学，反对将对进步的理解仅仅局限于‘物质’的层面”。

韩国社会学家孙贤州整理了20世纪90年代以来西方多元未来的研究史，他的观点似乎更多受到美国而非欧洲学派的影响。他提出“随着冷战的结束，20世纪90年代新自由主义观点导致多元未来领域开始分裂”。尽管孙贤州承认批判性未来研究和小型本地参与项目开始崛起，但他的结论是多元未来研究已被新自由主义项目所统治，并由一种受制于经济需求的预见方法所主导。孙贤州指出：

> 预见的实用性，往往导致多元未来研究在涉及人类所面临的道德承诺、人道主义的未来愿景和他人的未来时，处

56 于边缘化的地位。

安德森在著述中指出，20世纪90年代和21世纪初多元未来研究成为一种基于商业咨询的实践，“最终，专业化和组织化变得比认识论的框架更重要了”，她对此颇不以为然。安德森称多元未来研究的历史是一个未知领域，但她实际上忽视了大量多元未来研究的史料。塞弗里德描述了政府预测的衰落，安德森和孙贤州对新自由主义主导的、以咨询为基础的预见性实践的增长表示不满，但他们的视野都过于狭隘，仅关注英国和欧洲大陆的趋势。他们撰写的历史里，没有提及全球公民社会中多元未来研究的崛起，也没有意识到未来研究的重心已经发生转移。

美国在20世纪五六十年代引领了未来预测方法的发展，欧洲则在六七十年代开始采取多元化的立场。贝尔声称，到20世纪70年代，这已经成为“一场鼓励参与者自我认同为未来主义者的社会运动”。20世纪80年代，未来研究的地域日趋多元化，促进了未来学家们传播和交流新思想、新概念及新方法。

1975年，墨西哥成立了哈维尔·巴罗斯·塞拉基金会，这是一个专门从事未来研究的组织。全球各地不断涌现出多元未来研究的热点地区，它们举办未来会议、未来课程和未来项目。在接下来的30年里，世界未来研究联合会在众多不同的地点举办未来会议，包括巴黎（1974）、柏林（1975）、杜布罗夫尼克（1976）、华沙（1977）、开罗（1978）、斯德哥尔摩（1982）、哥斯达黎加圣何塞（1984）、檀香山（1986）、北京（1988）、巴塞罗那（1991）、图尔库（1993）、内罗毕（1995）、布里斯班（1997）、菲律宾（1999）、布拉索夫（2001）、日本吴市（2002）和布达佩斯

（2005），而且经常得到联合国教科文组织的支持。除了全球性的会议外，世界未来研究联合会还在印度尼西亚、墨西哥、荷兰、瑞士、保加利亚、俄罗斯、冰岛、法国、前南斯拉夫、意大利、泰国、马来西亚等数十个国家举办了区域性会议和未来入门课程。57

1993年，世界未来研究联合会秘书处迁往澳大利亚，这是温迪·舒尔茨称为太平洋转移的一个标志性事件。舒尔茨还指出，新的未来计划及期刊以及“新加坡、韩国、印度、泰国和巴基斯坦对未来实践的兴趣呈现出的爆炸式增长”，标志着未来研究的地域及文化的多样化，不再仅仅局限于美国和欧洲。

> 太平洋转移不仅意味着对塑造未来的隐藏的社会文化因素的更深入理解，也意味着未来思维从欧美的形式化研究，转向整个太平洋盆地和亚洲充满活力的未来实践社区。

世界未来研究联合会继续投身这样的多样化实践，与联合国教科文组织的“参与计划”（2012—2015）开展合作，在开罗、槟城、刚果民主共和国、墨西哥城、海地、菲律宾等不同地点为权益得不到保障的妇女和年轻人开展了未来入门项目并举办了研讨会。这些项目延续了由“人类2000年”创始人发起的、民主的、以人为中心的未来传统，从而确立和巩固了多元化未来的地位。

从个体未来到全球未来

当研究人员或实践者与其客户群体在一起探索未来的图景时，明确空间上的范围至关重要。潜在的关注领域可以包括个体、地方、区域、国家或世界/地球的未来。北美未来学家凡尔纳·惠尔赖特首创了个体未来研究方法。他认为个体未来涉及对个人未来，以及与个人及其家庭直接相关的未来进行的探索。惠尔赖特的方法包括建立一个关于个人生活的信息框架，通过情
58 景探索合理的未来，制定未来愿景和战略，以及通过行动计划实现愿景。这一系列过程后，个人应该拥有对未来生活的概观和愿景、人生下一阶段的具体计划，以及应对变化的应急计划。

一些未来学家在地方社区或街区内开展研究，让学校、企业或地方议会的成员参与设计和规划当地的未来。一个很好的例子是梅丽尔·芬德莱的项目“构想未来公司”，该项目于20世纪80年代后期在墨尔本郊区的核心地带运行。另一些未来学家则更多地在国家或地区的层面开展工作。芬兰是体现出强烈未来导向的国家之一。芬兰多元未来研究中心是一个设立于大学中的研究机构，提供硕士和博士学位。芬兰多元未来研究协会则是由芬兰绝大多数高等教育机构组成的联盟。芬兰政府内部还有一个未来研究议会委员会。法国则将这类研究称为领土未来。还有一些未来研究超越了民族国家，将区域规划和城市研究联结起来。世界未来研究联合会伊比利亚-美洲分会在拉丁美洲地区非常活跃。欧洲、东南亚等地也活跃着其他研究团体。

互联网和移动设备让社会参与变得民主化，也创造了新的空间概念。这些新兴的未来空间包括“全球/本土化”，即为每个地方打造适宜的产品或服务，以及“全球-国家-本地整合”，即全球、国家和本地空间的融合。一些同一语种的未来学家团体以自己的语言著书立说，其中最活跃的是西班牙语、法语、德语、匈牙利语、芬兰语、阿拉伯语和波斯语学者团体。随着地球变得越来越小，越来越多的未来学家正在采取世界或全球的研究视角。

多种未来的研究方法

一些简单的技巧可以开拓对未来空间的思考，类似于其他领域中的破冰行动。这些入门性的技术简单易行，重点相对集 59 中，主要以任务为导向，并且用途并不局限于未来研究领域。这些技巧包括未来时间线、思维导图、未来轮（思维导图的一种变体）和流程图景观。

斯劳特提出了一种四步骤方法论，用于战略预见实践。约瑟夫·沃罗思对其进行了改进，而我将其称为斯威本方法，因为它是与澳大利亚斯威本大学于2000年创立的战略预见硕士课程同期发展起来的。这种四步骤方法论中有许多未来研究路径，其他学者也曾提及。这种方法的优点是，每个主要步骤都有选择和灵活性，并且方法被融合成一个流程，方便从事预见工作的人用于通用的场景（见图5）。

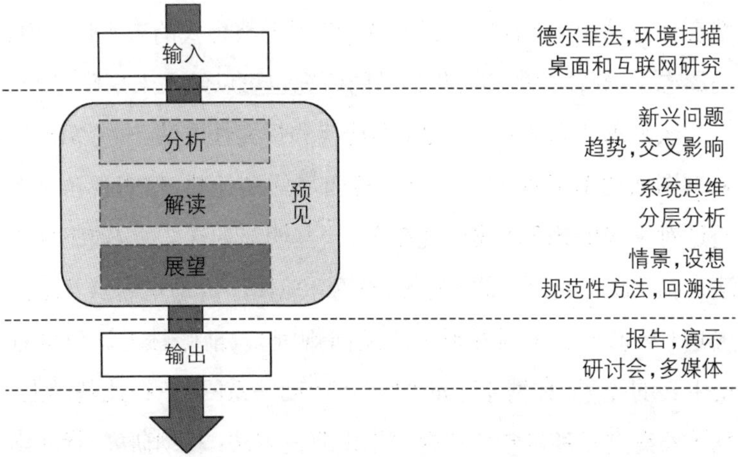

图5　通用预见过程中的未来方法

输入型方法主要涉及收集信息。这可以通过研讨会、在线问卷调查和结构性的访谈来实现。在分析或战略制定之前，获
60 取信息的典型方法则包括环境或地平线扫描法、未来扫描法、德尔菲法、调查和技术评估。

分析型方法主要关注意义的产生。从未来视角分析事物的特征之一是，它通过解析对事物的当前观点，为理解传统智慧提供新的视角。分析型方法可以包括新出现的问题分析、趋势分析和外推、交叉影响分析、模式识别、话语和文本分析以及对话。

斯劳特的第三个类别是规范性方法，沃罗思称之为解释性方法或深度方法。通过解释性方法，我们可以从已收集和分析的信息中获得更深层的见解。未来研究的解释性方法则包括加尔通的宏观历史和伊纳亚图拉的因果分层分析。在多元未来研究之外，我们还可以找到系统思维、解释学和混合式的方法，如拼贴法，这些方法都可以用来加深对未来的理解。威尔伯的整合性方法论（整合性运行系统）应用于整合式的未来研究中。民族志学、媒体批评和文化物品的研究也可以纳入未来研究中。

沃罗思认为第四类方法，即迭代和探索性方法，与寻求绘制未来图像的前瞻性方法一致。马西尼的乌托邦/幻想视角试图通过对未来的想象“改变现在”。一些明显的探索性/前瞻性方法包括（独立或协作的）构想、想象和创造、情景规划以及逆向规划（从未来愿景回溯现在的反向规划）。前瞻性方法包含行动主义的元素，如博尔丁的“愿景-行动关系网”。在此基础上，我还要提到三种常常被忽视的未来研究方法：行动研究、行动学
61 习和参与式未来研讨会。

在结束对方法的讨论之前，还需要提一下“变数”和“黑天鹅”的概念，它们源于混沌理论和复杂性理论给预测及预报研究带来的剧变。“变数”和“黑天鹅”是未来学家描述未来意外事件的两个不同用语，尽管这些事件发生的可能性极低，但一旦发生，影响将十分重大。62

第三章

多元未来研究的学术发展

推进未来研究的学术成果

多元未来研究的学术发展方式与20世纪下半叶的思想史紧密交织在一起。多年来，许多未来学家意识到，在我们这个复杂的世界中，试图以科学实证主义为基础预测未来，并不是多元未来研究最有成效的方式。正如达托所说：

> 像许多早期的未来学家一样，我从一个相当“科学”和“实证主义”的观点开始，假设一个单一的、真正的未来“就在某处”，可以通过正确使用好的数据和基于科学的模型来预测。但许多原因让我很快放弃了这个想法。

加尔通是最早从事不同类型未来写作的人之一。1982年，他在文章中将基于趋势的推断，经常引发恐惧、绝望和悲观主义的未来称为“大概率未来”；将科幻小说等作品中想象和创造出的阐释性的、替代性的未来称为“可能的未来”；将包含或有关重要和规范价值观的未来称为“更可取的未来”。瑞典未来学家奥克·耶尔斯泰特则提出了第四种未来路径，所谓“前瞻性未来”（1982），与人们克服对“大概率未来”的恐惧、随时准备好 63
采取行动的能力有关。耶尔斯泰特很可能熟悉伯杰、德·茹弗内尔等人的法国前瞻性方法。未来学家贝尔、马西尼、伊纳亚图拉和斯劳特已经发展出了三四个不同未来方法的分类体系。

据我所知，目前尚无其他学者将哈贝马斯的社会科学作为哲学基础，与大概率未来、可能的未来、更可取的未来和前瞻性未来的概念相结合，发展出一个系统性的未来框架。因此我将这些不同的观点与最近的发展相结合，归结出了五种未来方法的分类。我在20世纪90年代中期创制了这种分类，然后不断完善和发展它（见表1）。我先分出实证主义和后实证主义两个大类，又将后实证主义扩展为包含一系列替代方法的层级图（见图6）。

这些方法相互之间并不排斥，都是具体情况下研究未来的合适途径。这组概念也不应意味着线性的发展模式。每种方法都代表不同的基本哲学或理论，与其他领域的类似发展并行（见表1）。和整个多元未来研究领域一样，这些方法中的每一种都有其优势和局限性。此外，多元未来研究领域还处在不断发展中。

批判性未来

批判性未来这一研究方法主要基于提出尖锐的问题。它质疑现状，并发表刺耳的言论，指出一切照旧不是唯一的出路。这种方法借鉴欧洲社会学的批判理论，对即将到来的未来作出价

表 1 五种发展中的未来研究的方法

研究方法	未来研究类型	理论基础	目　标	研究手段
“单一未来”研究的实证主义方法				
预测性/实证性的	大概率未来	实证主义，经验主义	外推和控制，预测和控制	定量分析，预报调查，趋势分析，技术评估
“多元未来”的多元主义研究方法				
批判性/后现代性的	更可取的未来（或规范性未来）	批判理论，结构	规范性，解放	文本分析，媒介批评，文化教育制品
文化性/阐释性的	可能的未来（或替代性未来）	建构主义，阐释学	替代实践模型，“其他的”未来	想象，教育，对话，创造性定性研究，民族志研究
参与性/前瞻性的	潜在未来	行动研究，希望理论	赋能，变革	协作愿景构建，行动研究，行动主义
整合性/总体性的	整合性未来	整合性理论	全球正义	整合性、混合性方法研究，跨学科、复杂性理论

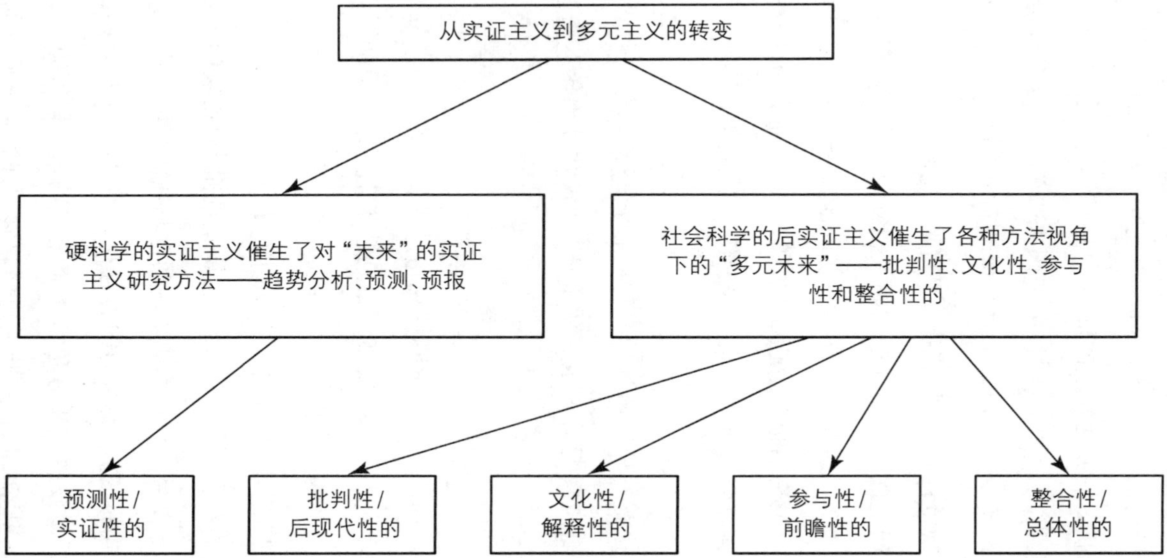

图6 五种不断发展的未来方法的分类体系。由作者在二十年间（1997—2016）逐步完善

值判断，并考虑作出改变，以防止出现坏的结果。这种批判性社
64 会理论传统是第二次世界大战后重建欧洲运动的一部分。它与
哈贝马斯获得解放性知识的批判方法一致。

批判性未来学家试图权衡美国未来学家的众多预测方法，并减弱这些未来学家在军工复合体中的主导作用。他们毫不掩饰地遵循规范性的原则，提出了“首选（或理想）未来”的概念。世界未来研究联合会的许多创始人和领导者的工作都折射出批判性的未来方法的影子。容克和加尔通确立了“人类2000年”计划，旨在向公众推广未来的概念和方法，从而成为这一方法的奠基人。容克将批判性未来思维的价值观总结如下：

> 这是一场国际性的、跨学科的、跨意识形态的冒险，致力于创造理想的未来生活条件，并设计可确保人类生存的制度。

马西尼和达托采取批判性视角讨论公民社会。斯劳特在博士论文和专著中进一步发展了批判性未来理论。伊纳亚图拉则从后结构主义的角度提到了一种批判性的未来学传统。

我用“批判性-后现代”一词来概括所有这些观点，包括马西尼所说的社会学导向和斯劳特所谓的批判/比较的观点。这种方法也与彼得·莫尔的非传统和批判性标准化方法一致，“强调乌托邦式的、富于想象力的思考及展望，以及对社会和文化动态的考虑”。我将注重绿色或生态未来的未来研究方法也纳入批判性这一派别，尽管有些人可能将它们视为完全独立的方法。匈牙利未来研究者伊娃·希德格认为，批判性方法符合一个新

范式的标准——“以人类的视角为特征”。范式的概念过于复
杂，不便在此深入讨论。批判性的未来方法的一个例子是马尔 67
萨斯主义者，他们批判现状，指出按照现行模式继续下去可能发
生迫在眉睫的灾难。

这种方法的一个优点是，它质疑常规的做法，从而明确地揭示出在许多人认为理所当然的未来图景背后，有着特定的背景和价值维度。它的一个弱点则在于主观性，这有时会导致过度的相对主义。相对主义是这种方法最倾向于后现代哲学的地方，虽然后现代主义是一种复杂的哲学，无法在此详细展开讨论。

文化未来

文化未来方法的核心是将多元文化的视角应用于未来思维。它与批判性未来方法类似，旨在挑战占主导地位的全球文化模式，并通过探索替代性的文明模型来拓展这一模式。从文化未来的角度来看，发展的概念与工业主义、无限增长和对消费主义的依赖脱钩。这种方法出现于20世纪80年代，标志着后殖民话语被纳入多元未来研究。世界未来研究联合会从成立之初就致力于真正的全球代表性，成员来自非洲、印度、拉丁美洲、亚洲和太平洋地区。

文化未来视角也为女权主义者和青年的未来提供了更多可能性。它是所谓“可能的（或替代性的）未来”维度的核心。文化未来的支持者研究了一系列文化和文明模式，以提供实践中可能的替代性未来的范例。这种方法与哈贝马斯的实践的旨趣一致，涉及运用解释/阐释方法来获取对不同未来的实际见解。

文化阐释传统主要源于未来研究者伊纳亚图拉和齐亚丁·萨

68 达尔的研究，他们都致力于将非西方文明纳入研究，并更深入地挖掘其他文明的未来。萨达尔的文化阐释方法体现在他的编著《拯救我们所有的未来》（1999）中。伊纳亚图拉则专注于多种替代性文明的未来，并关注东南亚、伊斯兰国家和中国的未来，他这样写道：

> 相比之下，我们需要的不是关于未来的事实……而是针对未来的、新的、文化自觉的阐释。我们的目标是要识别其他文化如何创造未来，它们对未来有何构想，以及在中国、日本、印度、伊斯兰国家的宇宙观中，人们是如何感知未来的？

阿希斯·南迪详细论述了不同文化中类型各异的乌托邦。伊瓦娜·米洛耶维奇则是少数几位探索女性主义视角的未来学家之一。吉列尔米纳·巴埃纳·帕兹和安东尼奥·阿隆索-孔切罗以墨西哥为基地，研究、出版和传播拉丁美洲地区的未来研究。斯劳特认可类似的分类法，并将其称为多元文化全球未来，马西尼则提及了一个以全球为导向的未来学家团体，他们参与了罗马俱乐部的创立。

马西尼通过与联合国教科文组织的合作，对这一研究方法作出了重要贡献。1991年至1994年间，她受联合国教科文组织委任，研究文化未来，其项目吸引了来自世界各地，特别是非洲、亚洲和拉丁美洲研究者的参与及贡献。马西尼对这一派多元未来研究的观点，用她自己的话来说，就是："在这一背景下，重点是强调'活跃的文化社区'与未来发展之间的联系。"

这种方法的优势是具备创造力和多元的视角。它的一个弱

点则是提出的替代性办法可能缺乏可行性，或者可能被更为主导的方法所压制。 69

参与式未来

参与式未来方法融合了法国前瞻研究的积极行动元素、愿景构建和行动研究的方法。在我的模型中，我根据上下文将这种方法称为参与式或前瞻性方法。它通过参与和交流促进赋能和转变。研究人员已经发现，能够参与权力机构构建未来的过程，将是一种赋能的体验。无论是参与地方事务，还是投身复杂全球挑战（如全球变暖的缓解和适应）的相关事宜，情况似乎都是如此。和伯杰一样，耶尔斯泰特聚焦前瞻性方法的积极行动方面，他说“随时准备行动”。他将此与个人赋能（也称控制点）相联系。容克还在德国等地举办了参与式未来愿景研讨会，此举成为未来去殖民化行动的一部分。

社会学家及和平研究员埃莉斯·博尔丁（1920—2010）在她1988年发表的论文《和平建设中的形象与行动》中以如下文字概括了“赋能”：

> 在“促进积极的和平方法”的主题背景下……人们最初到来时，感觉在核威胁面前无能为力，对裁军也不抱希望；但他们离开时，却从自己新的形象中不同程度地获得了力量。

博尔丁和她的同事沃伦·齐格勒从20世纪80年代起就开始采用参与式方法，举办展望未来研讨会，使参与者能够想象更为和平的未来。他们受到波拉克在战后初期发起的想象研讨会

的启发，举办了系列研讨会“想象一个没有武器的世界”。博尔
70 丁和齐格勒声称，参与式方法赋予了参与者力量。

澳大利亚未来学家弗兰克·哈钦森在20世纪90年代将博尔丁和齐格勒举办展望未来研讨会的方法加以改编，设计了让中学生参与设想和平未来的参与式工作坊。他在1996年的著作《超越暴力未来的教育》中广泛讨论了这一方法。我个人也采用这一方法，帮助澳大利亚农村地区的中学生及边缘青少年设想和构建更积极、更有力量感的未来。事实证明这种方法可以减少许多年轻人，特别是男孩子们的无力感。我还撰文讨论过参与式未来方法在激发社会群体参与应对气候变化方面的价值。

伊纳亚图拉使用“参与式行动学习”一词来描述这项让参与者把握自己的首选未来的方法。斯劳特将其表述为“行动式/参与式”方法，莫尔则指出了它务实的内核，称其“或许是通过参与及赋能，寻求经济、社会和政治的实现”。

参与式方法在年轻的未来主义者中很受欢迎，他们致力于协作和参与的过程，这与经验主义的抽离完全不同。好的例子包括有澳大利亚和墨西哥两国血统的未来研究员何塞·拉莫斯，他将所谓的“行动远见”放在首位，来自菲律宾的谢尔蒙·克鲁兹则专注于他所谓的“参与式远见”。

这种方法最明显的优势是，它让人们参与到行动研究项目中，赋予他们质疑和行动的能力以探索替代方案。它的一个缺点是，如果缺乏相关的实证研究，它可能很难在科学界立足。我们正作为一个全球社区，努力缓解和适应与全球变暖及气候危机相
71 关的巨大变化，在这样的背景下，这种方法值得更多的关注。

整合性未来

整合性未来方法可能是最广泛和最深入的一种方法，因为它可以整合多种视角。整合性-总体性方法的概念21世纪初才在文献中出现，它早期的发展轨迹在很大程度上被忽视了。埃里克·詹奇是整合性未来的重要先驱之一，他在1966年撰文论述整合性预测，将社会、经济、政治、技术、心理和人类学维度纳入了政策的制定、规划及决策。而早在1968年，未来学家和艺术家约翰·麦克海尔和玛格达·科德尔·麦克海尔就在纽约州立大学创立了整合性研究中心。他们将全球趋势、代际思想转变和新技术对当代文化的影响整合起来，作为自己未来研究的重点。约翰·麦克海尔和巴克敏斯特·富勒合作，担任与富勒的“世界设计科学十年”项目（1965—1975）相关的出版物的丛书编辑。在这个多学科项目中，富勒呼吁国际建筑师联盟鼓励世界各地的建筑学校“在接下来的十年里持续探讨如何通过合理的设计，使得[在1961年]仅能服务于40%的人类的全球资源，能够服务于100%的人类”。麦克海尔档案馆如今设在夏威夷多元未来研究中心图书馆内。

一些适用于总体性、整合性范畴的新实验性及创新性方法应运而生，比如比利时未来学家玛雅·范·莱姆普特采用的包含电影、视频和艺术的多媒体方法。其他年轻的未来学家，比如斯图尔特·坎迪、杰克·邓纳根和达娜·克利萨宁，也正在将未来的概念融入涉及游戏、设计理论和沉浸式体验的项目中。

讽刺的是，近来整合性未来方法一些更为具体的发展，反而引发了对于这一方法的整体性的争议和讨论。自2008年以来， 72

已经有三种学术期刊的特刊上刊登过一些热烈的讨论，首先是斯劳特编辑的《未来》杂志特刊，他以如下文字描述了整合性未来方法：

> 整合性框架认识到系统、环境以及意识和活动的关联网络的复杂性……该框架融入了发展视角，认识到个体和集体与不同意识结构的接触。

在这期刊物中，许多文章都认为整合性未来研究主要以肯·威尔伯的观点为基础，或以其观点作为立论的依据，或发表与其一致的观点。伊纳亚图拉于2010年在同一期刊的第二期特刊上发文，批评了将整合性未来方法仅仅视为威尔伯式方法的狭隘观点，并提供了一些更广泛意义上的整合性理论和方法的文章。关于"整合性未来的争议"的第三期特刊由斯劳特编辑，于次年在《整合理论与实践期刊》上发表，该期刊与威尔伯的整合研究所关联。这本通识读本篇幅有限，无法详细讨论这个话题，但这一最具复杂性的未来研究方法内部的发展和分化，确实最可能成为一份有趣的阅读材料（参见进一步阅读部分）。

任何整合性/总体性的未来研究方法的优势都在于其宽广的视野。因为它基于复杂的、整合的和横向的理论，所以最大限度地发挥了促进实现理想的地球未来的潜力。然而，过于宽广也可能被视为一种弱点，因为它反映了深度的欠缺。

推进未来研究的概念

在过去的50年里，未来研究学者创造出新的语言、概念和

方法，以描述多元未来研究领域所达到的广度及深度。 73

20世纪60年代，德·茹弗内尔在建构他的“猜想的艺术”时，创造出了一些新的哲学概念。德·茹弗内尔笔下的许多概念都错综复杂，且自相矛盾，很难在短时间内理解。他用“延续的现实”这一概念描述一切结构上确定的事物，它们是“当下的结构特征，我们的思维会自动将其延续到未来”。例如，明天太阳还将升起，冬天之后会是春天，恒星和行星仍会继续出现在我们眼前，就好像在围绕地球旋转一样。他的“预知的未来”概念则不同，指那些我们主观上确信的日常生活事项。它们是德·茹弗内尔所说的主观确定性。显然，它们不如结构确定性可靠。德·茹弗内尔指出，“延续的现实”和“预知的未来”之间可能存在冲突。这也是他最为矛盾的观点：

> 如果未来是预先确定的，那么我们可以提前知道它。但是如果我们能提前知道它，我们就可以改变它，所以它不是预先确定的。

詹姆斯·达托在40多年前创立了夏威夷多元未来研究中心，并在该中心开发了马诺阿方法，用于构想替代性未来。这一七步骤的方法在其他资料中也有介绍。我在这里想重点介绍其中的第四步，它涉及“至少四种替代性未来中的一种或多种，这几种未来基于当下趋势、新出现的问题、未来的挑战和机遇的不同组合，也基于对世界运作方式的不同理解”。参与者要权衡每种情况的利弊。

达托的四个通用型替代性未来中，第一个是“持续增长型社

会”。达托称这是大多数政府和其他当代组织的官方观点。在多数情况下，这种情景与经济增长相关，因此通常被称为持续的
74 经济增长。他的第二种情景是“崩溃型社会”，依据是今天许多人对社会或环境崩溃的共同恐惧。第三种是“节制社会”，通常和可持续性的概念有关。这种情景还可能包括“一套基本价值观——自然的、精神的、宗教的、政治的或文化的，而不只是对无尽的财富和消费主义的追求”。达托的第四种情景是“转型社会”，正如他所描述的那样，这样的未来社会与技术转型密切相关，“机器人科学和人工智能、基因工程、纳米技术、瞬间传送和太空定居”仅仅是一个开始。许多未来学家在他们想象和建构情景的过程中使用了马诺阿方法的四种情景，但其中也有一些人看到了第四种情景技术维度以外的东西。达托最出名的可能是他的达托定律：“任何关于未来的有用陈述，第一眼看去都应该是荒谬的。”

埃莉奥诺拉·马西尼是一名律师和社会学家，她出生于危地马拉，后定居罗马。数十年来，她在全球各地工作，阐述她的多元未来研究哲学，并将其应用于全球一些最具挑战性的环境中。对于马西尼来说，大多数多元未来研究方法都基于西方的哲学概念，特别是约翰·洛克、莱布尼茨、黑格尔和康德的哲学概念。马西尼对未来研究的哲学和伦理学基础都很感兴趣。她明确了与特定西方哲学家相关的三个不同层次的未来思维。第一个层次是“实证未来”，在第二次世界大战结束后到20世纪60年代之间最为流行，依靠社会和经济指标来推断可能的未来，以确定最有可能的情形。马西尼认为，这种方法植根于洛克的哲学，因为它以实证数据为基础，与预测性-实证性的方法密不可

分。描述这种方法的关键词是“某些事物正在改变”。马西尼提到的第二个层次是“理想主义和乌托邦未来”，它与莱布尼茨的哲学一脉相承。它与批判性-后现代性的方法、理想的或更可 75
取的未来相关联，并植根于“某些事物必须改变”的信念。

马西尼的第三个层次是前两个层次的综合，她称之为“项目建设”。在这种方法中，人们可以以他们对理想未来的乌托邦想象为指导，同时考虑当前的条件和可能对结果产生影响的过往趋势，创建一个以未来为导向的项目。马西尼的“项目建设”方法中，可能的未来和大概率的未来融合成为“理想”的未来（与康德的“理想”和黑格尔的“无限”相关），并创造出三者的协同效应。这种方法的关键是“某些事物可以被改变”。在项目建设方法中，未来学家会以他们的政治和伦理立场触发行动，并为此承担责任。这就是人类能动性凸显的地方，也是马西尼与法国前瞻主义方法最一致的地方——包含了科学与行动之间的联系。这种方法似乎是参与性-前瞻性和整合性方法的结合。

英国/澳大利亚未来学家理查德·斯劳特对多元未来研究的概念化和阐述作出了很大贡献，特别是自从20世纪90年代以来。和马西尼一样，他的一个方法是将对未来的研究分为不同的层次。斯劳特划分的四个层次中，第一个层次是“流行未来主义”，这类方法流于表面且适应媒体需求，常常将未来浅薄化了。他的第二个层次是“以问题为导向的研究”。此类更为严肃的未来研究，关注点在于如何让社会组织和社会整体有能力，或有义务应对未来挑战。他的第三个层次是“批判性未来”，比流行未来主义或以问题为导向的未来研究更深入。斯劳特的批判性未来方法涉及对社会及文化生活的解构和重构，其目的是去理

解可能需要应对的深层世界观。他将自己的第四个层次也是最深入的层次称为“认识论的未来”。这个层次关乎更为深入的
76 哲学及社会学未来研究，可能涉及对时间和宇宙学的深入探究。斯劳特创立于20世纪90年代的这一分类方法，也被伊纳亚图拉用作其因果分层分析方法的基础。斯劳特将多元未来研究视为一门元学科：

> “元”意味着它整合了材料、数据、观念、工具等；“学科”是因为，如果执行得当，它明显能促进对人类未来的学科化探索。

20世纪90年代中期，斯劳特对多元未来研究语言和概念的重要整合也作出了巨大贡献。他认识到有必要开始整合日益丰富的未来文献，他编辑了一套丛书《多元未来研究知识库》。斯劳特耗费数年时间，整理了全球几十名学者和实践者的成果，但也提醒读者不要将其视为一种固定化、标准化的体系。在丛书的前三卷中，斯劳特强调了一些重要元素：语言、概念和隐喻，理论、观点和图像，文献，组织、网络和从业者，方法和工具，社会运动和创新。

时间意识的未来

未来学家与哲学家、社会学家一起，在推进我们对时间和未来复杂关系的理解方面功不可没。埃莉斯·博尔丁提出了“200年的现在”这一概念，认为“现在”这一时间的起点在100年前，那时出生的人今天100岁。博尔丁“200年的现在”的终点则在

从现在起的100年后，那时今天出生的婴儿100岁。根据这一观点，我们处在一个跨度为200年的现在的中间，身后是我们的祖辈，前面则是我们的孙辈。 77

这种视角倾向于将我们与自己今天行动的长期后果间建立更紧密的联系。正如博尔丁提醒我们的："这个现在是一个持续移动的时刻，总是从我们所处的这一天向前后各100年延伸。"

一个宽广得多的时间框架则是"今日永存"的概念，它是由斯图尔特·布兰德参与创办的今日永存基金会的核心理念。该基金会的宗旨是从制度上反对短期主义，鼓励长期思维，并培养对万年长期框架的思考和责任感。为了推进这个雄心勃勃的项目，今日永存基金会正在建造一个万年钟（见图7）。该钟的模型现藏于伦敦博物馆，自1999年12月31日起一直在嘀嗒作响。"六个表盘分别代表年份、世纪、地平线、太阳的位置、月相和夜空中的恒星。"

加尔通与伊纳亚图拉在多元未来研究中共同发展了宏观历史的概念，将其作为一种关注长期历史时间内大型变化模式的方法，以帮助人们理解现在和可能的未来。大历史的概念则由历史学家大卫·克里斯蒂安于1989年提出，与宏观历史的概念很接近。克里斯蒂安受到法国历史学家中年鉴学派的启发，这个学派试图编写一部避免将经济、政治、社会和其他形式的历史分割开来的全面历史。大历史将人类生活和文化置于从大爆炸到现在的宇宙时间尺度内。沃罗思目前正在构建大历史和多元未来研究之间的概念桥梁。

盖布瑟用"时间的凝聚"这一概念来描述当代新兴的整体意识体验时间的方式。按盖布瑟的理解，整体意识不像现代和

图7　万年钟：今日永存基金会的万年钟模型于1999年首次投入使用。它现在在伦敦科学博物馆借展

传统方法那样将神话-循环时间和现代线性时间对立起来。相
反，盖布瑟的“时间的凝聚”涉及意识的强化，使我们能够在同 78
一个完全清醒的时刻重新整合所有的意识结构——包括它们体验时间的不同方式。盖布瑟认为，毕加索的肖像画就是一种在视觉上展示“时间的凝聚”的尝试，因为他在同一幅画中描绘了同一张脸的不同时刻。

盖布瑟还用两个额外的相关术语帮助我们来理解时间的凝聚。“潜匿”——意思是被隐藏的东西——对盖布瑟来说就是“可证明的未来存在”。它包括所有尚未显现的东西。盖布瑟的“呈现”概念则综合了过去和未来的存在。盖布瑟声称，体验未来潜在事物的能力会带来时间自由，或者让人们“从时间中解放出来，从而实现精神自由”。毋庸置疑，这些涉及新观念以及时间与未来之间关系的哲学概念，值得另写一本书来论述。

未来教育及学人

目前，全球有数百个组织正跃跃欲试，准备更好地应对21世纪不确定和复杂的未来。而未来教育则可以助力这个过程。

美国的未来课程1966年由阿尔文·托夫勒在纽约社会研究新学院率先开设，随后，詹姆斯·达托和温德尔·贝尔也分别在弗吉尼亚理工学院及耶鲁大学开设相关课程。接下来的十年里，大学课程和研究中心不断涌现，标志着多元未来研究进入更为学术化的阶段。夏威夷多元未来研究中心于1971年成立。1973年，玛丽亚·科瑟吉·卡拉斯和厄热贝特·吉代已经在匈牙利与已成立的匈牙利科学院未来研究委员会进行联合研究。次年即1974年，得克萨斯州的休斯敦大学清湖分校设立了多元

80 未来研究的硕士点。

1975年，加尔通在杜布罗夫尼克成立了大学校际中心。其初衷是建立一个大学研究中心，在学术自由的基础上招募来自西欧和东欧，乃至全世界的教师及学生。该中心每年都会与世界未来研究联合会联合举办多元未来研究课程，课程吸引了众多人员的参与，包括马西尼和巴特·范·斯廷博根。由于战争原因，该中心在1990年关闭。1976年，世界上有了第一位多元未来研究学教授——埃莉奥诺拉·马西尼，她任教于罗马的格列高利大学社会科学学院。1980年，彭蒂·马拉斯卡创立了芬兰多元未来研究学会，随后芬兰多元未来研究中心于1992年成立。1989年，厄尔兹贝特·诺瓦基成为布达佩斯考文纽斯大学多元未来研究系的系主任。

自20世纪90年代中期开始，澳大利亚和亚太地区开始开设未来课程。1995年保罗·怀尔德曼在南十字星大学创办了全球首个在线多元未来研究硕士课程。斯威本大学在2000年推出了战略预见硕士课程，此后澳大利亚还出现了其他一些未来课程，其中几个只存在了很短的时间。中国台湾淡江大学未来学研究所从2002年起设立了未来研究方向的教育硕士项目。2002年，位于波哥大的哥伦比亚外事大学也开设了多元未来研究相关的硕士课程，涵盖了预见和战略方向。

除了完整的硕士学位课程外，全球还有许多其他大学和学院提供多元未来研究和预见方面的本科课程或短期课程。2015年美国解除对伊朗制裁的前夕，世界未来研究联合会认证的一门多元未来研究入门课程在德黑兰启动。这些发展都表明未来
81 教育正在不断壮大，并且日益多元化。

第四章

水晶球、飞行汽车和机器人

关于未来的简单化理解和误解

尽管未来研究的文献浩如烟海，并在概念和方法论上不断创新，且与现实世界问题密切相关，但在学术、专业和政策领域，对它的误解屡见不鲜。上述领域的从业者越来越频繁地使用“未来”这个词，却往往不去参考已面世的多元未来研究资料。因此，未来学文献并未得到应有的重视，同时，决策者和政策制定者却很大程度上是在黑暗中摸索。为什么会出现这样的情形呢？

首先，由于未来研究论文的跨学科性质，它不容易在以学科分类为基础的学术期刊中找到合适的归属。其次，一些未来学家将未来的概念和方法意识形态化，仿佛预见力是下一个能拯救世界的伟大理论。这只会带来学术孤立，而非知识的交换和流通。第三个问题是，未来/预见研究期刊往往更倾向于接受有关未来或预见研究的文章，这导致未来研究文献更可能与其

他学术话语脱节。我担心的是，如果未来研究在其自身领域内过于孤立，它可能无法与其他前沿话题保持同步。此外，其他领
82 域也将继续错失可用的未来学资源。在这个形势复杂、问题不断的时代，不论是对于多元未来研究，还是对于更广阔的世界来说，广泛获取未来学文献的内容至关重要。克雷比奇在《所有明日的危机》一书中发出了警告：

> 如果我们在塑造未来的过程中忽视这些科学知识，很可能会导致严重后果——甚至包括人类的自我毁灭。

这些问题因为媒体对多元未来研究领域的歪曲报道而变得更加严重。这种歪曲存在两个极端，一个极端是将多元未来研究仅仅视为基于当前趋势的推断和预测。另一个极端则认为，未来在本质上是无从知晓的，因此多元未来研究只能是毫无根据的猜测。虽然的确有许多未来学家依赖预测方法，也有一些流行未来学家的研究只不过是缺乏深度的臆测性幻想，但上述这些极端观点并不能反映未来研究领域的广阔内容。

无论有多少学者就多元未来研究著书立说，也无论有多少大学开设有关未来概念、理论和方法的课程，都不影响媒体对这个领域频繁的简单化理解。最常见的一种是将未来学家斥为水晶球前的占卜师。另一种则认为未来学家都处于高科技，尤其是飞行器或太空技术领域，或者从事科幻小说写作。还有一种观点认为，多元未来研究的主要领域无非就是机器人科学、无人机和人工智能。

水晶球之怪现象

几年前，我成为世界未来研究联合会的主席，也因此接受了两家澳大利亚杂志记者的采访。这两本杂志都声称在撰写有关多元未来研究的文章，其立场公正、内容翔实，而事实上它们也 83
做到了，但我惊讶地发现，它们都使用水晶球插图作为一种视觉隐喻。更令人惊讶的是，巴黎一所大学校的研究人员在2016年举办的一场关于预测未来的历史的活动中竟然也使用了水晶球图像进行宣传。

频频出现的以水晶球代表未来思考的怪现象，让我怀疑人类心灵深处是否存在某种东西，一种集体记忆可以回溯到人类使用占卜和符咒来预测未来的时代。这种文化记忆可以上溯到古代的德鲁伊[①]，但它直到今天还在给我们灵感，即便是在无意识中。

另一种可能的解释是，外行难以理解多元未来研究领域，因此媒体的简单化处理是一种防御机制。一位采访者甚至问我，我炉子上的“兔肠煲”[②]煮得怎么样了。我随后只能向他解释，我们现在探索未来的各种复杂方法，要比女先知的神谕更有现代感。

我希望你看完本书时，能对未来的复杂性有更广阔的视野，不要只看到一些琐碎的细节。也希望你下次看到一篇关于未来的文章用水晶球作为插图时，会慎重思考它的含义。

---

① 古代凯尔特文化中的祭司、学者和法官，被认为拥有自然和灵性领域的知识及权威。

② 某些古代文化中用观察动物内脏的方法进行占卜。

七个世纪的飞行梦

从13世纪起甚至更早，人类就开始幻想未来会有某种发明能载着他们飞向空中。1260年，罗杰·培根描述了他设想的飞行器械，类似于如今的直升机。15世纪后期，达·芬奇绘制了直升机的草图。1638年，弗朗西斯·戈德温描绘了一次由一群野天鹅载人飞往月球的旅程。1783年，蒙哥尔费兄弟乘坐热气球升空，引发了一大波对各种飞行器的幻想浪潮。培根的飞行器
84 幻想经过一系列的演变，在700年后的20世纪才成为现实。奇妙的是，最新的高科技飞行器是可以放在手掌中的微型直升机。它们可以自主飞行或通过遥控操纵，配上摄像头就可以用来窥探最微小的场所。我怀疑培根或达·芬奇是否能想象到这一点。

20世纪初，欧洲和美国最典型的代表未来的图像是个人飞行器。1900年，法国出品了一系列未来主义明信片，其主题是2000年的技术乌托邦。其中相当多数量的图片都描绘了人类驾驶飞行器履行日常职责的场景（见图8和图9），令人惊叹。到目

图8　让-马克·科特的《飞行消防员》，1899年。法国展览“2000年展望”(1900年）中的空中消防员插图

图9 未来派飞行汽车,约1900年。来自哈里·格兰特·达特的画作

前为止，这些图景还没有变成现实。

斯洛伐克的一家名为“飞行汽车”的公司设计了一款供私人使用的飞行汽车，并申请了专利。他们预计该汽车将于2017年上市，价格约为20万美元（见图10）。我毫不怀疑，就在不远的未来，一些人将会拥有个人飞行汽车。我怀疑的是地球上绝大多数人是否能接触到这些飞行器。考虑到2014年全球每年每个家庭分配给每个成员的收入的中位数为2920美元（盖洛普调
85 查数据），除了超级富豪，大多数人都无法承受这样的价格。如果再考虑到全球前十大富国人口的人均年收入中位数是十大最贫困国人口的50倍以上，我怀疑在撒哈拉以南的非洲地区，短期内不会看到太多这样的飞行汽车。我感兴趣的是20世纪初的飞行器图像（见图9）和今天的飞行器图像（见图10）之间的相似之处。

图10　斯洛伐克飞行汽车公司提议于2017年推出的飞行汽车（2015年）

机器人的挑战

机器人一词最早出现于1921年，捷克剧作家卡雷尔·恰佩克在其剧作《R.U.R.》(《罗素姆万能机器人》)中用它来指代类人的机器智能。该剧主要讲述一个工厂生产人造人以充当人类的仆人。从那时起，机器人就成为未来想象中的一个细节，无处不在。到20世纪20年代后期，西屋电气公司等商业机构抓住机会，通过营销机械奇迹机器人泰勒沃克斯（见图11）来迎合家庭用户对于未来的想象。

从1942年起，艾萨克·阿西莫夫开始发表一系列短篇小
说，后来结集为《我，机器人》出版。在该系列中，阿西莫夫提出 87
了机器人三定律（见方框2）。虽然这些定律只是一系列科幻小
说中的设定，却做到了让我们相信只要遵循这些定律，整个机器
人和人工智能领域就不会对人类有害。鉴于近年来机器人科学
和人工智能的发展，这种观点似乎过于天真了。 88

方框2 艾萨克·阿西莫夫的机器人三定律

第一定律：机器人不得伤害人类个体，或目睹人类个体受到伤害而袖手旁观。

第二定律：在不违反第一定律的前提下，机器人必须服从人类发出的命令。如命令与第一定律相悖，则机器人必须服从第一定律。

第三定律：在不违反第一定律和第二定律的前提下，机器人须尽可能保护自己的生存。

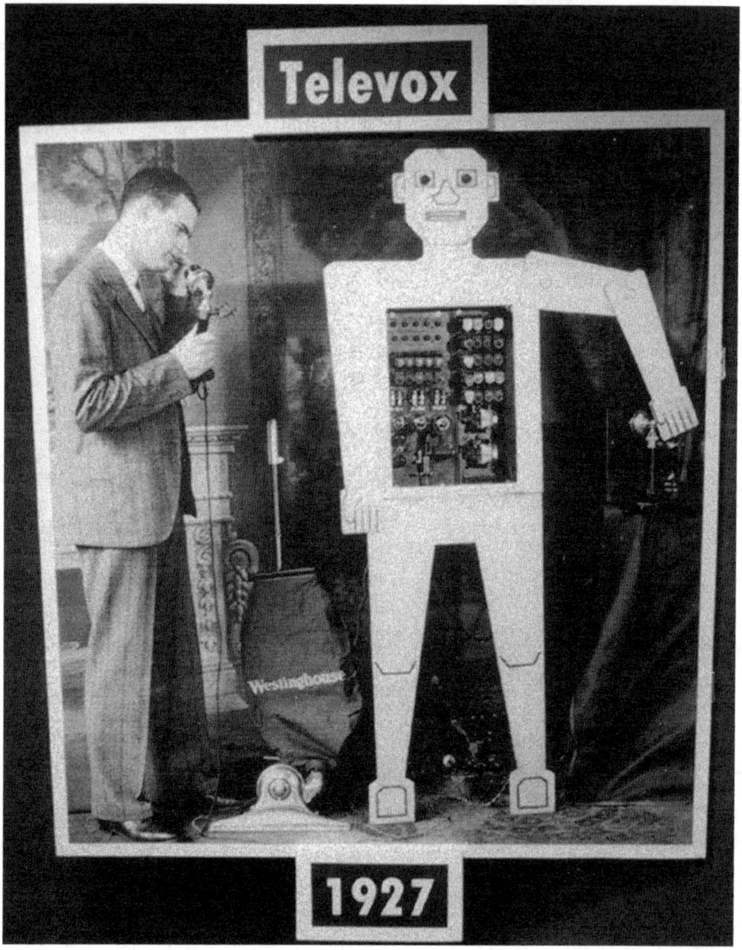

图11　赫伯特·泰勒沃克斯，1927年。西屋电气和制造公司的第一台机器人，由罗伊·温斯利于1927年制造

那么，我们今天的机器人科学处于怎样的水平，未来前景又如何呢？

与美国早期未来研究的政治情形不无相似，机器人科学得到了美国军工复合体的大量资助和支持，目的是制造战争机器。

研究人员布莱登·阿伦比和丹尼尔·萨尔维兹在《技术人类状况》（2011）一书中指出，2002年美国还没有军用机器人，但到2008年底，军用机器人的数量已经达到了1.2万个。

一个迫在眉睫的风险是联合国所谓的“致命性自主机器人科学”（LARS），即“一旦激活，就可以在没有进一步人为干预的情况下选择目标并对其进行打击的武器系统”。2014年，联合国《特定常规武器公约》（CCW）缔约国会议在日内瓦举行，会议上联合国呼吁各个国家暂停“测试、生产、组装、转让、获取、部署和使用”这些致命的自主战争机器。与此同时，英国《金融时报》于2016年2月报道称，美国国防部正准备在高科技战争中超越中国和俄罗斯，其最新举措是在硅谷和波士顿设立办事处，与私营科技公司联络，以增加机器人和自动驾驶汽车武器库的装备。

为了鼓励和加速机器人技术的发展，美国国防部高级研究计划局（DARPA）发起了DARPA挑战赛——一项机器人竞赛。根据其网站的描述，DARPA的使命是“为国家安全创造突破性技术”。DARPA给机器人科学挑战研讨会定的口号——“从更好的机器人到更好的未来”，很好地描述了它的首要目标。这个口号也以小见大，反映出世界上大多数地区对于一个更加美好的未来的期许。到目前为止，世界上最成功的机器人是由波士顿动力公司生产的，该公司为美国海军、陆军和海军陆战队制造机器人。波士顿动力公司的使命是“构建地球上最先进的机器人，具备出色的机动性、敏捷性、灵巧性和速度”。2013年DARPA挑战赛的冠军由波士顿动力公司的高级机器人阿特拉斯赢得（见图12）。就在该赛事之前，谷歌收购了该公司。凭借

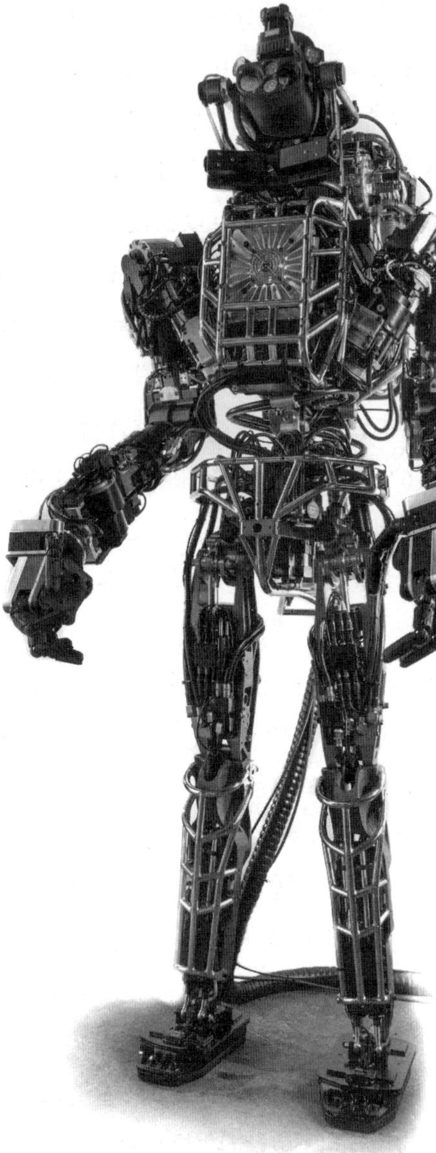

图12　由波士顿动力公司研制的人形机器人阿特拉斯在2013年DARPA挑战赛中获胜。波士顿动力公司当时为谷歌公司所有

谷歌的资源，波士顿动力公司以新的、更智能的、不插电的、无线技术运行的阿特拉斯，又一次拔得2015年DARPA挑战赛的头筹。谷歌与波士顿动力公司的关系似乎昙花一现，因为在本书撰写之时，谷歌正想要出售它。如果阿特拉斯还不足以消除我们对周遭的生存威胁的不安全感，美国宇航局还创造了机器人瓦尔基里，称其为“超级英雄机器人”。

我对于这种耗费大量资源的竞争疑问重重。我想知道机器人会如何帮助我们应对那些最棘手的全球挑战，如食品安全和水安全、气候危机、资源枯竭和贫富差距、冲突和恐怖主义，以及世界上许多地区教育资源的匮乏。为什么许多机器人看起来更像“终结者”，而不是甘地或特蕾莎修女呢？

瑞典哲学家尼克·博斯特罗姆告诉我们，到2010年，世界上机器人的数量估计会超过1000万。国际机器人联合会（IFR）目前的预测是，到2018年，全球私人使用的服务型机器人的销量将增加到约3500万台。IFR还有一个有趣的统计数据：2014 90
年全球机器人销售额的70%仅由五个国家贡献：中国、日本、美国、韩国和德国。这些机器人的用途，人们知道得并不确切。

迷失在超人类主义中的人类

生产出数量庞大的机器人并非易事，但更大的挑战则是一些开发者的野心，他们试图弥合人与机器之间的鸿沟：要么通过技术增强人类的能力，要么设法使机器比人类更聪明。

在当今流行的意义上，超人类主义与通过技术提升或拓展人类的能力密不可分。这是对超人类主义最初理念的一种技术化改造。超人类主义最初是一个哲学概念，其思想根源于20世纪中叶德日进、朱利安·赫胥黎等人的进化人文主义。

1998年，尼克·博斯特罗姆和戴维·皮尔斯共同创立了世界超人协会。博斯特罗姆的兴趣点在于为超人类主义的各种思想流派创建一个广泛的平台，并提高学术界及公众对以技术提升人类能力的潜在益处和风险的认识。他将超人类主义定义如下：

> 超人类主义……倡导以一种跨学科的方法来理解和评估技术进步所带来的改善人类状况及人体机能的机会。

2005年，牛津大学的牛津马丁学院成立了人类未来研究所，博斯特罗姆被任命为所长。虽然该研究所最初的工作重心是通过先进技术提升人类能力，特别是认知能力，但近期他们加强了对生存风险、伦理、利他主义和人类未来重大问题的关注。博斯特罗姆著书阐述了超人类主义思想史和一整套超人类主义价值观。他指出，虽然世俗人文主义也关注人类的进步与提升，但意图以教育和文化作为手段实现这一目标。相比之下，在博斯特罗姆看来，超人类主义则主张“直接应用医学和技术来克服我们的一些基本的生物学方面的局限”。它既涉及现有技术，如基因工程和信息技术，也涉及仍在研发中的技术，如分子纳米技术和人工智能。技术超人类主义者提出的主张是一种基于技术决定论的意识形态，这意味着一个社会的发展及其文化价值观是由该社会的技术而非人类本身驱动的。

博斯特罗姆指出超人类主义并不意味着技术乐观主义。他经常指出其潜在的危害，包括“智慧生命灭绝的极端可能性”。

更为缓慢的负面影响包括更大范围内的社会不平等、个体间的关系和人类能动性的逐渐衰退，以及环境和生物多样性的持续恶化。

技术超人类主义运动中存在着多种意识形态潮流，并非所有人都赞同或支持博斯特罗姆所持有的谨慎观点。这些潮流中的一端是技术乌托邦主义（如天堂工程、奇点主义和超人工智能），另一端则是更为温和的、具备风险意识的观点（如民主和理论超人类主义）。超人类主义运动也吸引了一些边缘元素的加入，如生物朋克、赛博朋克和生物黑客。我们不得不反思，这 93
些21世纪的技术提升理论在伦理上与19世纪孔德和斯宾塞的社会工程学究竟有多大不同。

作为超人情结的后人类主义

人们在各种不同的情境中以各种方式使用“后人类主义”这个词。在博斯特罗姆看来，后人类至少要具备一种后人类能力，即“一种远超过任何当前人类在没有使用新技术手段的情况下所能达到的最大能力的普遍核心能力”。他所指的普遍核心能力包括健康寿命、认知和情感。由于后人类主义需要技术干预，后人类本质上是一个新的或混合的物种。相关概念包括赛博格和仿生人。赛博格（cyborg）一词是“控制论有机体”（cybernetic organism）的缩写形式，起源于20世纪60年代的控制论。不过，人机混合体的概念已经在科幻小说中存在了近200年，可以溯源至玛丽·雪莱笔下的怪物弗兰肯斯坦。仿生人则是具有人类形态的机器人（见图12），其概念与最近发展起来的、旨在创造所谓的机器超级智能的高科技运动有关。电影中的角色终结者是一个赛博格。

最为高调的高科技超人类主义者的野心似乎源自20世纪早期和中期北美风靡一时的超人形象。他们的超人类主义，关乎人类的能力可以通过技术成倍地增强，直到人类和机器最终融合为奇点或后人类主义。奇点在这里是指比人类智能更强大的超人工智能（ASI）。博斯特罗姆避免使用奇点这个词，他声称“奇点这个词在许多不同的意义上被混淆使用，并且逐渐积累了一种不祥的（却几乎带有千禧年主义[1]色彩的）科技乌托邦的
94 含义”。他更热衷于关注机器超级智能的前景，对其中的危险发出警告，并讨论潜在的应对策略，以降低人类的生存风险。

类似未来奇点（人类突破生物学上的可能）的想法早已有之。1993年，科幻作家和数学教授维尔纳·温吉在由美国国家航空航天局刘易斯研究中心资助的“愿景-21”研讨会上引入了奇点的概念。他声称，约翰·冯·诺伊曼在20世纪50年代就已经提到了即将来临的技术奇点——技术的不断加速发展，将让我们所熟知的人类世界走向终结的那个节点。

温吉预测，我们将在2005年至2030年间拥有创造超人类智能的技术手段，他指出这将终结人类纪元。

谷歌工程师雷·库兹韦尔试图推广奇点概念。不出所料，库兹韦尔预测奇点出现的日期是在2029年，与温吉的日期高度吻合。电影《终结者》中的赛博格刺客在2029年被送回过去以恢复秩序是个巧合吗？为了进一步推广奇点的概念，库兹韦尔于2009年与彼得·迪亚曼迪斯在硅谷共同创立了奇点大学。奇

① 千禧年主义的概念来自“千年”，指长度为一千年的时间循环。千禧年主义是某些基督教教派的信仰，它们相信将来会有一个黄金时代：全球和平来临，地球变为天堂。

点大学的使命是利用不断加速的技术来解决“人类最棘手的问题”。理解他们这种极端的技术乌托邦主义的关键在于，他们将人类视为一个多行星物种，人类树立了殖民其他星球（如火星）的目标，以便为自己提供“一份针对灭绝级事件的物种生存保险单”。库兹韦尔将奇点称为不可避免的经验趋势，但他的目标读起来就像一部科幻剧本。而我们也很难不注意到，奇点大学的标志和超人的标志之间存在着惊人的相似。 95

我们在推动技术加速发展时，需要问自己，我们应该如何判断到底这些技术项目是在真正帮助人类，还是在狂妄自大地将自己视为救世主，耗费大量资源？克拉克在1979年就预见到了这样的发展：

> 未来的故事是工业社会的梦境。它深入人类经验中的神话根源，以寻找至高无上的力量源泉，采取手段突破一切局限，以迎来实现绝对完美的机会。

第五个人工智能寒冬

21世纪的很多超人类主义讨论，折射出一种对历史和社会学的无知。除了博斯特罗姆之外，超人类主义作家似乎对人类在过去3000年里试图预测、控制和理解未来的历史毫不知情。尽管许多超人类主义者坚定地站在丰饶主义的立场上，但他们似乎并不了解历史上技术乌托邦主义（或丰饶主义）和技术反乌托邦主义（或马尔萨斯主义）的浪潮是此消彼长、循环更迭的。

新丰饶主义是无限乐观主义，它认为技术能够解决一切问题。批判性未来研究文献称其为“技术修复解决方案”，其代表人物包括库兹韦尔、皮尔斯和拜伦·里斯。库兹韦尔声称，人类可以且将会积极地利用技术，技术不会取代我们，只会改善和延长我们的寿命。皮尔斯在他的《快乐信条》一书中描述了天堂工程，他主张通过生物学计划消除一切形式的折磨、苦难和病痛。皮尔斯的方法涉及基因工程和纳米技术，听起来很像是21世纪版的社会达尔文主义。里斯则相信互联网和技术将消除“无知、疾病、贫困、饥饿和战争”，我们将在外太空殖民十亿个其
96 他行星，让每个行星上都住上十亿人口。在科幻小说风格的作品《无限进步》中，里斯提出了以下观点：

> 我们将塑造地球环境的纳米机器人发射入太空，它们会降落在无生命的岩石和行星上，对其进行改造，通过原子级的转变，让它们充满所需要的碳、氢、氧和其他一切物质。大气层将会形成，植物将被播种，随后殖民者也将到达。

新马尔萨斯主义者则对人口增长、环境、气候和未来持悲观态度。20世纪与此有关的重要文献包括保罗·埃利希向罗马俱乐部提交的《人口炸弹》（1968）和《增长的极限》（1972）报告。巴什福德称朱利安·赫胥黎是马尔萨斯主义者。

随着与机器人科学和人工智能相关的技术呈指数级增长，全球恐怖主义行为也在迅速扩张，科学家、哲学家和人工智能资助者纷纷对此发出了严厉的警告。博斯特罗姆在著作《超级智能：路径、危险和策略》（2014）中对上述问题进行了迄今为止最全面的讨论。博斯特罗姆详细阐述了人工智能研发的历史、发

展的可能模式、成功的可能性以及风险和危险。理论物理学家和数学家斯蒂芬·霍金也对未来“超级智能创造物”的可怕后果表达了自己的担忧，这些创造物的能力可能与人类当前的能力不相上下，甚至更为强大。他担心如果全面实现人工智能的发展，可能意味着人类的终结。2014年，特斯拉和太空探索技术公司的创始人埃隆·马斯克在麻省理工学院航空航天系成立百年纪念研讨会上也表达了他的担忧。作为人工智能曾经的热衷者，马斯克警告说人工智能可能是我们生存最大的威胁。他呼吁在国家或全球层面对其进行监管，并捐赠数百万美元用于相关研究。与博斯特罗姆、霍金和马斯克一样，一些最早持有新丰饶主义立场的人也开始高调宣扬未来的生存风险。被誉为“数 97
字异议者之父”的杰伦·拉尼尔称自己是在一场狂欢派对后首个清醒过来的人。在一番对硅谷文化的尖锐批评中，拉尼尔声称它“将人类视为巨大机器中的电子射线”。考虑到硅谷是许多新科技亿万富豪的家，现在又成了美国国防部的办公地，拉尼尔的观点无疑令人深思。

艾伦比和萨瑞维茨对杀手级应用程序进行了研究，研究表明有充分的理由让我们担忧。19世纪马尔萨斯主义者与丰饶主义者之间的紧张关系，在面对高科技超人类主义时将要重演。

博斯特罗姆指出，自20世纪50年代以来，针对人工智能的前景曾经出现过几个过度炒作和高期望的时期（分别是50年代、70年代、80年代和90年代），每次都会有一段挫折与失望的时期接踵而来，他称之为“人工智能的寒冬”，这是一个有趣的反直觉的观点。眼下，库兹韦尔那套关于复制人类意识的简单想法，激发了一波声称关于奇点即将到来的炒作和热情，而它可能马上也要经历第五个人工智能的寒冬。

针对去人性化的批判

对技术过度扩张最激烈的批评涉及去人性化的观点，而这些观点早已有之。电子时代的加拿大哲学家马歇尔·麦克卢汉总体上是一位科技乌托邦主义者，但他也是一位批判性思考者，几十年前就针对人类对技术的依赖提出了警告。麦克卢汉有一个很著名的论断：人类的每一次媒介延伸都无异于一次器官切除。例如，一旦我们有了汽车，就不再步行去商店；一旦我们有了计算机硬盘，就不必记住东西；现在我们的手机上有了卫星定位系统，缺了它就没人能找得到路了。根据麦克卢汉的哲学，我们正在变成后文盲，因为我们依赖充满图片的屏幕，而不是书籍等印刷媒体。因此，通过技术和生物手段提升的人类能力，可能会阻碍人类更高层次能力的自然进化。

刘易斯·芒福德则从他的有机人文主义观点出发，对过度的技术延伸导致的危险提出了批评。基于他的观点框架，芒福德认为，他所在时代的太空探索是技术暴露癖的一种形式。我很想知道他会如何看待库兹韦尔殖民火星的计划，以及将改造地形的纳米机器人送入太空的设想。但也许这些纳米机器人会在途中遇到一群执行监视任务的赛博格昆虫。芒福德在1946年出版的《生存价值观》一书中明确表示他将人文主义原则放在第一位：

> 如果我们培养出机能平衡的人，能够与所有其他善意的人类进行全球范围内的合作……我们就必须重视其情感

的唤醒，以及道德及审美价值的表达，就像我们现在重视科学、发明和实践的组织一样。

从智能心理学的角度来看，人工智能是个自相矛盾的词。智能本质上不可能是人工的，其无法估量的复杂性违背了任何人工性的概念。我们需要有勇气根据“机器智能”这一概念的本质来给它命名——拟人化。除非人工智能的研究人员能够定义他们所指的智能，并解释它与意识的关系，否则“人工智能”这个词就无法被赋予一个普遍的意义。

所谓的人工智能，最多只可能意味着机器的能力。至于新出现的机器超级智能，很难不将其解读为一种狂妄的吹嘘。 99

第五章

技术乌托邦，还是以人为本的未来？

两种不同的人类未来

我们如何应对人类的未来，这是和未来有关的一个重要问题。虽然一部分未来学家对高科技未来感兴趣，但更多的未来学者关注的是社会中前所未有的快速变化，包括指数级的技术发展对社会、文化和环境的潜在影响。

我们今天在人类未来研究中处于一个关键时刻。关于人类未来的对话中出现了两种不同的声音。我们选择的方向也将决定地球未来的命运——至少从地球作为人类的家园和所有生命的栖居地的双重角色来看是这样。作为一名心理学家和教育工作者，我清楚地知道人类未来的领域极其复杂，采取二元对立的观点是过于简单化的做法。然而，在这里我却有意选择了简化，以强调我认为至关重要的观点。

我的方法灵感来源于奥利弗·马克利和威利斯·哈曼的著作《人类形象的变迁》（1982），这两位作者让我注意到人类发展的两个截然不同的未来形象：“进化转型”和“技术外推”。我意识到，波拉克在《未来的形象》（1955）中区分的两种乌托邦式的人类未 100
来，以及C.P.斯诺所说的“两种文化”（人文科学和自然科学）是这两种形象的历史源流。社会学家门诺·博尔特探讨了想为人类创造更好生存条件需要具备的价值观和目标。博尔特在《人性的追寻》（2011）中，将尊重每个人的尊严放在首要位置，并明确了他所谓的“超凡人性”的品质。他总结说这些品质包括同理心、慷慨、公正、宽恕，以及为和平努力并反对使用暴力和破坏的承诺。

我感兴趣的是，这些不同的价值观将如何影响人类的未来，特别是它的长期影响。基于马克利和哈曼的未来形象，以及博尔特提出的超凡人性的一系列品质，我在这里给出两种截然不同的人类未来研究路径及其固有的价值和道德体系。而研究人类未来的任何方法无一例外都受到我们心目中人的形象的影响。

我所说的“以人为本的未来”是人道主义、哲学和生态导向的。它基于以下看法：人类是善良、公正、自觉进化、和平变革的主体，有责任维护人类、地球和宇宙之间的生态平衡。以人为本的未来涉及持续的心理、社会文化、审美和精神发展，并致力于通过教育、文化多样性、更大的经济和资源平等以及对子孙后代的尊重，让地球上的人类生活在更好的环境中。

相比之下，我称为“技术乌托邦未来”的路径，则是去人性化、科学导向和原子化的。这种观点基于对人类的机械主义和行为主义模型，对智能持有一种肤浅的控制论观点。这种想要创造未来技术化人类的超人类主义野心，是反人类和反进化的。它涉及对人类进行技术、生物和基因的提升与人工机器智能的发展。一些科技乌托邦主义者梦想脱离现实，想要抛弃地球，在 101

火星或外太空的卫星城市中建立一个梦幻的科技天堂。

这场争夺人类未来控制权的竞争并不新鲜。至少自从欧洲启蒙时代以来，这场竞争就一直在断断续续地进行着。由于人类面临着极端情形带来的生存风险，有必要回顾一下技术中心未来与人类中心未来之间斗争的起点。

有关人类未来的启蒙竞赛

> 我们对于人类未来状况的期望，可以归结为三个方面：不同国家之间不平等的消除，同一国家内平等进步的实现，以及人类自身的真正提高。

如果我们意识到弗莱希泰姆的上述这番言论是在220多年前发表的，它便具有了更为不同寻常的意义。弗莱希泰姆在这里引用了法国哲学家德·孔多塞侯爵（1743—1794）的话。德·孔多塞侯爵在1793年至1794年法国大革命后期临死之前，写下了《人类精神进步史表纲要》。作为法国启蒙运动的主要贡献者，德·孔多塞与许多德国唯心主义和浪漫主义哲学家持有类似的观点。他设想人类将走向一个完美的乌托邦社会。鉴于当时法德两国哲学家之间的思想交流，德·孔多塞极有可能受到德国浪漫主义哲学家约翰·戈特弗里德·（冯·）赫尔德在此前20年发表的《另一种关于人类形成的历史哲学》的影响。赫尔德在他对人类意识演变的论述中声称，“不同历史时期间存在着根本的精神差异，不同时代的人们的概念、信念、感知等有着重要的差别”。孔多塞与德国唯心主义和浪漫主义哲学家一

样，是人文主义未来思维的先驱。 102

在浪漫主义的极盛时期，德国浪漫主义哲学家格奥尔格·菲利普·弗里德里希·冯·哈登贝格（1772—1801）是未来思维先驱中的佼佼者。他的笔名是诺瓦利斯，意即“未来之物”。他一生著述颇丰，不到30年的短暂生命结束时仍未完成的《百科全书笔记》便是其中之一。正如研究他的学者查德·韦尔蒙所指出的：“诺瓦利斯的《百科全书笔记》在可能性、理想和现实的边界上运作，既思考了百科全书的可能性，又在实际上试图编纂一部百科全书。”诺瓦利斯“在可能性、理想和现实的边界上运作”的工作方式，正是当前可能未来、首选未来和大概率未来观念的神秘先驱。在韦尔蒙看来，诺瓦利斯的百科全书关乎创造“一个预期性的项目，它是可能的、未完成的，是一个即将到来的未来……是一种百科全书式的认知方式”。诺瓦利斯预见到了20世纪至21世纪多元未来研究和整合性世界观的出现。作为文化进化理论的一部分，诺瓦利斯设想了人类社会发展的三个时代。第一个时代由国王和祭司领导，第二个时代由政治家和经济学家领导，而第三个时代（新兴时代）将由相互依存、具有“灵感驱动的艺术想象力”天赋的个体来领导。社会发展的第三个时代将具有自由、平等和博爱的特征，这是法国大革命的理想，给了诺瓦利斯重要的启发。

赫尔德、德·孔多塞和诺瓦利斯很可能会阅读到他们那个时代的另外两部重要作品。第一部是朱利安·奥弗雷·德·拉·梅特里（1709—1751）的《人是机器》（1748），它彻底颠覆了以往对人类的观念。拉·梅特里提出的机械论的人性观虽然在当时并未被视为科学，但未来产生了深远影响。它影响了20

世纪行为主义心理学家B.F.斯金纳的心理学学派、人类意识的103 控制论观点和超人类主义的当代分支。另一部作品是法国经济学家安·罗伯特·雅克·杜尔哥（1727—1781）在两年后出版的《关于人类思想的持续进步的哲学评论》。杜尔哥关于人类的总体性观点融合了各种社会和文化维度，与拉·梅特里的机械论人性观形成鲜明对比。

德·孔多塞和杜尔哥的作品标题有着惊人的相似，这不可能仅仅是巧合。这些法国和德国哲学家（图尔戈、德·孔多塞、赫尔德和诺瓦利斯）都坚信人类的发展应该面向人文主义的理想，与文化、社会、教育及艺术交织在一起。然而，他们却在某些方面存在分歧，这反映了法国启蒙运动和德国启蒙运动之间的重要差异。我们今天看到的两条未来研究路径之间的差异与此一脉相承。

在18世纪下半叶的50年间，我们可以看到人类未来权力斗争的萌芽，斗争双方是以人为本的价值观和随工业革命兴起的去人性化的价值观。

德国的哲学派别包括唯心主义者与浪漫主义者，如赫尔德、诺瓦利斯、歌德、黑格尔和谢林。他们的学说传承自莱布尼茨，他曾在17世纪提出了一种整体的、基于精神的进化论。这些德国哲学家播撒下了以精神进化为基础的人文主义的种子，为这里所说的以人为中心的未来方法奠定了重要基础。

来自法国的哲学影响则包括了拉·梅特里的机械论人性观和笛卡尔在17世纪初提出的身心二元论，构成了法国（或笛卡尔派）理性主义的基础。这些法国哲学家（拉·梅特里、笛卡尔、杜尔哥和德·孔多塞）都是世俗人文主义者。世俗人文主义是技术乌托邦未来学说的一个支脉。科学实证主义则是另一支脉。104

人文主义超人类主义的起源

1950年，德日进（1881—1955）发表了《从前人类到超人类：一个有生命行星的不同阶段》一文，文中他谈到了“一切事物的终极核心是某种超人类”。德日进的“终极人类”和“超人类”是与精神层面的人类/未来相关的进化概念。他的朋友朱利安·赫胥黎受到这些概念的启发，开始撰文探讨超人类主义。他于1957年写下了这样的话（斜体为赫胥黎原文所加）：

> 只要人类这一物种有意愿，它就能超越自我——不仅仅是零散的个体以这样或那样的方式超越自己——而是人类这个物种从整体上超越自我。我们需要一个名称来描述这种崭新的信念，它或许可以是*超人类主义*：仍是人类，却通过实现人类本性中的新可能性来超越自己。

人们频繁地引用朱利安·赫胥黎的这句话，将创造超人类主义一词归功于他，但这段话不乏争议。一些当代的超人类主义者在引用这段文字时将出处错误地归于赫胥黎1927年的某本著作，另一些人则完全忽视了赫胥黎对于超人类主义话语的贡献。彼得·哈里森和约瑟夫·沃尔尼亚克在《超人类主义史》（2015）一书中声称，超人类主义这个词是在1940年由加拿大历史学家W.D.莱特霍尔创造的，莱特霍尔从但丁的《神曲》和《圣经》中举证，声称使徒保罗是最早提出超人类主义概念的人。

不论是谁第一个创造了这个词，20世纪末发展起来的高科技超人类主义已经在朝着完全不同的方向发展。它与赫胥黎那人文主义价值色彩浓厚的超人类主义几乎没有任何相似之处。
105 它也与莱特霍尔的超人类主义无关，后者似乎与宗教概念，如基督教中荣耀的身体有着更深的联系。暂且抛开这些观点不谈，我想探讨赫胥黎的以人为中心的超人类主义与当代技术乌托邦超人类主义之间的截然不同之处。

赫胥黎是一位生物学家和人道主义者，曾于1946年担任联合国教科文组织第一任总干事，也是英国人文主义协会的第一任主席。赫胥黎的超人类主义受到了德日进精神进化的人类概念的启发，更加偏向人文主义和精神层面而非技术层面。值得一提的是，赫胥黎为德日进所著的《人的现象》（1959）一书撰写了引言。

剑桥历史学家艾莉森·巴什福德指出，赫胥黎的超人类主义与当代超人类主义有两个不同之处。首先，赫胥黎坚信进化对于全体人类而言是必然的，而不仅仅是发生在特定个体或群体中的现象；其次，他的超人类主义基于社会而非技术的进步，即通过提供更多的教育和医疗服务机会来实现。巴什福德指出："赫胥黎的人文主义，乃至超人类主义概念，从最初使用之时，总是基于他所谓的进化人文主义。赫胥黎提出了行星进化的概念，和德日进的人类行星化①的概念一脉相承。他还提出了意识进化的思想，这种观念起源于德国浪漫主义哲学家谢林，但直到20世纪末才开始流行起来。

① 人类行星化指的是人类从分散的个体逐渐形成一个统一的有机整体的过程。在这个过程中，人类不仅仅是地球上的生物，而且形成了一个超复杂、超集中、超意识的整体，它与地球共存。这表明人类正逐步形成一个地球范围内的单一的大型有机体，成为一个思维的全球实体。

确实，一个有趣的可能性是人文主义者将重新定义超人类，以反映其起源——德日进和赫胥黎的进化人文主义。在《未来简史》一书中，法国社会理论家、曾担任总统顾问的雅克·阿塔利试图以这种方式重新定义超人类主义，他的定义与门诺·博尔特的“超越性人类”遥相呼应： 106

> 超人类将是无私的，他是地球的公民，既能自由流动，又能安居乐业。他与邻居共享平等的权利和义务，接纳并尊重这个世界。超人类将共同培育全球性的制度，并改变工业企业的发展方向。

进化的超人类

在达尔文学说产生之前的一个世纪，哲学家们对进化思想的讨论聚焦于意识，以及作为文化、审美和精神理想的人类进步理论。这些18世纪后期的德国哲学家是20世纪人类潜能运动和积极心理学运动的先驱。为了支撑他们的社会进化理念，他们创立了一个普遍教育体系，其目标是塑造全面发展的个体（德语中的“Bildung”）。

达尔文之后，哲学家们开始探讨达尔文主义对人类未来的影响，这与斯宾塞的社会达尔文主义有所不同。弗里德里希·尼采在《查拉图斯特拉如是说》（1883）中提出了“超人”概念。他的这一概念从德语翻译成英语时附带了多个含义：“超越人、超越人类、高于人类、超人、超人类、终极人类、高级个体、高级存在”。尼采有关高等人类的思想受到达尔文的生物进化论和关于意识进化的唯心主义著作的影响。他的超人理念也与他的自由观念密不可分。

法国哲学家亨利·柏格森对超人话语的贡献首次出现在《创造进化论》(1907)一书中。虽然柏格森没有直接引用尼采的作品,但他的作品植根于尼采的超人理念。和尼采一样,柏格森认为超人从人类中产生,就如人类从动物中产生一样。鲁道
107 夫·斯坦纳在关于意识进化的研究中也讨论了尼采和柏格森的超人理论。斯坦纳用自己的话阐释了尼采的超人概念:"动物内部孕育了人,难道人内部不应该孕育一个更高级的存在,即超人吗?"

与尼采和柏格森类似,斯坦纳在1904年到1925年间阐述了以人为本的进化性未来的观点,包括"灵性自我"和"灵性人"等概念。同一时期,印度政治活动家奥罗宾多·戈什也在印度著书立说,提出超人是自觉进化的未来人类的一种类型。斯里·奥罗宾多的整体性进化作品则既吸取了古代印度文献的精髓,又借鉴了德国唯心主义哲学。斯坦纳和奥罗宾多都以塑造全面发展个体的"成长教育"(bildung)为基础,创立了各自的教育体系。

与超人类主义的两个流派——技术人文主义和精神人本主义类似,德日进的笔下出现了可以与技术概念中的奇点抗衡的精神先驱和人本主义的对立面。德日进所说的这个"欧米茄点"表达了一种信念:宇宙正在朝着更高级的物质复杂性和精神自觉性的方向进化。欧米茄点和奇点之间的冲突成为进一步研究人类未来的一块试金石。

重塑以人为本的时间

自古希腊以来,线性时间的概念已有2500年历史,其本身

就在不断进化。最初，它意味着对已经认识到的宇宙和自然周期进行正式的测量，但这种自然和宇宙学的维度逐渐被剥夺。工业革命后，线性时间进一步缩减为工厂时间。时间被困在工业机器中，人类也随之被机械时间概念的咒语所操纵。 108

然而，随着爱因斯坦对狭义相对论的阐发，以及20世纪初量子力学的提出，这种可预测的、机械的时间概念开始瓦解。时间不再是可以用分离的、同质的片段来衡量事物运动或变化的对象。上述新的科学发现具有重大的哲学意义，逐渐以全新的概念取代了固定的线性时间的概念。

德国现象学家埃德蒙德·胡塞尔提出了“主观时间”（灵魂的时间）的概念，以此与外部或客观时间形成对比。胡塞尔以现象学的方法探索时间之后，马丁·海德格尔又谈到了“存在时间”的概念。英国哲学家怀特海将他的过程哲学应用于对时间的理解，柏格森则用“持续性”（生命的有意识流动）来描述时间概念自身的悖论。柏格森认为时间具有极端的多重性，这与多元未来的概念十分吻合。胡塞尔提出的主观时间的概念首次考虑到了时间的个人或心理方面。即使在多元未来研究领域，这样的心理层面的时间也还未被充分探索，需要进一步研究。就像量子力学和混沌理论一样，这些新概念需要假以时日才能逐渐渗透到主流思维中。

在过去的一个世纪中，其他方面的社会发展也对我们的时间感知产生了影响。不断加速的技术将曾经的秒、分和时的划分，扩展到了最短的纳秒和最长的放射性半衰期。工业时代的时间受到政治和经济的主导，日常生活的对话中充斥着“时间就是金钱”或“购买时间”这样的隐喻。从快餐店、即时通信和

过度消费的文化中都明显可以看出，我们处在一个速度成瘾的时代。时间的加速意味着未来正以迅雷不及掩耳之势向我们
109 冲来！

然而，今天的生活并不是那么简易和单一。21世纪的焦虑和时间恐慌不断加速，但同时一些背道而驰的潮流也正在崭露头角，如慢生活运动及复古旅行风潮。非西方的和女性主义的观点，也正在重新找回旧有的循环性时间的概念。这些新兴的问题表明，我们正在逐渐重新审视我们与时间的关系，并重新发现时间与自然和宇宙的多方面关系。在时间与工业时代的世界观紧密相连时，这样的关系曾被我们忽略。

自觉的以人为本的未来

从以人为本的视角来看，20世纪有几次重要的、有意识地推进人类未来的进展。过去的50年里，在大多数主要学科中都可以发现进化性的变化。我创造了“心智的大趋势”一词来描述这一发展。它们是意识进化的迹象，欧文·拉兹洛声称这种进化“已经成为我们集体生存的先决条件”。

对主要的知识领域概览一番，我们就可以发现，科学、哲学、心理学和教育中出现了新的思维方式。在科学领域，我们可以观察到20世纪初从经典物理学向量子物理学的科学转向，紧随其后的是从经典物理学的封闭系统向后经典生物学、混沌理论和复杂性科学的开放系统的转向。类似的转变也体现在西方哲学思想从现代主义向后现代主义和后结构主义的转变中。哲学这一概念曾意味着单一的英国分析哲学，但现在已扩展为承认比较、过程和整体哲学的哲学多元主义。过去的50年里，心理学

已超越了临床、经验主义和行为主义的模型，发展出包括人本主义心理学、超个人心理学、发展心理学和后形式心理学理论在内 110
的新方法。甚至在铁板一块的教育学科中，也可以观察到进化的浪潮。各种富于创意的后形式教学法，更加适应21世纪的需求，正挑战着为19世纪的社会打造的工厂模式的正规学校。

针对专业分化导致的学科碎片化问题，目前已经有了一套成熟的对策，那就是跨学科、多学科和超学科的研究方法。这些方法预示着未来知识创新的发展将会更加注重整体和融合。

技术超人类主义者认为只有通过技术、生物或基因增强才能实现超人的能力，但也有三大研究领域对此提出了反驳。它们指出，人类在多个领域的潜能可能远远超出我们的认识。简言之，这些领域涉及身体的未来、文化的未来和思维的未来。

当代研究指出，我们体内已经蕴藏着超人的潜能。迈克尔·墨菲的著作《身体的未来》记录了一些与技术或生物提升无关的“超人力量”。作为埃塞伦研究所的创始人，墨菲40年来一直在研究他所谓的“超常属性的自然史”。他建立了一个包含一万项研究的档案库，记录了历史上个体人类所展现出的超常经历。墨菲大大扩展了博斯特罗姆的“健康寿命……认知……情感”三大类别，将研究对象依据12组属性进行分类，其中包括：

> 感知能力、肌肉运动知觉和自我调节力、沟通能力、活力、运动能力、改变环境的能力、感受痛苦及快乐的能力、认知能力、意志力、自我意识、爱的能力，以及身体结构及过程。 111

墨菲以近800页的篇幅，记录了某些人类的超常能力，包括天主教神秘主义者、苏菲派的狂喜修行者①、印度佛教修行的成就者、习武者和精英运动员。墨菲的结论是，这些极端的例子意味着“不断进化的人类四肢和身体器官的发展”。我们也从学者、极限运动和冒险的例子中，以及宗教神秘主义者及圣徒的著述中知道，我们人类总是在超越自己。

当下对用技术提升人类潜能的执迷，是否有可能正在阻碍我们自觉地发展自身内在的超人潜力？从许多年轻人使用手机和电脑成瘾的现象来看，答案是肯定的。数字戒毒所和网瘾问题的出现都是这方面的证据。

整个20世纪，许多学者和作家都曾借鉴德国唯心主义者德日进、盖布瑟等人的思想，从文化进化的角度提出了对于人类未来的看法。当代学者中，欧文·拉兹洛将意识的进化与全球层面的重大变革相联系；杜安·埃尔金探讨了社会的进化和未来；理查德·塔纳斯的著作《西方思想的激情》追溯过去2000年中的社会文化发展，这些发展指向了新兴的变化；哈贝马斯的著作《沟通与社会的演变》也提出了类似的发展模式。20世纪90年代末，杜安·埃尔金和科琳·勒德鲁对包括斯堪的纳维亚半岛诸国、瑞士、英国、加拿大和美国在内的43个国家进行了全球价值观调查。他们的结论是“一种新的全球文化和意识已经开始在全世界扎根并不断生长”。他们将其称为后现代转变，并用两种特质来描述它：第一是生态视角，他们视之为“宏大的视
112 角，[通过这个视角]地球（甚至宇宙）被看作相互连接的生命系

① 修行者通过吟诵、舞蹈（如旋转舞）、音乐、冥想等形式的灵修活动，经历一种被称为“狂喜”的状态。

统”。第二是从生活的匆忙中抽身的自我反思能力。这两种特质不仅可能是慢生活、复古旅行和其他新兴运动背后的动力，也与后形式推理有关。

成人发展心理学研究基于积极心理学和以亚伯拉罕·马斯洛的《人性能达到的境界》（1971）为起点的人类潜能运动。成人发展心理学结合了超个人心理学，在认知、情感和精神领域取得了丰富的成果，让人类的未来视野大为拓展。在过去的40年里，成人发展心理学研究人员如迈克尔·康蒙斯、简·辛诺特及劳伦斯·科尔伯格一直在研究成熟成人的系统化、多元化、复杂化和整合化的思维。他们将这种成熟的思维称为“后形式推理”，他们的研究为我们对思维未来的讨论提供了宝贵的见解。这些心理学家识别到的未来的思维特征包括复杂的悖论思维、创造力和想象力，相对主义和多元主义，自我反思和对话能力以及直觉。威尔伯的研究则融合了整合心理学和文化历史，更深入地展示出人类未来自觉进化的潜力。我在《后形式教育：复杂未来的哲学》一书中应用了他的这些成果，探讨教育如何促进这种进化。

人类的后形式推理可以达到相当的广度和复杂程度，那么机器是否有可能获得这些更高级的人类功能呢？讨论人工超人类智能的技术乌托邦主义者小心地避开了意识的问题。博斯特罗姆解释说，目前所有的机器智能系统都只能以非常**有限**的人类认知能力（弱人工智能）运转。即使最雄心勃勃的机器智能也只能试图复制“抽象推理和一般问题的解决能力”（强人工智能）。 113
超人类智能的支持者似乎没有意识到，有关意识进化、心灵形而上学、意识哲学和心理学的研究都在表明，人类智能正在不断进化。

即使技术开发人员成功复制了通用智能，最多也只能达到让·皮亚杰所描述的形式运算水平，即便处理速度更快。成人发展心理学家的研究告诉我们，成熟的、高功能的成年人能够进行复杂的后形式推理。人工智能领域的研究者是否能把握形式推理的极限尚且是个问题，更不用说更高级阶段的后形式推理。他们对霍华德·加德纳的多元（人类）智能理论又了解多少呢？在有关人工智能的文献中，没有证据表明有人已经在研究关于更高级别推理的理论。

上述思维和知识体系的发展代表了一种重大的转变：从与实证主义、现代主义和皮亚杰的形式推理相关的工业世界观，转向后实证主义、后现代主义及后形式推理的后工业世界观。展望更长远未来的思维模式，我们可以预期能看到更多后形式推理的特征出现。尽管未来学的文献中很少提及这种进化，但未来学者和研究人员很难不感受到它的影响。思维方式的转变正慢慢地渗透未来学的话语。希代格指出，20世纪末，多元未来研究的一个新的进化范式正在兴起。

所有这些研究汇总起来，表明我们人类已经开始具备比以往想象中更强大的心智、情感、身体和精神能力。如果我们真的
114 想在21世纪及之后发展超人智能和能力，有两个选择：我们可以继续大量投资我们的技术乌托邦梦想，创造出比人类操作能力更强的机器。或者，我们也可以运用我们所拥有的全部智慧，将更多的意识和资源投入教育，并自觉地进化人类的未来。

人类的未来领域是浩瀚而复杂的，这一章应该被视为一场
115 刚刚开始的对话的开端。

第六章

全球未来大挑战

全球视野

任何习惯深入思考，并愿意关注家门之外事务的人都会看到，随着不可预测的未来迅速逼近，我们面临着大量的全球挑战。这些或近或远的挑战已经被称为危机的集合。它们涵盖了社会文化、地缘政治和环境。考虑到所有这些问题纷繁复杂且环环相扣，本章主要描述进一步对话的多个起点。未来学家们正是从这些不同的起点来探讨这些全球性的重大挑战的。

詹姆斯·达托将这些全球性的挑战称为“邪恶的三位一体加一”。这里“邪恶的三位一体”是廉价而丰富的石油的终结、多重环境的挑战，以及全球经济和财政的崩溃。而“加一”则指的是充分政府干预的缺乏。乔根·兰德斯声称可持续性的革命正在进行中，但这将需要耗费整个世纪的时间来完成。他指出了五个与可持续性革命及其成功可能性密切相关的重大问题：

资本主义的终结、经济增长的终结、缓慢民主的终结、代际和谐的终结和稳定气候的终结。未来学家、道德经济学专家和作家116 黑兹尔·亨德森也关注到了一个核心的转变：亨德森在2014年的专著《全球向太阳能时代的转变图谱》中强调，从过时的工业时代思维向新兴的太阳能时代思维过渡，是通往“更绿色和可持续的经济未来”的路径。

在《所有明日的危机》一书中，克雷比奇指出了当下的十大关键趋势（包括自然资源不加选择的开发、人口增长和人口结构变化、工业全球化和全球流动性增加所带来的环境压力）。他还指出了十个核心的全球变化问题（包括气候变化、海洋和大气污染、食品和水受到的安全威胁、全球性流行病，以及不可持续的生活方式的增加）。克雷比奇担心我们忽视了手头可用的资源，这与达托的观点不谋而合。

> 全球变化的核心问题现在已经深刻影响了生活的各个领域。尽管我们已经对未来有了很多了解，但实际采取的行动极其有限。我们知道自己将会面临的挑战——甚至可以说是危机——与全球、国家和地区层面提供的实际响应之间，存在着巨大的鸿沟。

千年项目（MP）的创始人格伦和戈登以“15个全球挑战”为框架来评估人类的全球及地方未来。这些挑战中有环境问题，如可持续发展和气候变化、清洁水和清洁能源；还有社会问题，如人口和资源、贫富差距、教育和学习、女性地位和健康；此外是科学和技术问题，包括信息技术的全球融合；以及地缘政治问题，如全球伦理、跨国有组织犯罪、和平与冲突、民主化以及全球性的预见和决策。自1996年以来，他们与超过4000名全球专家合作，进行不间断的研究，其成果每年都汇集在千年项目的《未来状况报告》中。

世界经济论坛每年都会发布《全球议程展望报告》，列出在短期（12至18个月）内对世界产生最大影响的十个趋势。阿 117
尔·戈尔在介绍2015年的报告时，指出经济和环境这两个主要问题之间存在着千丝万缕的联系。他总结道：

> 如今，我们看到了短视的经济思维和不负责任地使用地球资源所带来的后果：邻国之间的水资源争端、全球变暖引发的更为频繁和强烈的极端天气事件、持续的全球森林砍伐危机、快速酸化的海洋、土壤侵蚀和农业产能下降，以及令人忧心的生物多样性危机。这些问题在近代以来的历史上都是前所未有的。

基于这些全球视角和我自己的研究和分析，我将主要的全球未来挑战综合成了环境、地缘政治和社会文化三大领域中的12个问题群。我的第一个思维导图（见图13）描绘了可能给人类未来带来重大问题的当前趋势。在第二个思维导图中，我描绘了逆趋势、转折和意外情况（见图14）。这些替代性未来有潜力减弱、干扰甚至逆转主导趋势，并使其他人能够想象和创造出不同的未来，扭转被预测的坏的趋势。然后我聚焦于三大全球挑战：城市化的不断增长、教育的缺乏（或不足）和气候危机。

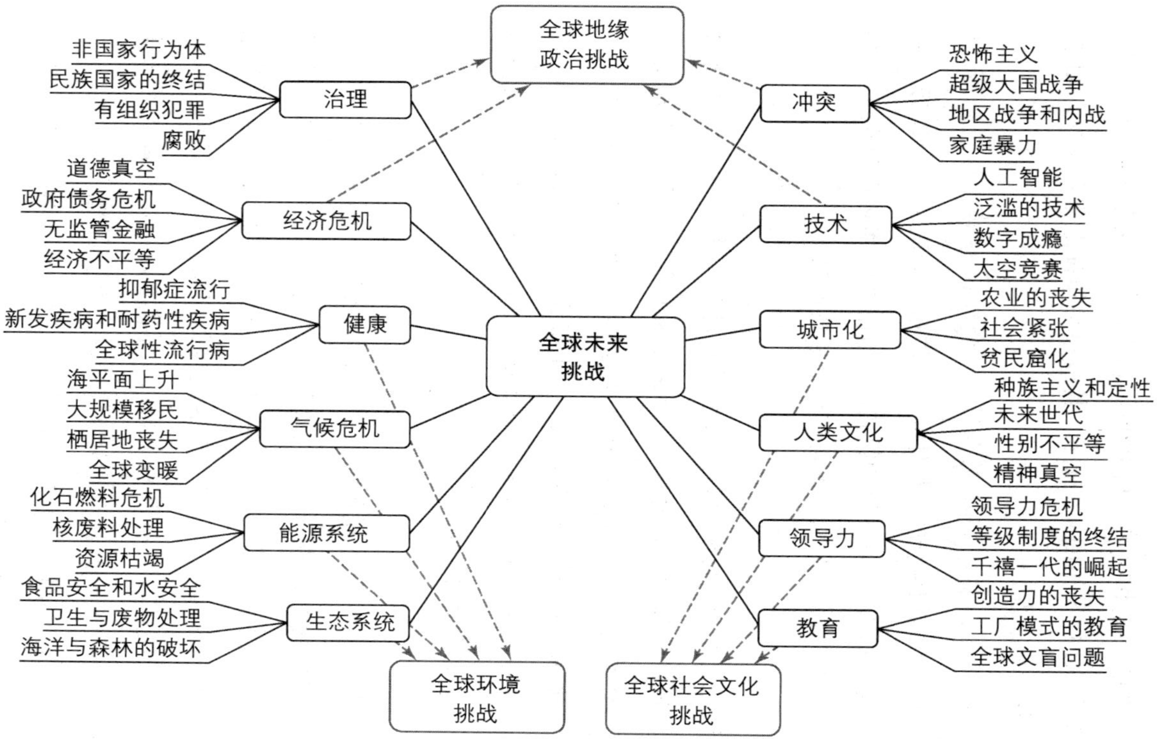

图 13　全球环境、地缘政治和社会文化挑战

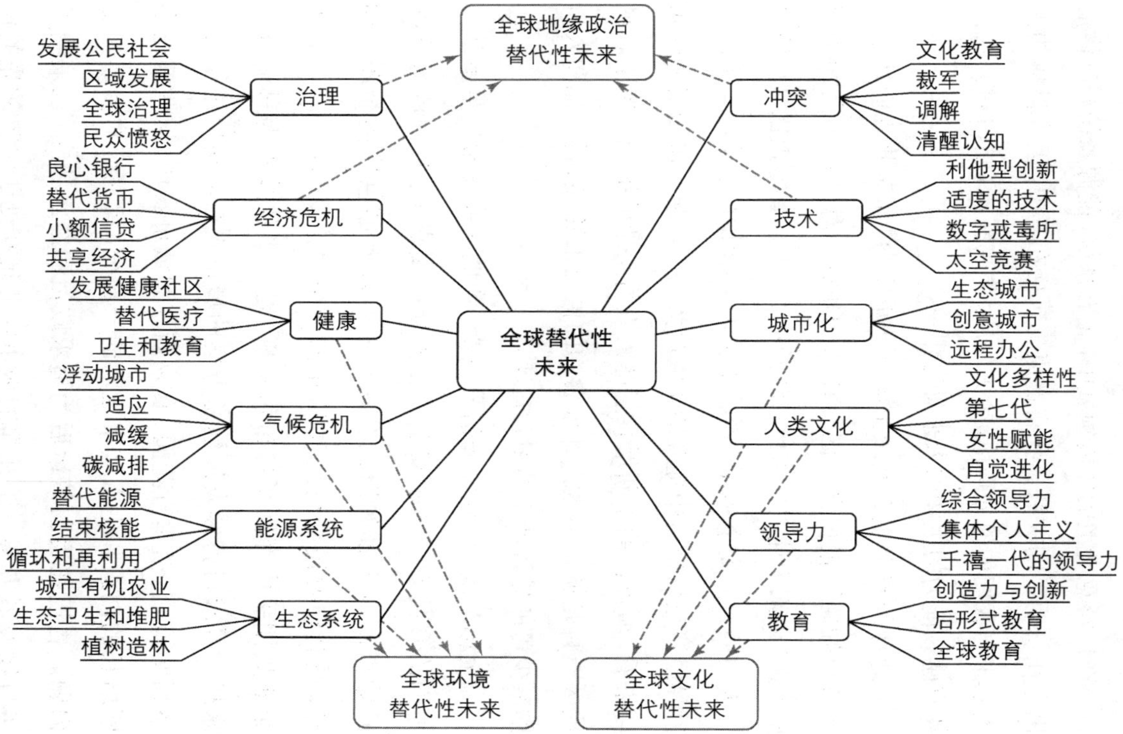

图14　全球环境、地缘政治和社会文化未来的其他可能性，表明各种逆趋势和替代方案可以克服挑战

环境趋势与意外事件

在广泛意义上的环境领域中，生态系统、能源系统和气候危机存在着明显的关联。我将健康也包括在其中，因为健康的人类未来与我们如何处理地球、大气层、生物圈、气候、植物、海洋和有感知能力的生物的未来息息相关。

地球的整个生态系统正面临严重压力，而对此我们几十年
118 前就已知晓。根据联合国经社部（DESA）对2015年至2050年的预测，未来全球人口预计将达到90亿，人们普遍担忧这种情况下人口的食品安全和水安全。更为严重的水资源压力是2015年世界经济论坛报告中提及的十大趋势之一。从经济和资源的角度来看，城市化的不断增长意味着农村土地的缩减。鉴于农村地区一直是城市地区大部分食物的供应来源，农村土地和人口的减少可能导致严重的粮食短缺。

全球范围内，许多弱信号表明，各地的公民希望重新掌控他们的食品安全和水安全。在民众的要求下，各国政府逐渐开始抵制孟山都等跨国公司控制全球食品供应的企图。同样，玻利维亚民众通过2000年的一系列抗议活动，成功地从企业集团手中夺回了城市供水权，这一事件被称为科恰班巴水战。寻求可持续发展创意方案的城市正在成功地进行着一系列实验，包括垂直花园、食物森林和城市农场，这些都是不断增长的创意和生态城市运动的一部分，旨在应对食品安全问题。古巴在美国禁运后为追求政治和经济独立，也采纳了可持续发展方案。哈瓦那的城市农业现在处于世界领先的位置，超过50%的新鲜农产品在城市范围内种植，使用有机堆肥

和简单的灌溉系统。自1990年以来，有机农业、城市园艺、永续农业、草药、可再生能源和废物减量化都得到了迅速发展。已经有一些迹象表明，针对海洋污染、森林砍伐和废物处理问题，人们正通过重复利用和回收利用，寻找从开采型到生态型的替代方案；此类信号虽弱，意义却相当重大。

令人担忧的能源趋势包括石油峰值和化石燃料危机、核废料处置以及整体性的资源枯竭。令人欣慰的逆趋势则包括可再生能源的兴起、全球范围内尤其是年轻人中对资源再利用和回 121
收的日益关注，以及呼吁终结核能源的运动——因为核废料处置的危险几乎不可能消除。

在全球医药卫生领域，新的耐药性疾病正在出现，其中一些有达到大流行程度的危险。包括抑郁、焦虑和自杀在内的心理健康问题在全球蔓延，在年轻人中尤为突出。在美国，自杀是10岁至14岁儿童的第三大死因，在15岁至34岁年轻人的死因中则排名第二。世界银行声称，抑郁症是全球疾病总体负担的主要疾病。2016年4月，世界卫生组织将抑郁症列为致残的主要原因，它正影响着全球约3.5亿各个年龄段的人。针对这些令人担忧的趋势，也出现了一些对抗性的潮流，包括重新重视健康社区，帮助年轻人设想未来，使用替代和传统医疗方法作为抗生素疗法的补充，改善最贫穷国家的卫生设施，以及变革全球教育，以上都是对抗这些趋势的重要措施。

全球权力的趋势和变化

在这一部分，我会把治理、冲突、经济危机、技术等地缘政治问题纳入全球权力结构的讨论范围内；之所以提及技术，是因为数字技术已经无处不在，且与权力结构密不可分，以至于我们很难将其独立看待。未来全球治理面临的挑战，源于从（冷战时代的）双极世界向（二十国时代的）多极世界的转变；数字技术的支持和纵容让恐怖组织等非国家行为体的实力不断壮大；有组织的犯罪和腐败在全球社会的许多层面上扩散。民族国家的悖论也浮出水面：一方面，民族主义加剧，世界经济论坛（WEF）2015年发布的《全球议程展望报告》认为这是对人们所担心的
122 全球化引起的经济混乱和社会分裂的一种防御性需求。但另一方面，国家权力在处理复杂问题方面的能力下降，导致城市领导人权力的相应上升。英国脱欧公投中的纷乱，就清晰地展示出了这一紧张关系。这种权力的游戏也遭遇了一些挫折和对抗，如第二次世界大战以来联合国及其下属机构等高层次全球非政府组织的发展壮大；地区性地缘政治和经济伙伴关系的出现，如金砖国家（巴西、俄罗斯、印度、中国和南非）；公民社会中线下和线上激进势力的爆炸性增长。西班牙的愤怒者示威运动就是一个强有力的例子，展示了普通公民为反对腐败和权力滥用而集结的巨大能量。

在对全球未来挑战的讨论中，经济危机占据了重心地位。媒体关注涨落的股票价格、利率、房地产价值，以及是否会再次发生全球金融危机。然而，另一场潜在的经济危机却在很大程度上被忽视了。在过去的几十年中，各国内部和国家之间的贫富差距都呈指数级增长。在2015年世界经济论坛的展望报告中，“不断加深的收入不平等”位居首位。在美国，最富有的1%的人拥有45%的财富，而美国底层的50%的人口几乎一无所有。世界经济论坛的报告显示，这不仅仅是发达国家的问题，在大多

数国家，“最贫困的一半人口往往掌握不到10%的财富”。尽管自由市场论认为财富会向下渗透到贫困人口身上，但在大多数情况下，财富的增加仍然“向上渗透”到现有的富人身上。世界经济论坛的研究指出改善教育是最好的解决方案之一。在替代性未来的视野中，我们看到了共享经济、微观金融、替代货币、爱心经济和道德银行的兴起。然而，这些都无法克服贪婪的亿万富翁这一少数群体背后的道德真空，他们常年对共同利益的需求视而不见。只有个体的道德觉醒才能实现这样的共同利益。 123

冲突的形式也发生了变化，反映出全球主义和民族主义之间的地缘政治对立、日益扩大的贫富差距、非国家行为体的崛起以及数字革命的自由和阴影。以极端组织“伊斯兰国”为例，他们利用英国脱欧的混乱局势，趁火打劫。一些独狼恐怖分子可能是个体的精神变态者，他们声称效忠伊斯兰圣战组织，以此来为自己的罪行辩解。不断扩大的贫富差距对于潜在的冲突而言，犹如一头沉睡的巨兽——如果权利得不到保障的人群决定团结行动，就意味着冲突。在“阿拉伯之春”的首波浪潮中，弱势群体的不满通过数字社交媒体推特和脸书被放大。其发起者主要是北非的千禧一代。然而，这股浪潮难以持续。与大多数暴力和冲突一样，网络恐怖主义既具有跨国地缘政治的特征，也关乎内政。至于网络暴力、网络跟踪和身份盗窃等对社会文化和经济产生严重影响的问题，我们所能看到的仅仅是冰山一角。

社会文化趋势和逆趋势

这一节中，我将简要介绍人类文化和领导力的总体情况，再来更详细地讨论全球不断加快的城市化进程和教育领域的失败。

人类文化中一些根深蒂固的全球问题仍然存在，包括种族主义——表现为对民族和种族的偏见、性别不平等、对未来世代权益的忽视，以及宗教激进主义和世俗主义的信仰真空之间的紧张关系。一个好的文化逆势是，出现了以社会福祉增长替代国民生产总值增长作为社会目标的运动。

一个重要的社会文化未来的问题是，我们如何关心未来的
124 世代，也就是我们的子孙后代。我们将为他们留下怎样的地球、怎样的环境、怎样的有形和无形资源？其中包括食品安全和水安全，远离战争、暴力和有毒环境的安全，当然还包括优质的教育。一个从文化未来的角度看待未来世代的例子是原住民的第七代原则，特别是北美的原住民。该原则意味着年长者在决策及行动中要考虑到他们后面七代人的需求。这是一个明智的、面向未来的原则，对人类和地球的未来都有显著的益处。

2015年，世界经济论坛展望将“缺乏领导力”列为人类面临的三大挑战之一。这种领导力危机源于从旧有的等级制度、军事化的领导模式向新一代协作、数字化、网络化方向的转变，千禧一代后工业价值观的崛起，以及当代生活的极度复杂性。虽然转型领导力、千禧一代领导力和后形式整合领导力等替代方案正崭露头角，但仍会有一段时间内存在领导力真空。

城市化大挑战

城市化自20世纪初以来已成为日益加速的全球趋势，它指人们从农村地区向城镇、城市、特大城市（近年来）的流动。

1900年，全球只有10%的人口居住在城市。到1950年，世界上25亿人口中有29%居住在城市。2010年，全球城市人口超过50%。2014年，全球70多亿人口中有54%生活在城市。联合国经社部人口司在2014年预测，到2050年，1950年的城乡比例将会倒转过来，全球66%的人口将居住在城市中。城市化的情形十分复杂，并呈现出多样性和差异性，同时也出现了一些逆趋势。首先，我想区分一下“旧城市化”和“新城市化”（有时也称为“新城市主义”）。 125

在过去的50年中，旧城市化的主要推动因素是工业化和全球化，两者都受到经济增长欲望的驱动。新城市化的推动因素包括可持续性，以及构建可持续的后工业城市所需的创造力，这种城市主义将人和地球的价值置于利润之上。在未来几十年中，非洲、亚洲和拉丁美洲的国家将继续追赶全球北方地区。许多国家不仅想复制50年前旧城市化的做法，而且想与新城市化的推动因素——可持续性和创造力保持同步发展的态势。

尽管可持续性是新城市主义的目标，但过快的增长会威胁到基础设施（如供电和供水、卫生设施、卫生服务、教育，以及交通）的发展，因为建设这些基础设施需要足够的时间。

根据联合国经社部人口司在《世界城市化前景：2014年修订版》中的报告，当前工业社会经历快速城市化时，这样的城市化非但没有改善当地的生活条件，还带来了新的负面后果，非洲、拉丁美洲的一些地区和其他地方出现了这样的情形：

> 全球数亿城市的贫困人口生活在恶劣的条件下……[包括]迅速扩张的城市、污染和环境恶化，以及不可持续的

生产和消费模式。

如此快速的增长，破坏了2012年“里约+20”联合国可持续发展大会提倡的可持续发展的三大支柱——“经济发展、社会发展和环境保护”。快速的城市化通常不会给整个社区带来平等的福祉。大多数国家在工业化进程中采用了美国的自由市场模式，这导致了更大的社会差距，使处于社会边缘的移民务工人
126 员、年轻人、老年人和妇女面临恶劣的工作及生活条件。

快速的城市化也让自然植被和荒野逐渐消失殆尽，而它们曾环绕城市周围，为数量繁多的物种提供栖居之所。如果我们不想让整个地球变成沙漠，就需要开发森林、草原和湿地的再生形式。柏林、曼彻斯特、纽约等老牌城市的绿化或可为尼日利亚的规划者提供借鉴，以免重蹈覆辙。当下迫切需要经验丰富的城市地区制定可持续发展的城市政策，这样新的城市化地区就能从老工业化国家的教训中获益。在一个全球合作、互联互通的世界中，无知是没有借口的。城市可以结成联盟和网络，就可持续发展和资源管理途径进行知识共享。我们可以利用互联网技术分享研究成果及知识，推广社会和政治意义上更加公正、公平的城市化方式，就像斯堪的纳维亚诸国所做的那样。然而，对于那些留在农村地区的人来说，他们可能会因为无法接触到这些技术而陷入困境。

新兴国家在可持续城市发展方面的努力取得了不同程度的成功。阿联酋阿布扎比的马斯达尔城计划于2025年完工，旨在成为全球最可持续、最低碳、最少废弃物的城市之一。中国和新加坡正在合作开展一个生态城项目——中新天津生态城，计划

于2020年完成[①]，旨在成为亚洲和全球可持续城市发展的典范。尽管这些城市的实际情况与理想状况还有差距，但全球范围内有了奉行可持续发展原则的尝试，仍然令人鼓舞。

另一个将影响未来数十年城市化方式的逆趋势是创意城市运动，它得到了联合国教科文组织合作伙伴“创意城市网络”的支持。在《创意城市》（2007）一书中，毛里齐奥·卡塔指出了三个设计维度：“文化、交流和合作，它们支持创意阶层的发展，并促进城市的再生和可持续发展。”这三个设计维度证明了理查德·弗罗里 127
达的“创意阶层”和保罗·雷的“文化创意者”的合理性。

一些拉丁美洲国家也提供了城市化的明智典范。巴西的库里提巴使用可持续和创造性的交通运输方式，哥伦比亚波哥大市市长恩里克·佩纳洛萨在1998年至2001年引入了整合性社会实践项目。在澳大利亚，人们不再热衷于拥有大型郊区房屋和土地，这源于后工业时尚的文化吸引力日益增强，这种文化也正推动着工厂和仓库再度在内城兴起。要想将城市从黑暗肮脏的工业废墟，转变为柏林和曼彻斯特那样的、绿色的、可持续发展的创意文化中心，创造力是核心要义。后工业的逆趋势受到了千禧一代的欢迎，他们崇尚创意、绿色和协作的价值观。在这个背景下，“后工业”指的是与创意、可持续性和明智城市化相关的价值集群，而不是对工业化的完全拒绝。

教育大挑战

70多年前，联合国《世界人权宣言》宣称：“人人都有受教

① 本书成书于2017年。

育的权利。”1990年，世界银行、联合国儿童基金会、联合国开发计划署和联合国教科文组织在泰国举行了一次关于教育普及的全球会议，制定了1990年《乔木提恩全民教育宣言》。现由联合国教科文组织运行的“全民教育”项目已在提高大批儿童的入学率和整体提升识字率方面取得了一定的成功。

然而，全民教育的推进仍面临重大挑战。首先，将一种教育体系（主要是欧美体系）引入其他文化中，难免有文化霸权之嫌。其次，很难评估学校入学率的提高是否真正意味着学习和
128 生活机会的增加。再次，在瞬息万变的世界中，引进的教育模式能否满足多元文化未来的需求，仍然疑问重重。

1990年至2010年间，某些领域取得了进步。1990年，超过1亿名儿童无法接受初等教育。到2010年，仍有近6100万名适龄儿童没有入学，其中47%的人被认为很可能永远无法进入学校。2010年，超过3000万名失学儿童居住在撒哈拉以南的非洲地区，其中超过一半被认为“很可能永远无法入学”。2012年，另外300万名年龄在6岁到11岁之间的儿童走进了学校。但这离联合国千年发展目标——“到2015年，全球各地的儿童，无论男女，都将能够完成全程的初等教育”，还有相当长的距离。

联合国将受教育宣布为人权，这是近几十年来教育变革的主要推动力。在高等教育领域，新的驱动因素已经出现，这一领域也不可避免地受到全球化和企业化的市场力量的影响。其他驱动因素囊括了与知识产业相关的教育商品化趋势、包括大规模在线开放课程（MOOCs）在内的信息革命，以及全球南方的崛起。

南亚、西亚、拉丁美洲、中东欧和阿拉伯国家的教育发展十分显著。这些发展表明，全球教育已经形成了自身的动力，不再

仅仅是由全球北方强加或植入的。全球南方教育的自发创新，也导致选择在澳大利亚、加拿大和美国就读的国际学生的数量继续减少。

展望未来，很明显，联合国教科文组织凭借其对人权的长期承诺，将继续推进“全民教育”议程，并将优先关注最具挑战 129
性的地区，如撒哈拉以南的非洲地区。联合国教科文组织和其他联合国机构及其合作伙伴现在必须将重点从千年发展目标（MDG）（2000—2015）对准的实现全民教育，转向可持续发展目标（SDG）（2015—2030）中优先考虑的优质教育。消除饥饿项目的负责人之一约翰·孔罗德总结了这两套目标之间的区别：

> 千年发展目标仅关注数量（如高入学率），结果导致很多社会的教育质量下降。可持续发展目标代表了国际社会首次尝试关注教育质量——学习的质量——以及教育对于实现更加人道的世界的作用：“教育的目标是可持续发展和可持续的生活方式、人权、性别平等、和平与非暴力文化的发展、全球公民意识，以及对文化多样性和文化对可持续发展的贡献的认同。”这是全球社会关注教育质量的首次尝试。

全民教育项目从长远来看可能会解决全球文盲问题，但其初衷从来都不是为了解决将英国工业时代的教育模式强加于其他文化所带来的复杂文化问题。此外，对于新兴的教育挑战，尤其是美国学龄儿童创造力的下降和在家自学的兴起，目前并没有很好的解决方案。据报道，在家自学是美国增长最快的教育形式，估计有两三百万学龄儿童在家中接受教育。虽然在家自学本身并不是问题，但考虑到其快速增长背后的原因是对主流教育的不满，这对美国的教育政策制定者提出了挑战。

教育方面最大的未来挑战不仅仅是教育机会的获取，更重要的是如何转变教育的方式，使其符合具体文化的特点，并旨在
130 培养全面发展的人，这些人关注未来，能够创造性地思考如何应对新兴的挑战。旧有的、支离破碎的、机械的、物质主义的思维方式无法应对日益复杂的全球环境、经济和社会的变化。很多所谓的新知识，实际上只是将旧知识以新技术的形式重新包装。创造力、想象力、批判性思维和复杂性是重要的高级认知能力。如果要让年轻人做好充分准备面对指数级的变化和不确定性，需要从根本上对21世纪的教育重新考量，以培养这些能力。

思维的大趋势对教育的未来至关重要。教育和思维需要彻底改革，正如埃德加·莫兰所主张的：

> 我们今天面临的最大问题之一是如何调整我们的思维方式，以应对日益复杂、快速变化、不可预测的世界带给我们的挑战。我们必须重新思考我们组织知识的方式。

不仅是未来学家，许多领域（复杂性科学、生态学、教育、整体研究、哲学、心理学、灵性研究和系统理论）的先锋思想家都在试图应对这些挑战。与莫兰一样，我相信更加错综的、自反性的、有机的思维方式对于重塑教育领域至关重要，它使年轻人能够更好地应对复杂、矛盾和不可预测的情形。正如我在《后形式教育：复杂未来的哲学》中所写到的，我们迫切需要基于新思维

的新形式的教育。

> 在过去100年里，尽管很多事物已经发生了翻天覆地的变化，但正规学校的制度仍然类似于工业革命时期建立的工厂式学校，其目的是提供人力资源。从根本上说，我们仍然像19世纪那样教育我们的孩子，尽管增加了一些数字化小工具和在线娱乐信息。 131

作为一个物种，我们面临的全球社会挑战对年轻人和未来的世代产生了巨大影响。正规教育未能使年轻人应对这些挑战，这是许多批判性教育文献所关注的问题。最近，全球教育博客的页面上也充斥着这样的讨论。如果教育要为地方社区、国家优先事项和全球共同利益作出贡献，全球教育研究人员、从业者和政策制定者必须解决这里讨论的、复杂的、全球性的社会挑战。

如果我们将教育与经济脱钩，它就可以重新在社会文化领域占据一席之地。教师将不再只是儿童的看护，研究人员不再把筹款作为首要任务，课程将专注于儿童和年轻人的全面发展。一旦从教育中移除了利润动机，并以发展个人和改善社会的文化动机取而代之，我们就可能开始以新的方式应对复杂的全球挑战。

气候危机大挑战

气候危机是最令人忧心的全球挑战。我必须承认，人为造成的气候变化这一概念并未得到普遍认同；虽然从科学上看这一点十分明确，但政界对此意见不一。气候科学家普遍认为，地球气候正在以某些方式产生变化，将会对地球上的大部分人口造成更大的风险。人们普遍认为，这是一个世纪以来人类生活方式工业化的结果，且有可能是不可逆的。在可预见的未来，对全球人类社会产生的最严重的破坏性影响据估计将是极地冰川融化导致的海平面上升、太平洋岛屿的淹没以及低洼国家和大型沿海城市的淹没。这很可能引发超过一万年未见的大规模人
132 口迁移，但这样的问题很少有人谈论。

由于气候危机的复杂性，需要汇集所有相关领域已有的知识。以下，我将探讨，我在未来学分类法中展示的多种方法（见第三章表1）与当前应对气候变化的方法（见表2）之间是否存在相似之处。

气候研究中最常用的未来方法是趋势分析/建模和基于预测的专家情景绘制。这些方法主要偏重于预测性/实证性的方法，较少采用批判性方法。采取专家式的或自上而下的情景绘制以改变现状，也依赖于实证和统计数据。气候科学家和以实证为导向的未来研究者之间的合作可能是有价值的，合作的重点应为趋势分析和建模所指示的可能未来。然而，这类方法却不太能激发本地社区的参与或投入，因为它们对人们而言往往意味着被动适应而非主动参与。

批判性未来方法则提出了一个问题："由谁来决定怎样更好？"这种对气候未来的规范性方法被用于《联合国气候变化框架公约》（1992）、《京都议定书》（1995）和年度缔约国大会（COP）中。它们批评现有的活动只注重高度发展却不关心气候变化。它们还参与共同设计的目标以减少温室气体的排放，从而减缓全球变暖，并为全球人口实现更可取的气候未来提供支持。

表2 关于气候变化的未来研究方法

未来研究方法	未来研究的关键术语	改变气候的方法	有关气候变化的关键术语
实证主义方法：气候变化的未来			
预测性/实证性的	"可能的未来"	气候趋势 "自上而下的情景规划"	趋势即命运 减缓 被动 适应
气候的多元化的未来研究方法			
批判性/后现代性的	"更可取的未来"	《联合国气候变化框架公约》 协议 排放 目标	气温上升2% 稳定
文化性/阐释性的	"可能或替代性的未来"	妇女、青年、原住民的声音 气候联盟	易受气候影响的弱者的未来
参与性/前瞻性的	"前瞻性或参与性的未来"	气候行动主义 "自下而上"的情景规划	积极 共同进化 社会学习 共同创造
整合性/总体性的	"全球或整体性的未来"	联合国协议 全球合作 以上所有方法	全球气候正义

© 2009 珍妮弗·M. 吉德利

以文化性/阐释性的未来哲学为立足点的气候方法则倾向于采用后殖民主义或后工业主义视角，批判基于超级发展和新自由主义全球化的西方发展模式。它倾向于用原住民中的老者、妇女、青年和虚拟的未来世代的声音，激发人们创造可能不同的气候未来。

与上述气候保护方法相一致的一个例子，是欧洲城市气候联盟与雨林地带的土著民族以及澳大利亚青年气候联盟的合作。

参与性未来方法要求参与者具有明智的前瞻思考能力和积
134 极的参与，才能发挥其赋能与变革的潜力。尽管气候行动以参与和行动为导向，但它还需要对气候问题的复杂性有充分的了解，以求在更大范围内获得认可。参与性未来指的是在易受气候影响的社区中开展社区驱动的情景规划，这种方法可在全球范围内实施，旨在增强受影响社区的应对能力。这种方法可以鼓励人们从自己家中做起，缓解全球变暖，还能促进社会学习，帮助人们更好地适应环境变化。

人为导致的气候变化是一个涉及全球、国家、地区和地方合作的问题，大而复杂。就扭转当前趋势并寻找创造性的方式来共同适应不可避免的气候未来而言，整合性未来方法对气候未来具有很大的价值。尽管这一方法在未来领域或气候变化领域都尚未得到充分应用，以至于影响力有限，但它对于气候未来具有潜在优势，特别是拥有可以整合多种方法的优势。鉴于海平面在可预见的未来预计将显著上升，荷兰等低地国家已经在采取整合性的措施，建筑师正与规划师开展合作，建设不同类型的
135 浮动房屋和城市聚落。

结　论

在这本关于未来的通识读本中，我介绍了我们可以如何思考和谈论未来，并展示了未来与时间不断演变的关系。这段3000年的时光之旅，能够让你们粗略了解人们和未来的多种不同关系。预言、占卜、想象、殖民、恐惧、预测、规划和创造，都曾是我们参与未来的方式。未来和人性一样多面，我们永远无法完全知晓、预测或控制它，却可以更好地理解它。

我已经向你们介绍了多元未来研究领域的广度和深度、探索和创造多元未来的方法，以及可以利用的资源范围。我也努力与大家分享我长期参与多元未来研究的资源，并努力借此为未来提供一些希望。我暂且将多元未来研究定义如下：

> 多元未来研究是一门为我们今天的决定及行动的长期后果负责的艺术和科学。

一旦我们知道一个单一的、可预测的未来并不存在，正如许

136 多走在时代前沿的思想家在20世纪中叶就意识到的那样，我们就可以更自由地想象替代性的未来，并努力创造我们喜欢的未来——为了自己，也为了人类。

作为母亲、教育工作者、心理学家和未来学家，在我多年来与年轻人的合作中，我发现他们往往深受媒体和反乌托邦电影中描绘的负面未来形象的影响。我了解到，恐惧未来或缺乏想象积极未来的能力，会导致抑郁、焦虑，甚至自杀的情形。

我希望很多年轻读者能读到这本书。我想让他们清楚认识到人类面临的重大全球挑战，但不要惊慌失措。恐惧和绝望的感觉，往往都是源于对问题缺乏足够的了解。通过介绍未来的种种挑战，同时介绍许多其他的可能性和逆趋势，我希望年轻人能受到启发，并拥有改变他们反对的趋势的能力。我希望他们能有创造性的思考，想象他们可以设计出的替代性未来。

无论是在气候变化、替代能源、人道主义事业、健康、经济还是教育转型领域，我们都可以通过合作实现积极变革，为创造积极的未来贡献关键力量。

我们所有人都有能力创造我们所期望的未来，这一能力远超过我们大多数人的认知。作为我们拥有一定自由度的唯一空间，未来是一个具有巨大力量的地方。在你的生活中，谁掌握着这种力量？我们具有怎样的价值观、道德观、伦理观和意识水平，就会在实际中创造出怎样的未来。

我在这本通识读本的开头就提出，我们面临的未来是一个威胁，这或许有些耸人听闻。我的意图不是制造恐慌，而是提高人们对我们真实面临的挑战的严重性的认识。我们无法在无知
137 的状态下作出太多改变；只有意识到问题，我们才能开始行动。

尽管其中许多挑战似乎难以克服，但如果我们选择以清晰的认知、想象力和勇气去应对，我们有能力以建设性的方式迎战它们。然而，如果选择埋头沙中，对共同的人类未来不闻不问，那么我们也将自食其果。 138

附录：全球未来时间线

公元前的千年	
前1000年>	女预言家。
前1000年>	先知。
前380年	柏拉图创作《理想国》——描述基于正义的乌托邦社会。
前145—前90年	司马迁——关于“天运”循环的理论。
前106—前43年	古罗马哲学家西塞罗在facta和futura之间做出区分。
前70—前19年	维吉尔的《牧歌·其四》问世——阿卡迪亚的景象。
公元后	
426年	圣奥古斯丁的《上帝之城》问世——乌托邦社会。
12世纪	
1180年前后	菲奥雷的约阿希姆——地球上的三个大纪元，第三个大纪元开始于1260年。
13世纪	
1260年	罗杰·培根的《工艺与自然的奥秘》问世——汽车和直升机。
14世纪	
1378年	伊本·赫勒敦的《历史绪论》问世——社会变革的循环性理论。

15世纪：意大利文艺复兴	
1485年前后	达·芬奇——飞行器和理想城市。
16世纪	
1516年	托马斯·莫尔的《乌托邦》问世——社区价值高于个人主义。
1543年	哥白尼的《天体运行论》问世——新天文学。
1555年	诺查丹玛斯的《预言集》问世。
1589年	德·莫利纳的《和谐论》问世——"未来"是偶然的。
17世纪：科学革命	
1602年	康帕内拉的《太阳城》问世。
1627年	弗朗西斯·培根的《新大西岛》问世——启蒙价值观的乌托邦。
1637年	笛卡尔的《方法论》问世——笛卡尔理性主义。
1638年	戈德温的《月中人》问世——首部科幻小说。
1662年	波义耳的愿望清单——24个预言性的科学预测。
1686年	德·丰特奈尔的《关于宇宙多样化的对话》问世——其他星球上的生命。
1687年	牛顿的《自然哲学的数学原理》问世——近代科学的诞生。
1697年	莱布尼茨的《论事物的终极起源》问世——预示了达尔文进化论的提出。
18世纪：欧洲启蒙运动	
1748年	拉·梅特里的《人是机器》问世。
1750年	杜尔哥的《关于人类思想的持续进步的哲学评论》问世。
1752年	莫佩尔蒂的《作品集》问世——记忆和"先见"。
1751—1772年	狄德罗的《百科全书》问世——法国启蒙运动的重要著作。
1760年	英国工业革命。
1762年	卢梭的《社会契约论》问世——参与式民主的乌托邦。

续 表

1765—1783年	美国革命——推翻英国统治，成立美利坚合众国。
1771年	梅西耶的《2440年》问世——乐观的乌托邦小说。
1774年	赫尔德的《另一种关于人类形成的历史哲学》问世。
1781年	康德的《纯粹理性批判》问世——欧洲启蒙运动的关键文本。
1783年	蒙哥尔费兄弟的热气球在巴黎首飞。
1786年	蒸汽机发明。
1789—1799年	法国大革命。
18世纪90年代	德国浪漫主义极盛时期。
1795年	德·孔多塞的《人类精神进步史表纲要》问世。
1796年	歌德的第一部成长小说《威廉·迈斯特的学习时代》问世。
1798年	马尔萨斯的《人口论》问世。
19世纪：欧洲工业革命	
1800年	谢林的《先验唯心论体系》问世——意识进化。
1802年	尼古拉·雷蒂夫·德·拉·布勒托纳的第一部超人小说《身后事》问世。
1805年	德·格兰维尔的《最后一个人类》问世。
1818年	沃斯通克拉夫特·雪莱的《弗兰肯斯坦》问世。
1826年	沃斯通克拉夫特·雪莱的《最后一个人》问世。
1848年	马克思和恩格斯的《共产党宣言》问世。
1859年	达尔文的《物种起源》问世——生物进化论。
1883—1887年	尼采的《查拉图斯特拉如是说》问世——超人（Übermensch）。
1894年	斯坦纳的《自由的哲学》问世——意识的进化。
1895年	威尔斯的《时间机器》问世。
20世纪	
1901年	威尔斯的《预测》和《世界大战》问世。

1907年	柏格森的《创造进化论》问世——达尔文进化论的另一版本。
1917年	俄国十月革命。
1922年	芒福德的《乌托邦的故事》问世，描述先锋的城市未来。
1927年	朗导演的电影《大都会》上映——银幕上首个邪恶的机器人。
1928年	苏联开始第一个五年经济计划。
1929年	美国总统胡佛下令成立社会趋势研究委员会。
1930年	斯塔普雷顿的《最后与最初的人》问世。
1932年	赫胥黎的《美丽新世界》问世。
1929—1939年	大萧条。罗斯福的社会工程计划。
1939年	纽约世博会，主题为“明日世界”。
1942年	阿西莫夫在小说《转圈圈》中提出机器人三定律。
1944年	芒福德的《人类的状况》问世。
1945年	巴克敏斯特·富勒设计的首个网格穹顶面世。
1949年	弗莱希泰姆的《未来术：新科学？》问世。奥威尔的《一九八四》问世。
1950年	德日进的《从前人类到超人类》问世。
1955年	德日进的《人的现象》问世，以法语创作。波拉克的《未来的形象》第一卷和第二卷问世。
1956年	芒福德的《人的转变》问世。
1957年	伯杰创立国际前瞻中心。 朱利安·赫胥黎——首次使用“超人类主义”一词。
1959年	德日进的《人的未来》问世。 加尔通——创立奥斯陆和平研究所。 赫尔默、雷舍尔和达尔基提出德尔菲法。
1960年	德·茹弗内尔创立国际“可能未来”协会。
20世纪60年代	兰德公司科学家卡恩的《论热核战争》问世。 富勒的《世界游戏》问世——由玩家解决世界问题。

1962年	麦克卢汉的《古腾堡星系》问世——互联网的影响。 卡森的《寂静的春天》问世——生态意识的觉醒。 卡恩的《想他人所不敢想》问世。 阿道司·赫胥黎的《岛》问世——乌托邦小说。
1964年	德·茹弗内尔的《预测的艺术》问世。 麦克卢汉的《理解媒介》问世。
1965—1973年	"2000年委员会"诞生。
1966年	厄休拉·勒古恩的《罗坎农的世界》问世——她的第一部未来派小说。 考尼什创立世界未来学会。
1967年	"人类2000年"会议在挪威奥斯陆举行。
1968年	英国第一本未来学杂志《未来》创刊。 佩切伊和金创立罗马俱乐部。 电影《2001太空漫游》上映。
1969年	容克和加尔通出版会议论文集《人类2000年》。 麦克海尔发表《未来的未来》。
1970年	罗马俱乐部奥兹别克汗的《人类的困境》问世。 阿尔文·托夫勒和海蒂·托夫勒的《未来的冲击》问世。
1971年	夏威夷多元未来研究中心问世——由达托创立。
1972年	梅多斯与兰德斯的《增长的极限》问世。 托夫勒主编的《未来学家》问世。
1973年	世界未来学会在巴黎成立。 丹尼尔·贝尔的《后工业社会的到来》问世。
1975年	杜布罗夫尼克国际大学中心成立。 哈维尔·巴罗斯·塞拉基金会——在墨西哥成立。
1976年	卡恩的《未来的200年》问世。
1977年	替代性未来研究所成立——创始人为贝佐尔德、达托、托夫勒。 拉兹洛的罗马俱乐部报告《人类的目标》问世。
1979年	《疯狂的麦克斯》上映——早期反乌托邦未来电影。

1982年	哈曼和马克利的《人类形象的变迁》问世。 奈斯比特的《大趋势》问世。
1983年	马西尼编辑的《理想社会的愿景》问世。
1986年	国际未来图书馆面世，位于萨尔茨堡——由荣格创立。 德雷克斯勒的《创造的引擎》问世——关于纳米技术。
1987年	世界环境与发展委员会成立。
1988年	汉斯·莫拉维克的《心智之子》问世。 哈曼的《全球思维转变》问世。
1990年	芭芭拉·亚当的《时间与社会理论》问世。 埃莉斯·博尔丁的《构建全球公民文化》问世。
1990—1996年	联合国教科文组织未来扫描（FUTURESCO）资讯中心成立。
1993年	马西尼的《为什么研究多元未来》问世。 拉兹洛创立布达佩斯俱乐部——人类价值观、意识。
1997年	贝尔的《多元未来研究基础》第一卷和第二卷问世。 斯劳特的《多元未来研究知识库》第一卷问世。
1999年	莫兰的《地球祖国：新千年宣言》问世。 《黑客帝国》未来幻想电影上映。
2000年	伊纳亚图拉和吉德利编著的《变革中的大学》问世。 皮特斯编著的《全球未来：塑造全球化》问世。

注：2000年以来的发展，请参阅正文。

来源：珍娜·安德森（2006），《未来学研究时间表》；珍妮·安德森（2015），《未来的助产士》；温德尔·贝尔（1997），《多元未来学研究基础》（第一卷）；I.F.克拉克（1979），《期待的范式》；约翰·加尔通和索海尔·伊纳亚图拉（1998），《大历史和大历史学家》；埃莉奥诺拉·马西尼（1982），《未来学概念重建》；温迪·舒尔茨（2012），《未来学的历史》。

索 引

（条目后的数字为原书页码，见本书边码）

A

academic siloism 学术孤立 78, 82
Adam, Barbara 芭芭拉·亚当 21, 144, 147, 151—152
Age of Enlightenment 启蒙时代 30—36, 102, 104, 140—141
alternative futures 替代性未来 44, 74, 118, 134, 137
altruism 利他主义 93, 107, 120
ancient Greece 古希腊 10—11, 13, 24, 108
ancient Persia 古波斯 14, 23
ancient Rome 古罗马 11, 25
Andersson, Jenny 珍妮·安德森 45, 47, 52, 57
anticipation 预期 6, 9, 33, 142
artificial intelligence (AI) 人工智能 75, 83, 88, 93, 97—99, 119—120
artificial super-intelligence (ASI) 超人工智能 1, 93—94, 113—114
Asimov, Isaac 艾萨克·阿西莫夫 43, 87—89, 142
Augustine of Hippo 希波的奥古斯丁 26—27, 29—30, 139
autonomous machines of war 自主战争机器 89

B

Bacon, Francis 弗朗西斯·培根 27, 30, 33, 140
Bacon, Roger 罗杰·培根 27, 84—85, 139
Bell, Wendell 温德尔·贝尔 11, 38, 46, 52, 64, 80, 145, 152—153
Berger, Gaston 加斯顿·伯杰 6—7, 51, 64, 70, 143
Bergson, Henri 亨利·柏格森 40, 107—109, 155
bildung 成长教育 34, 107—108, 141
biodiversity 生物多样性 93, 118
Bostrom, Nick 尼克·博斯特罗姆 1, 90, 92—94, 96—98, 111, 113, 149, 155
Boulding, Elise 埃莉斯·博尔丁 61, 70—71, 77, 147—148, 154—155

C

calendars 日历 14—15, 17
Campanella, Tommaso 托马斯·康帕内拉 29—30, 140, 148
Changing Images of Man (Markley and Harman)《人类形象的变迁》（马克利和哈曼）100, 141, 156
chaos and complexity 混乱和复杂性 53, 62, 109—110
Chinese philosopher Sīmǎ Qiān 中国哲学家司马迁 15, 26
Cicero, Marcus Tullius 马尔库斯·图利乌斯·西塞罗 25—26, 139
Claeys, Gregory 格雷戈里·克莱斯 41, 153
Clarke, Arthur C. 阿瑟·C. 克拉克 51

Clarke, Ignatius F. 伊格内修斯 · F. 克拉克 12, 27, 34, 37, 96, 145, 147
climate 气候 1, 48, 71, 90, 116—120, 132—135, 137
clocks 钟表 14, 17—19
Club of Rome 罗马俱乐部 22, 56, 69, 97, 143—144
Cold War 冷战 45, 47, 56, 122, 153
Comte, Auguste 奥古斯特 · 孔德 38, 40, 48, 94
concretion of time 时间的凝聚 22, 78, 80
conflict (and war) 冲突（和战争）52, 89—90, 117, 119—120, 122—125
conscious evolution 自觉的进化 35, 106, 115, 120, 141
consciousness 意识 2, 4, 20—23, 35, 73, 98—99, 102—103, 107—108, 112—115, 137
Copernicus, Nicholas 尼古拉 · 哥白尼 29, 31, 140
Cornucopianism 丰饶主义 4, 39, 96—98, 155
cosmological time scales 宇宙时间尺度 17, 78, 108
creative cities 创意城市 120, 127—128, 156
creativity 创造力 28, 61, 65, 69, 113, 119—120, 126, 128, 130—131
critical-postmodern approach 批判性-后现代性方法 24, 56, 64—68, 75—76, 96, 133—134
cultural diversity 文化多样性 58, 101, 120, 130
cultural evolution 文化进化 13, 103, 112, 156
cultural-interpretive approach 文化性-阐释性方法 65—66, 68—69, 111, 120, 124, 125, 129, 133—134
cybernetic view 控制论观点 9, 94, 101, 103
cyborg 赛博格 94—95
cyclical time 循环性时间 22, 26, 78, 110

D

da Vinci, Leonardo 列奥纳多 · 达 · 芬奇 25, 28, 84—85, 140
DARPA 美国国防部高级研究计划局 90—91
Darwin, Charles 查尔斯 · 达尔文 20, 31, 38, 107
Dator, James 詹姆斯 · 达托 7, 63, 67, 74—75, 80, 116—117, 144, 148
De Civitate Dei（Augustine's City of God）奥古斯丁的“上帝之城” 26—27, 29, 30, 139
De Condorcet, Marquis 德 · 孔多塞侯爵 34, 37, 102—104, 141
de Jouvenel, Bertrand 贝特朗 · 德 · 茹弗内尔 7, 25—26, 33, 47—49, 52, 55—56, 64, 74, 143, 147, 151
deforestation-reforestation 森林砍伐-植树造林 119—121
dehumanization 去人性化 98—99, 101, 104
democratizing futures 民主化的未来 8, 44, 56—59
divination 占卜 23—25, 48, 84

dystopia 反乌托邦 10, 12, 37, 39, 41, 43

E

ecology 生态学 3, 39, 56, 67, 101, 112, 120—121, 131
economic disparity 贫富差距 1, 90, 123—124
economics 经济学 1, 56, 90, 101, 118—120, 122—124, 126, 132, 137
ecosystem 生态系统 118—120
education 教育 90, 93, 101, 106—107, 113, 115, 117—120, 122, 125—126, 128—132, 137
Einstein, Albert 阿尔伯特·爱因斯坦 40, 109
empiricism 经验主义 30, 33, 46, 52, 65
empower 赋能 9, 19, 40, 65, 70—71, 120, 134—135, 137
energy 能源 117—123, 137
enhancement (bio-and genetic) 提升(生物和基因) 99, 101, 111
enhancement (technological) 提升(技术) 92, 99, 101, 111—112
environment 环境 48, 75, 93, 97, 100, 111, 116—122, 125—127, 131, 144
ethics 伦理 93, 101, 117, 119—120, 123, 137, 151
evolution of consciousness 意识的进化 2, 13, 20—22, 31, 52, 102, 107, 110, 112, 114, 142, 153, 156
evolutionary humanism 进化人文主义 92, 104, 106
existential risk 生存危机 90, 93, 95, 102, 155
exponential developments 指数级增长 39, 100
extrapolation 推断 2, 5, 9, 49, 61, 63, 65, 83, 100

F

facta and futura “已成事实”和“未来事项” 25—26, 139
factory model schooling 工厂模式学校 111, 119—120
Flechtheim, Ossip K. 奥西普·K. 弗莱希泰姆 6, 46, 102, 142, 147
forecasting 预报 5, 39—40, 42—43, 45, 47, 49—50, 52, 57, 62, 65, 66, 72, 83, 148
foresight 预见 5—6, 8—10, 56—57, 60, 71, 81—82, 117, 148, 152—153
freedom 自由 81, 107, 124, 137, 142
French Revolution 法国大革命 34, 102—103, 141
Fuller, Buckminster 巴克敏斯特·富勒 72, 142—143
future generations 未来世代 101, 119—120, 124—125, 132—133
future images 未来图景 58, 61, 100
future/s of humanity 人类的未来 2, 37, 92—93, 118, 152
futures education 未来教育 57, 80—81
futures methods 未来研究的方法 8, 59—62, 133, 154
futures studies 未来研究 3—5, 7—10, 21, 38, 44, 46—47, 51—54, 56—57, 59, 61, 63—65, 68—69, 72—84, 103, 109, 114, 134, 136, 144—154

futures thinking 未来思维 16, 20, 33, 52—53, 58, 67—68, 75, 84, 102—103, 113, 148—149, 153
futuribles 可能未来 7, 26, 52, 55, 143, 152
futuristic fiction 未来主义小说 31, 34, 37, 40
futuristic trivia 未来的琐碎细节 5, 76, 82—83, 87
futurists 未来主义者 3, 5—7, 9, 24, 26, 41, 45—47, 54, 57, 59, 62—64, 67, 69, 71—72, 75—77, 82—83, 100, 116, 131, 144, 147, 152
futurology 未来术 6, 142, 147, 152

G

Galtung, Johan 约翰·加尔通 26, 52, 54, 56, 61, 63, 67, 78, 81, 142, 145, 148, 151, 153
Gebser, Jean 让·盖布瑟 20—22, 78, 80, 112, 147
gender issues 性别议题 68, 117, 119, 124, 126, 130
genetic engineering 基因工程 75, 93, 96
geo-political challenges 地缘政治的挑战 116—120, 122—124
German idealists and romantics 德国唯心主义者和浪漫主义者 31, 34, 38, 102—104, 106—108, 112
global challenges 全球挑战 70, 90, 116—118, 124, 132, 137
global education 全球教育 120, 122, 129, 132
global futures 全球未来 51, 58, 116—135, 139, 145
global warming 全球变暖 48, 70—71, 119—120, 133, 135
globalization 全球化 28, 117, 122, 126, 129, 133, 145
Godwin, Francis 弗朗西斯·戈德温 31—32, 37, 84, 140
Goethe, Johann Wolfgang von 约翰·沃尔夫冈·冯·歌德 20, 34, 104, 141
green/ecological futures 绿色/生态未来 56, 67, 117, 127

H

Habermas, Jürgen 尤尔根·哈贝马斯 20, 52—53, 64, 67—68, 112, 153, 156
habitat (loss of) 栖居地(的失去) 100, 119—120, 127
Hawking, Stephen 斯蒂芬·霍金 1, 97
health 健康 1, 46, 93—94, 106, 111, 117—120, 122, 126, 137
Hegel, Georg Wilhelm Friedrich 格奥尔格·威廉·弗里德里希·黑格尔 20, 75—76, 104
Helmer, Olaf 奥拉夫·赫尔默 46, 49, 54—55, 143
Herder, Johann Gottfried (von) 约翰·戈特弗里德·(冯·)赫尔德 102—104, 141
human agency 人类的能动性 7, 76, 93
human-centred futures 以人为本的未来 34, 52, 58, 100—115
human consciousness 人类意识 2, 20—21,

98, 102—103

human futures 人类未来 77, 100—102, 104—105, 107—108, 112—113, 115, 118, 125, 138

humanism 人文主义 92—93, 99, 104, 106

Huxley, Julian 朱利安·赫胥黎 92, 97, 105—106, 143, 149

I

Inayatullah, Sohail 索海尔·伊纳亚图拉 26, 61, 64, 67—69, 71, 73, 77—78, 145, 151, 153—154

industrial era 工业时代 109—110, 114, 117, 130

Industrial Revolution 工业革命 34, 37, 104, 108, 131, 141

integral consciousness 整体意识 21—23, 78, 103—104, 108, 110, 113, 131, 156

integral-holistic approach 整合性-总体性的方法 61, 65—66, 72—73, 76, 134—135, 148, 153—154

J

Joachim of Fiore 菲奥雷的约阿希姆 26—27, 139

Jungk, Robert 罗伯特·容克 51, 54—56, 67, 70, 143—144, 148, 151

K

Kreibich, Rolf 罗尔夫·克雷比奇 46, 83, 117, 148

Kurzweil, Ray 雷·库兹韦尔 95—96, 98—99, 155

L

László, Ervin 欧文·拉兹洛 22, 110, 112, 144—145, 156

leadership (crisis of) 领导力(的危机) 3, 23, 119—20, 124—125

Leibniz, Gottfried Wilhelm 戈特弗里德·威廉·莱布尼茨 31, 75, 104, 140

Limits to Growth (Meadows et al.)《增长的极限》(梅多斯等) 22, 45, 56, 97, 144, 148

linear time 线性时间 13, 22, 26, 40, 78, 108—109

Long Now clock 万年钟 16, 78, 79

M

machine intelligence 机器智能 94—95, 99, 101, 113

Malthusianism 马尔萨斯主义 4, 37, 39, 68, 96—98

Mankind 2000 “人类 2000 年” 54—56, 58, 67, 143, 148, 151

Masini, Eleonora 埃莉奥诺拉·马西尼 7—8, 21—22, 47, 61, 64, 67, 69, 75—76, 81, 144—145, 147, 151—152, 154

mechanistic view of human nature 机械论人性观 34, 101, 103—104

medieval 中世纪 25, 26, 30, 33, 43

megatrends of the mind 心智大趋势

110, 131, 149
migration (mass) 迁移(大规模) 1, 119—120, 132
military-industrial complex 军工复合体 43, 51—53, 67, 89
modern science 近代科学 25, 30—31, 140
Morin, Edgar 埃德加·莫兰 28, 131, 145, 157
multiple futures 多元未来 4, 8, 44, 53—56, 59, 65—66, 109, 136

N

neoliberalism 新自由主义 56—57, 133
Novalis 诺瓦利斯 103—104, 149

O

oceans 海洋 117—119, 121
Omega Point-Singularity tension 欧米茄点-奇点冲突 108

P

participatory-prospective approach 参与性-前瞻性方法 65—66, 70—71, 76, 134—135
peace 和平 33, 42—43, 51—52, 70, 101, 117, 130, 143, 148
planetary futures 地球未来 28, 73, 106, 134
pluralism 多元主义 44, 52—53, 65—66, 110, 113
pluralization of futures 未来的复数化 8, 44, 52—58
Polak, Fred 弗雷德·波拉克 26, 51, 70, 100, 143, 147, 155
population 人口 37, 39, 87, 90, 97, 106, 117, 121, 123—125, 132—133, 141
positive psychology 积极心理学 107, 111—113
positivism 实证主义 45—46, 52, 63—66, 104, 114
possible futures 可能未来 54—56, 63—66, 68, 75—76, 103, 134
post-industrial 后工业的 114, 125—126, 128, 133
post-positivism 后实证主义 53, 56, 64—66, 114
postformal futures 后形式未来 111, 113—114, 131
posthumanism 后人类主义 94—95, 155
postmodernism 后现代主义 68, 110, 112, 114
power 权力 2, 6, 9, 18—19, 23—24, 30, 37, 40, 44—45, 50, 52, 54, 69, 96, 104, 111, 114, 119, 122—123, 137—138
prediction 预测 5, 43, 45—53, 62, 83—84
predictive-empirical approach 预测性-实证性方法 45—50, 52, 54, 57, 65—66, 75, 133—134
preferred futures 更可取的未来 63—65, 67, 71, 76, 103, 134
probable future 大概率未来 63—65, 76, 103, 133—134
progress 进步 5, 37, 39, 40—41, 56, 93, 95, 102, 107

prospective futures 前瞻性未来 6, 61, 63—65, 70, 134

Q

quantum mechanics 量子力学 40, 53, 109—110

R

RAND Corporation 兰德公司 7, 43, 45—46, 54, 148
Rescher, Nicholas 尼古拉斯·雷舍尔 45, 48—50, 143, 148
resources 资源 90, 101, 118—121, 125, 127
robotics 机器人科学 82—83, 87—92, 94

S

scenarios 情景 7, 61, 133, 135
Schelling, Friedrich Wilhelm Joseph 弗里德里希·威廉·约瑟夫·谢林 20, 34, 104, 106, 141
science fiction 科幻小说 12, 31, 39, 43, 83, 88, 94—95
scientific positivism 科学实证主义 45—46, 52, 63—66, 104, 114
sea level rise 海平面上升 1, 48, 119—120, 132, 135
security (food and water) 安全（食品和水）117, 118—121, 125
short-termism 短期主义 3, 16, 18, 78, 118
singularity 奇点 94—95, 98, 108, 149, 155
Slaughter, Richard 理查德·斯劳特 8, 47, 60—61, 64, 67, 69, 71, 73, 76—77, 145, 147—148, 151—152, 154
social engineering (Comte and Spencer) 社会工程学（孔德和斯宾塞）38, 40—41, 94, 96, 107
socio-cultural challenges 社会文化挑战 118—120, 124—125
spiritual vacuum 信仰真空 119—120, 124
Steiner, Rudolf 鲁道夫·斯坦纳 20—22, 40, 107—108
superhumanity 超人类 95, 107, 111—114
superman 超人 94—95, 107—108
sustainability 可持续性 75, 116—117, 126—128, 130
survival of the human race 人类的生存 37, 67, 95, 99, 110, 149

T

techno-utopian futures 技术乌托邦未来 37, 41, 85, 93—96, 98, 100—102, 104, 113, 115
Teilhard de Chardin, Pierre 德日进 20, 52, 92, 105—106, 108, 112, 143, 155
terrorism 恐怖主义 1, 90, 97, 119—120, 122, 124
Three Laws of Robots (Asimov) 机器人三定律（阿西莫夫）88—89
time 时间 14, 20—22, 26—27, 40, 77—80, 108—110
transhumanism (techno) 超人类主义（技术）31, 42, 92—94, 96, 98, 104—106, 108, 111

transhumanism (humanistic) 超人类主义（人本主义的）105—106, 108

trivialization of futures 对未来的简单化处理 5, 76, 82—84, 87

U

uncertainty 不确定性 3, 47—48, 50, 80, 131

UNESCO 联合国教科文组织 57—58, 69, 106, 127—130, 144, 151, 157

urbanization 城市化 118—121, 124—128, 156

utopia 乌托邦 10, 27—28, 37, 39, 41, 43, 55, 61, 75, 100, 102

V

violent futures 暴力未来 71, 119—120, 125

VUCA: volatile, uncertain, complex, and ambiguous 易变的、不确定的、复杂的和模糊的 3

W

Wells, H.G. H.G. 威尔斯 5—6, 8—9, 40, 142, 147, 153

Wilber, Ken 肯·威尔伯 20—22, 61, 73, 113, 153, 156

wild cards 变数 62, 106

World Futures Studies Federation（WFSF）世界未来研究联合会 8, 56—59, 67—68, 81, 83, 144, 151—152

Y

youth futures 青年的未来 1, 68, 71, 126, 134, 151

Z

Zarathustra-Zoroaster 查拉图斯特拉-琐罗亚斯德 14, 23, 107, 142

Jennifer M. Gidley

THE FUTURE

A Very Short Introduction

Contents

List of illustrations i

Introduction 1

1 Three thousand years of futures 20

2 The future multiplied 44

3 The evolving scholarship of futures studies 63

4 Crystal balls, flying cars, and robots 82

5 Technotopian or human-centred futures? 100

6 Grand global futures challenges 116

Conclusion 136

Appendix: Global futures timeline 139

References 147

Further reading and websites 151

List of illustrations

1a *The Nabonidus Chronicle*, an ancient Babylonian text, reports that the Greeks adopted the Persian Achaemenid Calendar 330 BCE **15**
British Museum

1b Ancient candle clock **16**
Syria: A candle clock, from al Jazari's 'Book of Knowledge of Ingenious Mechanical Devices' (1315 CE) / Pictures from History / Bridgeman Images

2a Prague astronomical clock, 1410 CE **18**
Andrew Shiva, Wikimedia Commons

2b Digital Pebble smartwatch, 2016 **19**
Wikimedia Commons

3 *The Man in the Moone*, 1768 **32**
Written by Francis Godwin under the pseudonym Domingo Gonsales, Illustrator unknown

4a Montgolfier balloon, 1783 **35**
Courtesy of Library of Congress Prints & Photographs Division, LC-DIG-ppmsca-02447

4b French fantasy images of flight, 1900 **36**
Courtesy of Library of Congress Prints and Pictures division, digital ID ppmsca.02561

5 Futures methods as part of Generic Foresight Process **60**
This graphic adapted from a 2000 version. Original published in *Foresight* 2003, 5(3): 10–21. © 2000–2016 Joseph Voros

6 Typology of five evolving futures approaches **66**
© 2010 Jennifer M. Gidley

7 Long Now clock, 1999 **79**
Courtesy of the Long Now Foundation

8 *Flying Firemen in the year 2000*, Jean-Marc Côté, 1899 **85**
Wikimedia Commons

9 *Futuristic Flying Car*, *c.*1900, Harry Grant Dart **86**
Courtesy of Library of Congress Prints and Pictures division, digital ID 13554u

10 A flying car, 2015, proposed for launch in 2017 **87**
Courtesy of Aeromobil

11 Herbert Televox, 1927 **88**
Courtesy of the Heinz History Center

12 Atlas, 2013, Boston Dynamics winner of the DARPA Challenge in 2013 **91**
Public Domain

13 Global environmental, geo-political, and socio-cultural challenges **119**
© 2016 Jennifer M. Gidley

14 Alternative global environmental, geo-political, and socio-cultural futures **120**
© 2016 Jennifer M. Gidley

Introduction

Introducing 'the future'

The future we face today is one that threatens our very existence as a species. It threatens the comfortable urban lifestyles that many of us hold dear and the habitability of the earth itself. The times we are in are critical, and the challenges we face as global citizens are complex, intractable, and planetary. The impact of climate crisis alone is pointing to frightening futures of rising seas, drowning cities, mass migration of climate refugees, drastic food shortages due to loss of arable land to drought, floods, and salination, and the mass extinction of species. Several Pacific islands have already disappeared, and in the USA, the first climate refugees are being resettled from low-lying islands to higher ground. And this is just the beginning.

Renowned theoretical physicist Stephen Hawking, Oxford philosopher Nick Bostrom, and billionaire entrepreneur and engineer Elon Musk have issued serious warnings about the potential existential threats to humanity that advances in 'artificial super-intelligence' may release. When we include the volatility unleashed by random acts of terrorism, growing economic disparity, and the global youth mental health epidemic, it may seem that this book is going to be a doomsday story. What a challenging time to write a *Very Short Introduction* to the Future.

But the trends pointing to future as time bomb are only one side of the picture.

In spite of the potential for catastrophe that current trends suggest, we are also in the best position ever to turn negative trends around through the means at our disposal. As a species, we have never been more conscious, more globally connected, or more capable of radical positive change than we are today. With the instantaneous communications available millions of people can be mobilized in an instant to act for good causes, if only the understanding, passion, and will can be engaged.

Regardless of the choices we make as a species on these challenging issues, the futures we create through our actions today will impact the entire future of humanity for thousands, if not millions of years to come. Humans have always influenced the future, as we will see when we explore the history of humanity's relationship with the future.

For thousands of years we have struggled to predict, control, manage, and understand the future. Our forebears sought advice from oracles; read the stars through astrology; debated concepts of time and future philosophically; wrote utopias and dystopias; and, in the modern scientific era, tried to predict the future by accumulating and interpreting patterns from the past to extrapolate models of the future.

But the single, predictable, fixed future that the trend modelling proposes does not actually exist. Instead, what is out there is a multitude of possible futures. What lies at the heart of this changed perception is an evolution of human consciousness. Knowing this means we have the power to imagine and create the futures that we choose, bearing in mind that some people have much greater power and influence than others, depending on life circumstances. Undoubtedly social, political, and economic structures limit some more than others. We must also distinguish between futures we can create and the futures of everyday certainties we rely on, such as the daily rising and setting of the sun, and the annual flow of seasons. We need to be aware that we use a kind of 'everyday foresight' in order to conduct our daily lives, based on certain assumptions, such as public transport being reliable, travel bookings being trustworthy, and weather forecasts being mostly right.

Until recently, social and cultural systems were built around our belief that life generally happens as expected. In the 21st century we are seeing many of our socio-cultural and ecological systems unravelling. Today's world is complex and unreliable. Tomorrow is expected to be more so. The US Department of Defense coined a new term in the 1990s: VUCA, which stands for volatile, uncertain, complex, and ambiguous. The business world has enthusiastically adopted VUCA in its leadership narrative.

As the pace of change accelerates, the word 'future' is becoming ever more ubiquitous—in the popular media, in business literature, and in educational and academic spheres. Consultants everywhere call themselves futurists. Since the turn of the 21st century, with the exponential rate of technological change, time itself seems to be speeding up, bringing 'the future' ever closer. The now popular use of the term 'future' has led to a global proliferation of government departments, corporate agencies, consultancies, and trend-spotters all claiming to be future-focused. The word 'future' itself has become trendy and trend spotting has become a fad. It is now considered obligatory for schools and universities to include in their strategic plans terms such as 'future-proofing' and 'preparing for the future'. And yet, paradoxically, short-termism thrives, in business, government, and education circles, with little evidence of engagement with the futures studies literature established over several decades.

From a personal view the future is mysterious and ever changing: sometimes it is like a rainbow with the pot of gold always out of reach. Other times it rushes at us like a tornado or drowns us in a tsunami of chaos. The future is paradoxical: it is completely open and beyond our control and yet it is the object of trillions of dollars in government expenditure aimed at controlling it. It is both the playground of science fiction, and the raw material of town planners and policy nerds. The future can be short, ephemeral, and so full of surprise that it is over the moment after it happens, or it can seem to take forever to arrive. Haunted by nightmares or pregnant with hopes and dreams, our personal futures are strangely full of shadows and joys from our past and yet can always be created anew by courageous actions in the present.

In this *Very Short Introduction* to the Future I hope to throw some light on the multiple facets that I have discovered in twenty-five years of research into the fascinating field of futures studies. I flag some of the tensions one might expect when reading about the future, most notably between scientific prediction on the one hand and ungrounded speculation on the other. I discuss whether the future is a time or a place, the history of thinking about the future over 3,000 years, and attempts to steer a course between the extremes of Malthusian doomsday catastrophes and the panorama of Cornucopian techno-optimism.

While the book will include a gloss of populist approaches, the main focus of this VSI will be to introduce the curious reader to the diverse dimensions of the fifty-year-old transdisciplinary field of futures studies that counts among its experts thousands of professors, researchers, practitioners, and students, across all continents. Futures studies operates as a global academic field, on the assumption that consciousness has increased to embrace multiple future possibilities, and that we are free agents to create worlds of our choices and participate consciously in our own evolution. Introducing readers to the art and science of this pluralistic approach to understanding the world of multiple futures is a major focus of this book.

Naming the study of the future

The English word 'future' seems to have been first used in the 14th century. The Online Etymological Dictionary places its roots in the Latin 'futura/futurus' meaning 'going to be, yet to be', from the verb *esse*: to be. It also appears in Old French as *futur*: 'future, to come' in the 13th century. However, the taken-for-granted concept of the future we have today is much older.

Study of the future is so extensive now that a panoply of terms exists to describe it, the most common being 'futures studies', 'foresight', and 'prospective'. By exploring the main terms, I hope to bring coherence into the diversity. The earliest approach to the future was called 'prophecy' and was associated with old pre-rational worldviews, dating back to the first millennium BCE. The term is rarely used today except perhaps by the media trying to trivialize futures work.

At the turn of the 20th century the term 'forecast' was commonly used to describe any kind of writing about the future. Along with the belief in progress and the seemingly unlimited developments in science and technology, forecasts by famous figures were fashionable. The success of the 1920s *To-day and To-morrow* UK book series is a case in point. Forecasting was revamped in the 1960s, and is still preferred today by those who consider their approach to be scientific. Forecasting is the closest to 'prediction' of the terms we are considering and is often linked to technological developments, as in 'technological forecasting'. While it is commonly thought that futures studies is mostly about prediction based on extrapolation from present-day trends, predictive futures is only one of several serious futures approaches.

As historian of the future Warren Wagar notes in the following quote, H. G. Wells was one of the first to call for a more formalized study of the future consequences of new technological inventions.

> It is not far-fetched to fix January 24, 1902, the day of [H. G.] Wells' Royal Institution lecture, as the day when the study of the future was born.

Following the successful publication of his pioneering book *Anticipations* in 1901, Wells gave an invited lecture at the Royal Institution in London, later published as *The Discovery of the Future*. He announced that there needed to be a systematic, 'academic study of the future'. It would take another fifty years before it was taken seriously in the academic arena. In a 1932 radio broadcast Wells decried the fact that although there were thousands of professors of history, there was not a single professor of foresight in the world. For Wells, foresight was tuning in to the future consequences of our actions, as he said:

> All these new things, these new inventions and new powers, come crowding along; every one is fraught with consequences, and yet it is only after something has hit us hard that we set about dealing with it.

The first to attempt an academic approach to studying the future was German professor of history and government Ossip K. Flechtheim who coined the term 'futurology' in the post-Second World War period. He viewed it as a broad human or social science: 'a system of organized knowledge concerning a particular subject'. He saw its potential as a 'projection of history into a new time dimension' with the differentiation being that, since it cannot make use of written or oral records, futurology will use methods such as interpretation, generalization, and speculation, like cultural anthropology or theoretical sociology. The term is rarely used today.

In 1957 French philosopher, businessman, and educator Gaston Berger (1896–1960) coined the term 'prospective' when he set up the Centre International de Prospective in Paris, and published the journal *Prospective*. For Berger, prospective was the mirror image of retrospective. It was not just about trying to see the future, but about taking action. The term is most commonly used today among French prospectivists such as Michel Godet and Latin American futurists such as Guillermina Baena Paz and Antonio Alonso-Concheiro. Godet reaffirms the action aspect of Berger's prospective: 'Prospective considers the future to be the result of human agency, which, in turn, is strongly conditioned by human desires, projects, and dreams.' A few years after Berger founded his centre, French prospectivist Bertrand de Jouvenel (1903–87) founded the organization Futuribles in Paris (1960), and also published a journal of the same name, still in circulation today. De Jouvenel's conviction was that the future is not predetermined, and simply unknown, but that a wide range of futures is possible for any given state of affairs, meaning that the actual outcome would be according to our intervening actions—human agency.

In parallel with these European developments, in the USA the RAND Corporation was developing the scenario planning methodology, particularly through Herman Kahn's 1960s work on post-war scenarios. French oil executive Pierre Wack was reputedly the first to work with scenarios in the private sector, working with Royal Dutch/Shell in London from the 1970s. Godet has used scenarios since the 1980s in his French prospective approach, followed by Peter Schwartz's Global Business Network scenario approach. Scenario planning is a broad methodology that can be used within any of the various approaches to futures studies. To understand which futures approach underlies the scenarios we need to look for the key terms, theories, goals, descriptors, and associated research methods.

In the late 1960s some of the big changes that were happening in other disciplines also impacted the study of the future. The most important change in the naming of the study arose with the insistence by leading thinkers in the field such as James Dator and Eleonora Masini that both the terms futures and studies needed to be plural, bringing about the birth of 'futures studies'. This move to pluralize the terms may seem minor but it reflected a deeper philosophical and political manoeuvre to democratize and pluralize the future. The pluralization of futures studies was formalized by the founding in 1973 of the World Futures Studies Federation. Futures studies as I use the term in this book is a transdisciplinary academic field combining education, philosophy, sociology, history, psychology, and economic theory with real-life observation to propose, for the benefit of society, not just one kind of future but multiple futures. Current researchers who are working from this broad stance use this plural term 'futures studies' to describe the overall field of research and practice.

Wells's term foresight made a comeback in the 1990s and is quite commonly used today especially by practitioners. The High Level Expert Group for Foresight in the European Commission describes it like this: 'Foresight can be defined as a systematic, participatory, future intelligence gathering and medium-to-long-term vision-building process... aimed at present-day decisions and mobilizing joint actions.' Strategic foresight is generally regarded as a sub-branch of foresight. Richard Slaughter describes it as a fusion of futures methods with those of strategic management. On the other hand, for those who work in the areas of strategy and planning, strategic foresight is a relatively new and often welcome extension to their work into longer-range contexts. Godet suggests strategic foresight is the closest English term to represent the French approach, except that it lacks the activism of the French prospective.

There are a few other terms that have been used in more minor ways by individuals or subgroups and I can only mention them briefly here.

The term 'prognostics' was used in Soviet Eastern Europe, during the Cold War period. Masini linked it with scientific positivism and Lenin's thought. Hungarian futurist Erzsébet Novaky explains that in prognostics the explorative aspect of futures studies was subordinated to the centralized planning of the Soviet regime. In the 1960s and 1970s some futurists working to empower participants to create alternative preferred futures used the term 'futuristics' but it never gained much traction. Another term, 'futurism', was widely used in the early 1970s to characterize the field but is generally avoided today because of its association with the far right radical art movement in Italy during the early 20th century.

The term 'anticipation', first used by Wells in his 1901 book *Anticipations*, is also making a reappearance. Notably, Wells used the plural form to imply multiplicity and openness rather than foreclosure. In the 1980s Frank Biancheri coined the term 'political anticipation' in a pan-European political context. Robert Rosen subsequently drew from Soviet anticipatory systems approaches to try to legitimize future study as a science through mathematics, computer science, and cybernetics. Recent developments include Project Anticipation at the University of Trento, Italy, and the Anticipation Research Group, Bristol University, UK.

The newest term in the futures line-up is 'trend spotting'. More often than not it refers to aggregation of past or current information, for the purpose of extrapolation. While trend spotting has a contemporary buzz to it, it is fundamentally tied to the belief that the future is nothing more than a projection of past trends. This term is popular with consultants looking to give their clients an appearance of being very current, and having a competitive edge. Ironically this lightweight populist approach that lacks the depth of scholarship of some approaches discussed may be quite commercially successful, for example in market research.

Times have changed since Wells put out his 1932 call—there are now several professors of foresight in the world. Furthermore, over the past fifty years numerous university courses have engaged in futures studies, many of them at Masters level; dozens of national institutions and several global NGOs have been founded to research and/or apply long-term thinking; multiple methodologies have been developed; hundreds of books have been published; and there are now at least five distinct philosophical approaches to futures studies.

In summary, after a century of different names for studying the future, some competing with each other for pre-eminence, there is a general consensus that there is a transdisciplinary field called futures studies. Even those people who prefer terms such as strategic foresight, scenario planning, or prospective would agree that these notions are incorporated within the complex pluralism of futures studies.

Is the future a utopian place?

Historians of the future often look to utopian literature as evidence of early future concepts. A brief discussion of utopias will throw some light on whether the future is to be thought of as a time yet to come, or an imagined place representing our fears or desires writ large. The idea of utopia as an imagined ideal place is often associated with the future. Furthermore, frightening futures, such as those frequently depicted in science fiction movies, are called dystopias. Essentially, utopias and dystopias are stories about desired and feared futures occurring in places other than the 'here and now'. But there is a more complex interwoven relationship between the concepts of utopia/dystopia, the future, place, and time.

The utopian genre as we know it today originated in ancient Greece, with Plato's *Republic* being widely regarded as the first serious attempt at creating a utopian model of civilization. More correctly it was a eu-topia—meaning a good place. This laid foundations for others to write their idealized visions of a place where life was more perfect. Paradoxically, it was at that point in ancient history, when Greek philosophers were proposing the concept of linear time (past, present, and future), that the idea of 'utopia as an imagined place' appeared—beginning with Plato's *Republic*. Lyman Tower Sargent in *Utopianism: A Very Short Introduction* distinguishes between these formal utopias that began in classical Greece and Rome, and the earlier utopian myths that harked back to a past golden age. The *Republic* was not called a utopia at the time because the term was not used until the early 1500s when Thomas More (1478–1535) wrote his book *Utopia*.

The early utopias were very much grounded in an 'other place' so their potential to influence the future (or 'other time') was implied rather than explicit. Such a utopian narrative was a parable of a better place with hidden implications for how things could be done differently in the future. An early example of a simple dystopia related to place is the myth of St George and the dragon. Whether it is based on fact or fiction it is a narrative that tells us that in those days, early in the first millennium CE, dystopias were relatively simple and binary: the village is threatened by a dragon; a courageous young man kills the dragon; the village is safe—especially the damsel in distress—and life is returned to its happy utopian simplicity.

Like all concepts the notions of utopia and dystopia have themselves evolved.

It was later, towards the end of the 18th century, that the utopian narrative took a more explicit futures-turn. Sociologist Wendell Bell explains it this way:

> At the end of the eighteenth century, a significant shift from space to time took place in utopian writing. The typical setting of the ideal society (or its opposite, dystopia) radically changed from a different place at the same time to the same place at a different time.

Historian of the future Ignatius F. Clarke made a similar point about the 'decline of the old-style terrestrial utopias' only to be replaced with a new focus on the 'ideal state of the future' in the literature of the technologically progressive nations. As societies became more complex, so did utopias and dystopias.

A paradox of more recent utopian futures narratives is that many utopias are constructed through a totalitarian imposition by government forces, or some form of social engineering. Most utopias have dominant ideological aspects, which in many cases border on totalitarianism. As a global society our recognition of this increased in the 20th century with the collapse of totalitarian systems, precipitating a flourishing of dystopian fiction. Another paradox is that linear models of how civilizations develop are always value-laden. Some are weighted towards an idealized future whereby the past is problematized as primitive, while progress, development, and evolution are lauded as unilinear paths to civilization. The opposite weighting is applied in theories and ideologies that demonize the present and look to a romantic past in an idealized way—they utopianize the past.

Going forward into our present-day ideas of utopia and dystopia what do they tell us about the future, time and place? Some of the science fiction movies today could be categorized within Bell's post-18th-century type (same place, different time). For example the Mad Max series is set on earth but on a future earth that has been devastated. However, many contemporary futuristic movies are set in colonies in outer space, for example the Star Trek and Star Wars series, the Alien series, the Terminator franchise. This creates a third type distinct from Bell's other two types. This third type, very common today, is set in a different time (the future) and a different place (outer space). There is also a much greater concentration of dystopian, even apocalyptic, narratives in the popular mass media today than there is utopian.

Is the future a time yet to come?

A common assumption when thinking about the future is that humans have always had a three-part idea of time—consisting of past, present, and future. This is not how humans have always viewed time and is not how all cultures view time today. This linear view of time emerged about 2,500 years ago, in parallel with the origins of Western philosophy in ancient Greece. Prior to this period we humans lived in a more embedded, cyclical sense of time governed at the cosmic scale by the large astronomical cycles, and at the everyday scale by the rhythms of the seasons and the solar and lunar cycles.

The cultural evolution literature tells us that, from the time of Plato, humans were expanding their views of the world as represented in myths, stories, epic poems, and pictographs, to more abstract, thought-out conceptions of the world. Evolution of consciousness researchers explain that the newfound ability to form abstract mental concepts enabled the Greek philosophers and mathematicians to lay the foundations for the kind of logical thought that we aspire to today. The striving of philosophers such as Parmenides and Heraclitus to understand the nature of existence led to the formation of a variety of schools of philosophical thought with respect to time. The key ideas were that time is eternal, permanent, and unchanging, versus the notion that time is the measurement of change. The latter concept led to the idea that existence can be divided into linear blocks of time: past, present, and future in contrast with the old cyclical view of time as flow. Along with the linear concept of time came philosophy and mathematics. Pictograms were replaced with alphabets and written history was born, meaning that the past was becoming more fixed, and the future was becoming conceptually distinct, and an object of interest in its own right. This linear view of time continued to dominate in the West until the turn of the 20th century.

The quest to tame time

As part of the human quest to understand and tame our world we set out thousands of years ago to measure and control time, in the hope of controlling our future. This was achieved on the macro scale through calendars and astrolabes that measured the passing of the sun, phases of the moon, and the patterns of the stars and planets. On a micro scale it was achieved through clocks. These two types of time machines—calendars and clocks—were not always as separate as they are today.

Most of the historical calendars we know about today (Persian Achaemenid, Chinese, Mayan, Roman, and Julian) were invented 2,000–3,000 years ago. This was the same era when Greek philosophers were reframing time from its cyclical to its linear shape and developing abstract thinking.

The ancient Persian culture is an interesting example of an early culture with a strong relationship to both time and the future. The old Persian calendar was a solar calendar and is one of the oldest chronological records in human history, having been in existence in the second millennium BCE, pre-dating Zoroaster. There are complete archaeological records going back to at least 330 BCE for the version known as the Achaemenid calendar (see Figure 1a), which was adopted by the Greeks after the conquest of Babylon. The Persian calendar is still regarded today as being highly precise as it is calibrated astronomically rather than mathematically. It is still the official calendar for Iran and Afghanistan.

At around the same period as the Persians, the Chinese developed a calendar based primarily on lunar cycles. While the Chinese today use the modern Gregorian calendar for civil purposes, they still use the Chinese calendar to determine their festivals, such as the Chinese New Year.

1a. *The Nabonidus Chronicle*, an ancient Babylonian text, reports that the Greeks adopted the Persian Achaemenid Calendar in 330 BCE.

The Mayan civilization also had a calendar in the first millennium BCE and it is more complex than either the Persian solar calendar or the Chinese lunar calendar. The Mayan calendar involves a complex interlacing of three different cycles of time with one of those cycles—the Great Cycle—ending on 31 December 2012. There was much media publicity about this in 2012 because of lack of understanding of the complexity of the calendar leading to misinterpretation and the claims that this spelled the end of the world. What is particularly interesting about the Mayan calendar is that it includes as its third cycle what is called the Long Count.

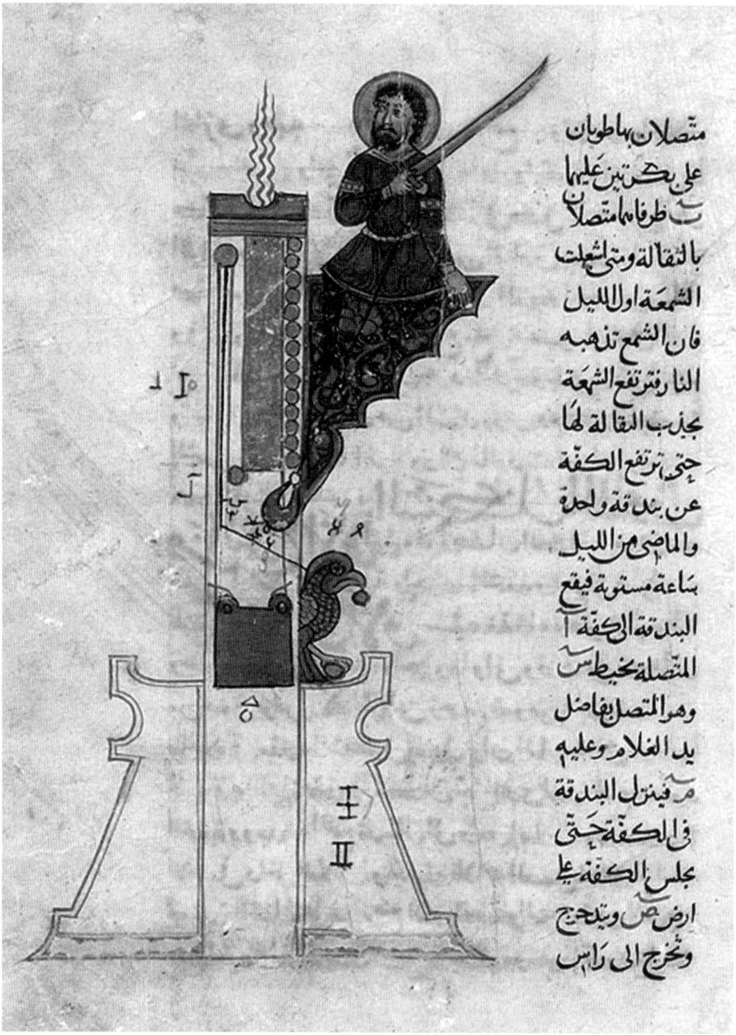

1b. Ancient Syrian candle clock, 1315 CE. From al Jazari's 'Book of Knowledge of Ingenious Mechanical Devices'.

This is where we begin to find the relevance to futures thinking and in particular the contrast between the short-termism of the dominant societal paradigm and long-range thinking, for example the 'long now' concept developed by the Long Now Foundation in San Francisco.

From the European perspective, both the Roman calendar and the Julian calendar also appeared in the first millennium BCE. The Roman calendar, based on lunar cycles like the Chinese calendar, developed around 750 BCE. The Julian calendar introduced by Julius Caesar in 45 BCE replaced the Roman calendar and is still used by some orthodox churches today. It took another 1,500 years before the Gregorian calendar, which we take for granted globally today, was introduced.

Calendars demonstrate how humans tried to understand and, up to a point, to predict the patterns of the macro-time cycles of the sun, moon, and stars, in order to get a grasp on the future.

Clocks, on the other hand, were used to measure time on a more micro-scale. Their purpose was to assist with the ordering of day-to-day activities. Before the invention of mechanical clocks in the 14th century humans devised numerous ingenious ways and means to measure the passing of time. For thousands of years we measured time with sundials and stone circles, water clocks, candle clocks (see Figure 1b), and hourglasses, before we developed the technology to invent the pendulums, springs, and gears required for mechanical clocks and watches.

In the border zone between calendars and clocks we find astrological clocks and astrolabes. The early development of clocks included astronomical/astrological features, indicating notions of time that were still connected with cosmic cycles—beautifully exemplified by the astrological clock in Prague (see Figure 2a). Note the complex aesthetics and dynamics within this integrated work of science and art that has sat for over 600 years on the town hall façade in the old town square of Prague.

Contrast this with the pared-down aesthetic of the digital smartwatch (see Figure 2b). The smartwatch, otherwise called a wearable computer, for all its high-tech sophistication, can only be worn by one individual, and cannot hope to have the cultural

2a. Prague astronomical clock, 1410 CE. Mounted on the southern wall of the Town Hall in the Old Town Square, it is the oldest astronomical clock in the world still operating.

power of an icon like the town hall clock in Prague. In spite of being able to record our voices, run mobile apps, perform basic tasks, calculations, and translations, the digital smartwatch at best gives its wearer a type of virtual connectedness. Requiring recharging every two days it is locked into short-termism and will either fail, or be superseded by a 'smarter' watch, within two years of its launch.

Both the astronomical clock in the centre of the old town in Prague and the smartwatches for sale in the airports of Beijing and Singapore 'tell the time'. But what time are we talking about? And what do these different kinds of time tell us about the future of times yet to become?

2b. Digital Pebble smartwatch, 2016.

While we may feel we are locked into a worrying future that we cannot escape from, learning about different ways to think about the future gives us more choice and can empower us to create alternative futures from the myriad possibilities out there.

Chapter 1
Three thousand years of futures

History of time consciousness

By understanding how humans in the past have storied and framed the future, we can gain a deeper appreciation of the significance of futures thinking. If we explore 'the past of the future' and its links with 'present-day futures' we will be better prepared to create wiser futures for tomorrow.

Our evolving views about the future, and their connection with time, are interwoven with the evolution of human consciousness. Cultural historians and consciousness researchers have provided ample evidence that Charles Darwin's biological theories are not the entire story of evolution. Theories about the evolution of culture and consciousness were already circulating in the late 18th century between German idealist and romantic philosophers such as Georg Wilhelm Friedrich Hegel, Johann Wolfgang von Goethe, and Friedrich Wilhelm Joseph Schelling. The idea that human consciousness has evolved over great time periods is central to the work of 20th-century thinkers such as Rudolf Steiner, Pierre Teilhard de Chardin, Jean Gebser, Jürgen Habermas, Marshall McLuhan, and Ken Wilber, to name a few. Evolution of consciousness has influenced how we have historically viewed time and the future.

Cultural historian Gebser distils twenty years of research across thousands of years of human consciousness in his book *The Ever-Present Origin*. He theorized that five structures of consciousness developed throughout human history, calling them archaic, magic, mythical, mental, and integral (emerging). Gebser, Steiner, and Wilber also claimed that time consciousness changed with the evolving consciousness of humans throughout history. British sociologist Barbara Adam, who writes extensively on social time and the future, draws on Gebser's detailed history of culture in her book *Time*. Sociologist of futures studies Eleonora Masini undertook an analysis of time and the future in sociological, historical, and anthropological terms. Here is a brief description of Gebser's structures including the type of time consciousness that he and others associate with it.

Archaic consciousness was experienced by the earliest of humans well before recorded history and little can be known about it. Gebser's view is that the earliest of humans lived in a kind of pre-temporal experience that he called the 'ever-present origin' or 'eternal now'. Feminist futurist Ivana Milojević refers to this earliest phase as the Dreamtime, which she also calls the eternal now.

Early hunter-gatherers, nomadic peoples, and cave dwellers, who lived very close to nature, up to and including the Ice Age, experienced what Gebser called magic consciousness. He called their temporal consciousness 'timelessness' and also claimed we can have a taste of it as modern humans when we listen to music, or have other blissful experiences. Barbara Adam uses the phrase 'a time before temporality' to refer to this ancient time when humans lived in a kind of embeddedness and unity with the whole, as in magic consciousness.

The shift from magic to mythical consciousness paralleled the shift from nomadic life to settled agricultural villages and the world's first cities. Mythical consciousness is associated with the development of language systems that enable complex mythology and pictographic writing, astronomy, and more complex social groupings. Gebser calls the time consciousness of this mythical period 'rhythmic/cyclical'. Masini agrees, referring to the cyclical time perspective found in the mythological narratives of Buddhist and Hindu cultures.

Gebser and others place the origins of mental-rational consciousness in the ancient Greek period of the great philosophers. It led to intellectual and cultural leaps through alphabetic writing, philosophy, mathematics, elite formal education, and formal legal systems. Gebser, Steiner, and Wilber all refer to the beginnings of the concept of linear time in this period, and by association, the beginnings of the default idea of the future that we have today. Masini's linear time concept also originated in the Graeco-Roman era and is symbolized by an arrow. It later came to represent progress in the modern period of scientific and technological development. She also points to the erosion of the idea that linear time is always associated with progress, in the wake of the Club of Rome *Limits to Growth Report* in the 1970s.

The fifth type of consciousness, which Gebser called integral, began to appear with the Renaissance and is gradually strengthening in individuals and culture through advances in sciences, philosophy, human rights. It parallels the development of higher modes of reasoning, identified by developmental psychologists. Gebser's integral consciousness, being the most highly evolved, is associated with the most highly evolved time consciousness. Gebser calls this 'time freedom' or 'concretion of time' in which we are capable of experiencing all the different cultural time senses, rather than being restricted to only one. Masini's most evolved time consciousness is symbolized by the spiral, which is an integration of the circle and the arrow, and draws on the work of systems scientist and consciousness researcher Ervin László.

These evolving temporalities have changed our future perceptions over thousands of years. The emerging time sense associated with integral consciousness will shape our futures consciousness tomorrow.

Prophets, sibyls, and divination

From the first millennium BCE, the major figures of cultural leadership in Judaeo-Christian and Persian cultures were called prophets. The word 'prophet' means 'forespeaker' (Greek), and 'delegate or mouthpiece of another' (Hebrew). In these times, the future was believed to be in the hands of God. The future was predestined as part of God's divine plan. The Prophets, who the people believed could hear and mediate the revelations of God, had great power attributed to them. They were deemed to be leaders of their people.

In ancient Persia, the prophet Zoroaster (Zarathustra) (*c*.628–*c*.551 BCE) was leader of his people and also founder of the Zoroastrian religion. He encapsulates the intimate relationship between leadership, prophecy, and religion/God/Spirit. Islam also took the title of prophet for its leader when it originated over a thousand years later.

In the Hebrew setting, where prophecy arose out of divination and seership, the main role of the prophets as messengers of God (Yahweh) was to announce prophecies. Their success at forespeaking depended on their ability to receive divine revelations, which was crucial for these early prophets, who also fulfilled quite integrated roles in their societies, as civil and religious leaders. From around 1000 BCE guilds of prophets formed and became active statesmen or mentors for the kings. Not all the prophets told the kings what they wanted to hear, however. Some of the later prophet orators were rebel-activists calling the king to account for his lack of moral or ethical character. One such radical reformer was the prophet Elijah, a prototype for today's critical futures thinkers who need the courage to 'speak truth to power'. The most famous Hebrew prophets were men, such as Abraham, Isaac, Jacob, and Moses. However, the Talmud names seven women, and reports that Sarah's prophetic ability was superior to that of her more famous husband, Abraham. Ironically, when Alvin Toffler published *The Futurists* (1972) his twenty-two futurists included only one woman, Margaret Mead, but he admits that the wives of several of the authors often co-authored their works, including his own wife, Heidi.

Women had a more dominant role in the future in ancient Greece where the sibyls were the oracles. Like the prophets, the sibyls were believed to have direct access to divine revelations and their oracles and predictions were treated with great respect within the culture of the time. These original Sibylline Oracles were collected and guarded in temples to be consulted in times of great crisis. Controversy surrounds these oracles, though, because in later times both the Jews and the Christians wrote similar-looking texts, which may be confused with the originals. Although the original sibyls were figures from pre-Christian, pagan times, Michelangelo immortalized five of them in the grand fresco in the Sistine Chapel (the Delphic, Cumaean, Libyan, Persian, and Erythraean Sibyls). The sibyls are often credited with being the first to predict the coming of Christ. Michelangelo painted them as the first to sense the coming of the Redeemer, linking prophecy with spiritual redemption. The call of the future in these times was a spiritual call.

While the people of the Abrahamic and other religions were heavily invested in human mediation between God and the affairs of men and kings, the Chinese were using primarily inanimate objects to interpret the universal laws and 'read the future'. As early as 1200 BCE the Chinese shamans of the Shang Dynasty were writing on oracle bones to send their messages and predictions. Much later, but guided by similar principles, the

Vikings threw their runes to divine their futures. In medieval Europe divination was still the order of the day. Tarot cards emerged in mid-15th-century France, but it was not until the 18th century—paradoxically, after the arrival of modern science—that they were used to read the future.

Between Plato and Leonardo da Vinci

The middle of the first millennium BCE saw a shift from human reliance on the gods via messages from prophets and sibyls to the beginnings of human-centred utopian visions in Greece and Rome. Sargent tells us in *Utopianism: A Very Short Introduction* that the earlier utopian classic myths looked back to a fantasy golden age in the past, whereas the Greek and Roman utopias of Plato and Virgil (70–19 BCE) referred to human-created societies.

> This branch of the utopian tradition gives people hope because it is more realistic and because it focuses on humans solving problems, such as adequate food, housing, and clothing and security, rather than relying on Nature or the gods.

Plato's *Republic* (380 BCE) addresses questions of education, the role of both women and men in society, and presents an ideal harmonious state governed by philosopher-kings. Sargent describes it as 'the closest possible approximation of the ideal society'. Sargent makes a similar point about Virgil's images of Arcadia where 'the better world became based on human activity rather than simply being a gift from the gods'. He goes further to claim that Virgil's *Fourth Eclogue* marks a shift from the past golden age to the future.

A clearer differentiation between the past and the future was being consolidated in ancient Rome. According to de Jouvenel the Roman philosopher Marcus Tullius Cicero (106–43 BCE) made an important distinction between 'facta: what is accomplished and can be taken as solid' and 'futura: what shall come into being, and is as yet "undone"'. De Jouvenel went on to argue that therefore there can be no science of the future because 'the future is not the realm of the "true or false" but the realm of the "possibles"', or what he called futuribles. While time theorists may critique de Jouvenel's concepts of facta and futura as oversimplification, they were merely starting points to more nuanced concepts in his art of conjecture.

Macrohistorians Johan Galtung and Sohail Inayatullah refer to Chinese philosopher Sīmǎ Qiān (145–90 BCE) as one of the first futurists in that he charted cycles of virtue spread over 30-, 100-, 300-, and 1,000-year time spans. Remarkably, Sīmǎ Qiān and Cicero, although writing just a few years apart, represent the two sides of that worldview shift from cyclical time to linear time.

Only a few signposts can be found in the human journey to understand the future during the so-called Dark and Middle Ages. The first to develop a utopian vision within the relatively nascent linear time concept was Christian theologian and philosopher Augustine of Hippo (354–430 CE), who wrote the *De Civitate Dei* (translated as *City of God*) in 426 CE. Augustine proposed a utopian future society based on love, drawing from the Christian teachings of his times.

Several hundred years passed before the next significant utopian visionary. In the late 12th century, Sicilian abbot and mystic Joachim of Fiore (1135–1202) developed a prophecy of three great ages on earth. He predicted the third age would begin in the year 1260 when the earth would become the scene for spiritual action. Dutch sociologist and politician Fred Polak offered important insights into the contrasting concepts of the future of Augustine and Joachim in *The Image of the Future* (1955). In Polak's view, Augustine's utopia is a platonic ideal that attempts to remake the world by raising it to a heavenly form—to spiritualize the world so that it becomes a City of God.

In Augustine's approach to the future, humans were passive in the face of a transcendent God and powerful Church. By contrast, in Joachim's third age humans are responsible for transforming the earth through their actions. Joachim's approach inspired the brotherhoods of mendicant monks in Europe and led to 'social utopism and utopian socialism'.

Ironically it was in 1260, the year that Joachim proposed for the start of his third age on earth, that English philosopher, monk, and mathematician Roger Bacon (*c.*1220–1292) published *Epistola de Secretis Operibus*. Roger Bacon (unlike Francis Bacon, 400 years later) is often overlooked in the literature and yet he foresaw that scientific knowledge would one day lead to the invention of the motorcar, the helicopter, and the self-propelled ship. I include an extract from Bacon's *Epistola* here cited in Clarke's *The Pattern of Expectation 1644–2001.*

> ... cars can be made so that without animals they will move with unbelievable rapidity ... Also flying machines can be constructed so that a man sits in the midst of the machine revolving some engine by which artificial wings are made to beat the air like a flying bird.

Roger Bacon's scientific writing was rediscovered in the 19th century and is viewed as a forerunner to Francis Bacon's development of experimental method. His *Epistola* however falls more into the category of his alchemical writings than his scientific writings. I see it as a prototype for science fiction.

A century after Roger Bacon, North African Arab historian Ibn Khaldun (1332–1406) published *The Muqaddimah* (1377), which macrohistorians tell us included a cyclical theory of social change tracing patterns of nomadic conquest, consolidation, waste, decadence, and further conquest. Whether the future is a site of progress or decline, or merely repeated cycles, is still topical in the 21st century.

Renaissance futures

The Renaissance represented a revolution in thinking and culture that pointed to a radically different future. It spanned a long period of great artistic and literary creativity in Europe from the late 14th to the 17th centuries. Leonardo da Vinci (1452–1519) was a significant early futures' visionary who, before the end of the 15th century, produced comprehensive drawings and models of flying machines and war machines. Over ten years from 1488 he also developed a comprehensive model of an ideal city as a response to the plague that ravaged Milan. Leonardo's ideal city included infrastructure such as wide roads, fresh air vents in buildings, and underground sanitation systems to prevent the spread of disease, but the grand scale of the design was too large to be built at the time. Da Vinci was a Renaissance futurist whose visions provided prototypes for inventions that were built centuries later.

In parallel with the Renaissance, there was a great era of maritime exploration by the Spanish, Portuguese, British, French, and Dutch. These explorers ventured by sea beyond Europe across the Atlantic, the Indian Ocean, and the Pacific, claiming territory for the kings and queens. French philosopher Edgar Morin refers to this as the beginning of the 'planetary era'. This marked both the beginnings of European colonization of other parts of the world and the beginnings of globalization with the formation of the first multinationals such as the British East India Company and the Dutch East India Company at the beginning of the 1600s.

This spirit of exploration beyond the known world most likely inspired the utopian writers to imagine other lands where life could be improved through a fresh start. The utopias of this period are utopias of another place rather than a future time, which came later. The best-known utopian narrative is Thomas More's *Utopia* (1516). It was a forerunner for socialist visions in which the values of the community were more highly prized than those of the individual in society.

The prophetic writing of Nostradamus' *Les Propheties* (1555) is often left out of histories of the future, perhaps for fear it might bring ridicule to a field that many have tried to establish as a science. In sharp contrast with Nostradamus' imaginative prophecies, Nicolaus Copernicus (1473–1543) published *On the Revolution of the Heavenly Spheres* in 1543, initiating a major shift in thinking from a geocentric to a heliocentric universe, called the Copernican Revolution. Probably anticipating that the Church would view his publication as heretical he waited until just before his death to publish it. His publication is claimed to have started the scientific revolution, through what was called the 'new astronomy'.

In 1589, Spanish theologian Louis de Molina (1535–1600) entered the centuries-old theological debate on free will versus determinism in relation to the future. In his book *Concordia*, Part IV: *On Divine Foreknowledge*, de Molina came up with the notion of 'futura' which suggested that the future was neither fully determined by God nor fully free for humans, but that there were contingent and possible futures for humans that God could know, hypothetically. This debate is too complex to consider in detail, but de Molina did influence later ideas.

A century after More, Italian philosopher and Dominican monk Tommaso Campanella (1568–1639) published *La città del sole* (1602) translated as *The City of the Sun*. The story is told as a dialogue between a Grandmaster of the Knights Hospitallers and a Genoese sea-captain, his guest, who is telling the Grandmaster of the amazing city he has seen on his travels. The story begins with a physical description of a city built on a great hill and divided into seven huge circles. As the description goes on, it becomes more involved in esoteric details, which seem to draw some inspiration from Augustine's *City of God*. The pre-modern mind-set is evident in the last section where the Grandmaster gives an astrologer's view of the coming age.

> Oh, if you knew what our astrologers say of the coming age, and of our age, that has in it more history within 100 years than all the world had in 4,000 years before! of the wonderful inventions of printing and guns, and the use of the magnet, and how it all comes of Mercury, Mars, the Moon, and the Scorpion!

Medieval utopias were often linked to religious values and yet in many cases the Church persecuted the authors for their views. For example, Campanella spent twenty-seven years in prison for his heterodox views, but ironically wrote most of his work there. He fared better than More, who was executed.

The first scientific bid for the future

Throughout the 16th and 17th centuries great upheavals were taking place all over the world: the artistic renewal and inventiveness of the Renaissance; the exploration and colonization by Europeans of other lands; and the transition from the mythical and religious visions to futuristic visions inspired by modern science, heralding a shift in power from church dogma to modern scientific discovery. The scientific revolution and the Age of Enlightenment introduced the first scientific and rational bid for the future.

English scientist Francis Bacon's (1561–1626) *New Atlantis* was published in 1627, the year after his death. Bacon is often called the father of empiricism, because he developed the inductive scientific method. Bacon's vision takes a more scientific approach than earlier futuristic narratives. It marks a transition from the medieval outlook that sought happiness in the ideal, spiritualized visions of Augustine or Campanella to a worldview believing in the possibilities of modern science and human progress. His vision included idealistic views of human qualities and a state-funded research college foreshadowing the Enlightenment, from which sprang modern research universities.

Soon after Bacon's utopia René Descartes published his *Discourse on Method* (1637) in which his famous dictum 'Cogito ergo Sum (I think, therefore I am)' appeared. Descartes's arguments for the mind–body split founded what is known as Cartesian (or French) Rationalism and inspired the French Enlightenment.

The new astronomical writings of Copernicus, Johannes Kepler, and Galileo Galilei inspired the beginnings of futuristic fiction that looked beyond earth to the moon and other planets. English bishop Francis Godwin's fantasy narrative *The Man in the Moone* (published posthumously in 1638) is often considered to be one of the first works of science fiction (see Figure 3). Starting off as something of a terrestrial utopia it develops into a fantasy in which the lead character constructs a flying machine, powered by large wild swans, which are able to carry him to the moon in a matter of twelve days.

In a more pragmatic vein British scientist Robert Boyle wrote twenty-four scientific predictions, known as *Boyle's Wishlist* (1662), most of which have since been invented. In 1697 German philosopher and polymath Gottfried Wilhelm Leibniz published *The Ultimate Origin of Things* in which he put forward an evolutionary treatise that foreshadowed both the evolution of consciousness writings of the German idealists and the biological evolution theories of Darwin.

French author Bernard le Bovier de Fontenelle (1657–1757), following in the footsteps of Godwin, published *Entretiens sur la pluralité des mondes* (1686) on the possibility of life on other planets. It is surprising that he has not been claimed by transhumanists as one of their pioneers. The following year Isaac Newton published his *Principia Mathematica* (1687) marking the birth of modern science.

3. Francis Godwin's *The Man in the Moone* cover image 1768. Illustration of *The Strange Voyage and Adventures of Domingo Gonsales to the World in the Moon.*

This rapid series of developments saw modern science and Enlightenment rationality taking precedence over the rules set forth by the Church and the medieval (or Hermetic) sciences of astrology and alchemy. It was the beginning of the period of the future as determined by the rules of reason and science. The tensions between modern science and the Hermetic sciences are particularly marked in Isaac Newton, who was both the father of modern science and the last great alchemist, and Francis Bacon, both the father of empiricism and leader of the Rosicrucian movement in England.

Enlightenment futures

The 18th century was the period of the European Enlightenment when important writings were published that formed the basis of rational philosophy and theories of knowledge for the coming centuries. A few outstanding contributions had particular impact on humanity's view of the future.

Bertrand de Jouvenel draws our attention to an important contribution to futures thinking made by French mathematician and philosopher Pierre Louis Moreau de Maupertuis, who wrote about 'memory and prevision' in his published *Letters* (1752). De Jouvenal quotes Maupertuis as saying, 'the one is a retracing of the past, the other is an anticipation of the future'. Other notable contributions were the first *Encyclopedia*, coordinated by French philosopher Denis Diderot over twenty years (1751–72), followed by the *Critique of Pure Reason* (1783) by German philosopher Immanuel Kant (1724–1804). Jean-Jacques Rousseau published *The Social Contract* (1762), representing his utopian view of a society in which the common people were fully engaged in creating the rules of society—an early form of participatory democracy. French writer Louis-Sébastien Mercier published his utopian novel *L'An 2440* (1771) in which his world of 'peaceful nations, constitutional monarchs, universal education and technological advances' was an extension of Bacon's *New Atlantis*.

Clarke described Mercier as an optimist who believed that 'the combined logic of humanity and of science would inevitably lead to concord and co-operation throughout the planet'.

Scientific advances led to the launch of the first balloon in Paris in 1783, which precipitated a shift in the futures' psyche of Europe. The Montgolfier balloon event (see Figure 4a) led to a rapid increase in images about the coming advances of technology, especially images of humans taking flight in various forms (see Figure 4b). A flurry of futuristic fiction followed, inspired by this novel scientific invention that at last enabled humans to take mastery of the air: a vision for at least 700 years. In French, the new genre was called 'roman de l'avenir', in English 'the tale of futurity', and in German, 'Zukunftsroman'.

The second half of the 18th century was a time of great political and social upheaval across much of global society. The British Industrial Revolution (*c.*1760) was followed by the American Revolution (1765–83), and subsequently, by the French Revolution (1789–99). Each dramatically influenced the views of the future in their societies and beyond to the wider world.

Important theories arose from the middle of this century that sowed seeds for the two contrasting futures we see today: human-centred futures and technotopian futures. Publications influenced by La Mettrie's mechanistic view of human nature, the theories of human progress of Turgot, de Condorcet, and the German idealists and romantics are discussed in the chapter devoted to that struggle (Chapter 5).

The last decade of the 18th century was known in Germany as the High Romantic period, during which the German idealist and romantic philosophers were very active and inspired by the French Revolution. Goethe published *Wilhelm Meister's Apprenticeship* (1796) founding the genre of the *Bildungsroman* or philosophical evolutionary novel. Schelling published his *System*

4a. Montgolfier balloon, 1783. Illustration of the launch of the first balloon in Paris.

of Transcendental Idealism (1800), which incorporated his views on conscious evolution. These philosophers contributed a great deal to the emerging humanistic ideas of human progress, and cultural and intellectual futures. They are still very influential today in theories about futures of thinking and consciousness.

4b. French fantasy images of flight, 1900. French utopian flying machines of the previous century, exhibited as 'The Dream of Flight' in 2003–4. A wonderful flight of aerial fancy.

However, right at the end of this heady century of great scientific and technological progress, philosophical awakening, post-colonial revolutions, and a great burst of techno-utopian futuristic fiction across Europe, the first cracks in the dream of endless progress began to appear. Clarke describes the highs and lows of utopias and dystopias very eloquently in the following words.

> The tale of the future tends to be a literature of extremes... by tracing the curves of hope and fear to their logical conclusions in visions of social perfection, or in forecasts of terrible wars, or in extravagant fantasies of human power.

The dark side of progress

On the verge of the spread of the Industrial Revolution across continental Europe a publication appeared in London called *An Essay on the Principle of Population as it affects the Future Improvement of Society* (1798). It was first published anonymously but the author was soon identified as English cleric Thomas Malthus. Malthus critically questioned the optimistic utopian views of Godwin, Mercier, and de Condorcet, and the theories of progress of Turgot. Malthus was a philosophical dystopian in that he argued that so-called infinite progress and prosperity brings with it serious problems. His theory proposed that exponential population growth would lead to a dystopian future of overpopulation stripped of the resources required for human survival. Malthus became an inspiration for pessimistic groups that later became known as Malthusians.

In combination with the Industrial Revolution taking hold in Europe, Malthusian theories seemed to precipitate a surge of anxiety about the future of humanity. There was a dramatic swing in the emphasis of futuristic fiction from techno-optimism, to questions and fears about the very survival of the human race.

In the first three decades of the 19th century a new genre of apocalyptic fiction and art emerged, with the theme of the *Last Man*. English researcher Catherine Redford tells us that the first was *Le Dernier Homme* (1805) by Jean-Baptiste Cousin de Grainville. While Lord Byron and Thomas Campbell also wrote on the theme, the best known is Mary Wollstonecraft Shelley's *The Last Man* (1826). Paradoxically, just prior to the surge in last man narratives, French writer Nicolas Restif de la Bretonne published *Les Posthumes* (1802), which introduced the notion of Superman for the first time in fiction.

By the mid-19th century with the deaths of key German romantic philosophers, the romantic thread of literature in France, Germany, and England gave way to more pragmatic approaches to the future. During the 1830s to 1860s Auguste Comte, founder of sociology, developed his theories of social evolution and positivism. Wendell Bell suggests that Comte's discussion of the metapatterns of social change presages futures studies as a scholarly discipline.

Karl Marx and Friedrich Engels published *The Communist Manifesto* (1848), a political pamphlet idealizing a communist society beyond class struggle. Marx had a paradoxical and controversial take on the future in that he condemned utopians and denied his own utopian intentions. Yet, as Bell points out, his '*Manifesto* is regarded by many as one of the most influential utopian visions in human history'.

Darwin published *The Origin of Species* (1859) on his biological evolution theory. Herbert Spencer's social engineering theories in the 1870s were influenced by Comte's social evolution theories, Marxian socio-economic ideology, and Darwinian evolution. Comte and Spencer's social engineering, applying biological concepts of natural selection and survival of the fittest to sociology and politics, was gaining popularity in Europe and the USA.

Science fiction and early forecasting

By the late 19th century belief in universal human progress was reaffirmed. Spurred on by the theories of evolution, the triumph of scientific invention, and the celebration of materialism, the idea of endless change was gaining psychosocial acceptance in society. Cornucopianism emerged in response to Malthus taking its name from the cornucopia, or *horn of plenty*, a symbol of abundance and overflowing riches. Cornucopianism is unbridled optimism about the future and confidence that technology will meet all the demands of society. Lindsay Grant tells us that Cornucopians argued either that population growth is good because it will solve itself or that shortages can be made good by technology. Their theory was that the population predictions of Malthus did not adequately take into account the potential for exponential growth in scientific inventions to overcome the problems.

These philosophical ideas were being integrated into the new forms of science fiction, which began to include both utopian and dystopian narratives. The new genre, which became the dominant mode of future narrative for the next few decades, was science fiction. Some outstanding contributions were published in the 1870s, including Jules Verne's ecological utopia *Twenty Thousand Leagues under the Sea* (1870); George Tomkyns Chesney's dystopian science fiction novel *Battle of Dorking* (1871); Edward Bulwer-Lytton's *Vril: The Power of the Coming Race*. Each of these has been credited with contributing to the birth of the science fiction genre.

A few years later Edward Bellamy (1850–98) published *Looking Backwards* (1888), a visionary socialist novel; William Morris published *News from Nowhere*, in part a response to Bellamy's brand of utopian socialism. Morris was more focused on changing the quality of work to make it more useful, creative, and artistic than quantitatively reducing the number of hours of labour.

Before the end of the century H. G. Wells had published *The Time Machine*. Within a decade, Wells established himself as a significant writer of 'true science fiction', in that his writing was based on sound scientific knowledge. In addition to science fiction, more serious notions on the reorganization of society were arising, precipitating the beginnings of more formal kinds of forecasting. Wells was in the forefront of it. He launched modern social and technological forecasting which took another fifty years to become fully established.

Building on the embeddedness of futuristic fiction within the human psyche for at least a century, inspired by technological and scientific progress, and still wedded to the theories of progress, a new kind of forecasting was beginning to emerge. For twenty-five years, from 1890 right up until the declaration of war in 1914, forecasts about all manner of subjects appeared in newspapers and magazines. Dozens of books were published in Europe and the USA, most of which were full of techno-optimism. In the early 20th century pioneering, futures-oriented, education approaches were developed by Maria Montessori and Rudolf Steiner in Europe, and John Dewey in the USA to name just a few. Radically new scientific and philosophical ideas also appeared. Leading physicists such as Albert Einstein and Max Planck, and philosophers such as Alfred North Whitehead and Henri Bergson, turned the concept of linear time on its head. Their new theories of relativity, quantum mechanics, process philosophy, and multiplicity of time offer more of a sense of time freedom, which can empower us to choose our own time and our own futures.

The social Darwinism of Comte and Spencer came under attack from social scientists after they were used to rationalize many racist and ethnocentric social abuses—including slavery, colonialism, ethnocide, and the horrors of totalitarian eugenics. Early 20th-century cultural anthropologists developed powerful critiques of these models. Their critiques included claims that social engineering ideologies are ethnocentric, unilineal, and privileging progress rather than preservation.

Suddenly after the outbreak of war an explicitly dystopian turn broke through. A new generation of futurists appeared who rejected the techno-optimism of the 19th century, and began to seriously question the progress narrative. The rose-coloured utopian glasses turned to black and the genre of the dystopian novel was born, warning about the dangers that confront technological civilizations, and full of fear that humans will invent and use weapons to wipe out the human race. John Stuart Mill (1806–73) coined the word *dystopia* in the British Parliament in 1868, but the dystopian literary genre proper did not begin until the 20th century.

Gregory Claeys opens his chapter on the origins of dystopia in the *Cambridge Companion to Utopian Literature* with the subtitle 'malice in wonderland' presaging his discussion of the dystopian turn from the late 19th to mid-20th century. He claims that dystopia became the predominant expression of the utopian ideal, and he linked this to the failures of totalitarian regimes. The era of the dystopian novel encompassed visionary narratives of so-called utopias that turned into dystopias through their obsession with control. The fiction of the post-First World War period was decidedly dystopian, presenting fears and anxieties that a further great crisis was looming. Like the Last Man genre a century earlier, it reawakened fears that the final catastrophe was on its way. Notable dystopian novels of that period included Cicely Hamilton's *Lest ye Die* (1928), Aldous Huxley's *Brave New World* (1932), and H. G. Wells's *The Fate of Homo Sapiens* (1939).

After the First World War the future also became a subject of growing interest to a wider range of professions. From 1923 for almost a decade, British publishers Kegan Paul, Trench, Trubner & Co. commissioned an innovative series of small books called the *To-day and To-morrow* series. Over 100 of these concise monographs were published to describe the current status of science, technology, and/or society. Their intention was to forecast a *mostly* progressive long-range future view of the next century or so. Because this series emerged after the optimistic pre-war era, it reflected the post-war age of future anxiety. Some of the monographs expressed the controversies associated with this biological, technological, and sociological anxiety. The authors included a full spectrum of scientists, philosophers, and poets, as well as novelists, sociologists, and theologians, many of whom became well known in their own right. The first in the series was *Daedalus, or, Science and the Future* (1923) by British scientist J. B. S. Haldane. It is referred to by transhumanists as a seminal text.

War planning or peace creating?

In response to the First World War US President Herbert Hoover created a Research Committee on Social Trends in 1929, headed by William F. Ogburn. Using past statistics to chart trends and extrapolate to the future, Ogburn pioneered technology assessment, producing the first report *Recent Social Trends in the United States.* In 1928, one year prior to Hoover's initiative, the USSR began its five-year economic plans (Gosplan), which continued until the collapse of the Soviet Union in 1991. In 1933 Hitler initiated the first four-year plan for Nazi Germany, followed by the Goering Plan including control over wages, production, and working conditions.

Planning had entered the global geo-political psyche followed by the quest to find more complex ways to predict or understand the future. By 1939 when the Second World War broke out, heads of state all over the globe were making plans. After the war, national planning blossomed everywhere. Capitalists and communists alike introduced forecasting work, mostly the predictive variety, into their planning and decision-making processes, which were tightly linked with the war efforts.

Throughout the 1930s until the outbreak of the Second World War most forecasts spelled destruction and devastation in line with the themes of the dystopian novels. The simple and unidimensional notions of utopian societies came under attack in the aftermath of the Second World War during which the dangers inherent in the ideological utopianism of a Hitler became all too evident. Simple dystopian figures such as medieval dragons were replaced by more complex dystopian metaphors. These were found in the science fiction of George Orwell's *1984* (1949), Isaac Asimov's *I, Robot* (1950) series of short stories, and Ray Bradbury's *Fahrenheit 451* (1953).

The next three decades (1940s to 1960s) saw the future becoming the focus of increased state planning efforts related to military-industrial interests. Building on President Hoover's planning efforts, the RAND Corporation was founded in 1945 as a leading think-tank to assist with US war efforts. RAND produced reports on the future of military technology, strategy, operations, and the containment of communism. Financed by the US Air Force it was the foremost organization focused on developing prediction and forecasting methods for military and industrial goals. Paradoxically, the dominance of the military emphasis inadvertently provoked a counter-movement that led to the rise of alternatives focused on peace research.

Chapter 2
The future multiplied

The urge to predict the future

Some who know my work in futures studies may wonder at the singular word 'future' in the title rather than the plural form of 'futures'. Because of my enduring interest in encouraging diverse cultural groups, including young people, to envisage and create their preferred alternative futures, it was initially a challenge for me to accept the publisher's suggestion to use the singular form: future. On reflection, I took the challenge as it enables me to clarify how the concept of a singular future is inherently power-laden. It also encourages me to articulate the emergence of the concept of multiple futures in the 1960s and to explain why pluralism is important for the democratization of the future.

While in everyday language we may speak of the future as if it were singular, this has both conceptual and political implications. The pluralization of the future opens it up for envisioning and creating alternative futures to the status quo. It creates the conceptual space for an exploration of how the theory and practice of futures studies plays out in different geographical regions today and how the field is diversely represented by scholars, practitioners, and researchers, globally.

Historian Jenny Andersson places the quest to domesticate the future, and bring it under control through a general theory of prediction, within the early Cold War period and up to the 1950s and 1960s. She refers to the RAND Corporation's specialization in trying to perfect the science of prediction through developing 'a diverse range of predictive techniques, mainly based on mathematical methods and relying on the newly acquired computer power'. In the introduction to her 2015 book with Egle Rindzeviciute, *Midwives of the Future*, Andersson describes this as follows:

> RAND built an epistemic Cold War arsenal: these techniques were used to know an enemy whose future behaviour was to be revealed through forms of virtual experimentation and 'synthetic fact' in the absence of conventional knowledge.

German-American philosopher and mathematician Nicholas Rescher, who himself worked with RAND in the 1950s, published *Predicting the Future* in 1998. Rescher opened his book with the claim that 'prediction is our only cognitive pathway into the future' suggesting that the quest to predict the future was alive and well almost a decade after the Cold War ended. He describes the book as an attempt to develop a general theory of prediction, which he paraphrases as a theory of forecasting. Rescher clearly regards the terms prediction and forecasting to be synonymous, although some futurists would distinguish between them. Jorgen Randers, co-author of *Limits to Growth* with Dennis and Donella Meadows, avoids the word prediction in his recent book *A Global Forecast for the Next 40 Years: 2052*, referring to a forecast as 'an educated guess'.

Future prediction and scientific positivism

Early future research, particularly in the USA, was influenced by the scientific theory of positivism, and relied heavily on empirical methods, based on classical Newtonian physics, with its mechanistic—and thus predictable—view of human nature. Wendell Bell captures a central principle of positivism as 'the belief that science involves the idea of the unity of science, that there is, underlying the various scientific disciplines, basically one science about one real world'.

The idea of 'the one predictable future' is tied to this central tenet of scientific positivism. Another key feature of positivism is that its claims are testable and verifiable through empirical observation of reality. Empiricism is the primary method of positivism and the terms are sometimes used interchangeably. Because empiricism was regarded as the only proper way to study and know about the world in the early 20th century it is understandable that the early futurists used empirical methods to 'predict the future'. They were trying to establish the study of the future as science.

German physicist, economist, and sociologist Rolf Kreibich co-founded the Institute for Futures Studies and Technology Assessment (IZT) in Berlin with Flechtheim, and led it from 1981 to 2012. Kreibich describes the singular future approach in *All Tomorrow's Crises* as follows:

> Conceptions of the future increasingly focused on one single path, that of the scientific-technological-industrial expansion of all aspects of life. This tunnel vision of a future determined by science and technology affected agriculture, home economics, the production of goods and services, domestic security, military technology, consumption patterns, the health care system, and even leisure and culture.

The predictive-empirical approach to studying the future originated with the Research Committee on Social Trends in the USA led by Ogburn. Forecasters such as Kahn, Gordon, Helmer, and others from the RAND Corporation and the Institute for the Future extended the methods used. Futurists in the USA and

USSR prior to the 1960s and throughout the Cold War continued to develop predictive methodologies using mathematics, modelling, simulation, and gaming. Both the Americans and the Soviets used what Andersson and Rindzeviciute call the RANDian techniques 'to make the Cold War more foreseeable and therefore manageable from both sides'.

Masini refers to this group of futurists as being 'technologically-oriented [in that they] pursue futures studies based on technological processes'. Peter Moll refers to this as the conformist, extrapolative approach, which 'emphasises prognosis, planning, technological and economic forecasting'. Slaughter uses the term 'empirical/analytic' for this approach.

One of the strengths of the predictive-empirical approach is its perceived objectivity and values neutrality. Its weaknesses include narrowness in focus and lack of contextual awareness. It also implies that trends are inevitable and this can be disempowering if the trends are negative.

In *L'Art de la conjecture* (1964) (translated as *The Art of Conjecture*, 1967) de Jouvenel distinguished between what he called 'historical prediction' and 'scientific prediction'. Scientific prediction for de Jouvenel is the core business of the methods appropriate to the physical sciences: 'the progress of science and technology thus amounts to a building up of our corpus of predictions'. The systematic practice of repeating laboratory experiments and controlling variables is to establish the proofs of our hypotheses and the predictability of our theories.

De Jouvenel went on to expand on the uncertainties even within scientific prediction, claiming that even when it comes to predicting the weather, we are at a loss to make safe predictions more than about one day out. While it is fair to say that meteorological prediction has improved since the 1960s, it is also true that in the 21st century hurricanes, tsunamis, and flash floods can still catch us unprepared. When it comes to long-term climate change we know a lot about the past. Based on this we can extrapolate with reasonable confidence that continued increases in carbon emissions will increase global warming and contribute to massive climate crisis. We can also estimate the kinds of damage this might do to the environment, particularly in relation to the damage to coastal environments from rising sea levels. However, we cannot predict with certainty whether the changing climate will increase or decrease rain or drought in particular areas. Although climate change is amenable to scientific study, the complexity of it makes it impossible to predict in detail. In the absence of clear prediction, and because of the enormity of the potential harm that can be caused by unmitigated climate crisis, we need to employ the precautionary principle. The precautionary principle is defined by the European Union as follows:

> When human activities may lead to morally unacceptable harm that is scientifically plausible but uncertain, actions shall be taken to avoid or diminish that harm.

De Jouvenel contrasts his scientific prediction with his historical prediction in relation to human behaviour. With respect to future events involving the complexity of human beings, he claims we have about as much chance of success using the methods of scientific prediction as we might have with ancient methods of divination. This is because of both the complexity of humans and their socio-cultural contexts and the additional uncertainty introduced by the changes of historicity. De Jouvenel challenges Comte's 19th-century claim that political science is a special kind of 'social physics' and can therefore be predicted. In de Jouvenel's view Comte was 'confusing scientific prediction and historical prediction—two very different things'.

Rescher, writing at the time of the translation into English of de Jouvenel's book, provides a useful description of predictive methodologies used in empirical futures research in *The Future as an Object of Research* (1967). After his qualifier that there is good reason for the 1960s rejection of the scientific methods of prediction, particularly with respect to social science, Rescher lists three predictive instruments in use at the time. The first two resemble de Jouvenel's two approaches.

> Basically three items of predictive methodology are at our disposal: the extrapolation of historical experience, the utilization of analytical models, and the use of experts as forecasters.

Rescher expands briefly on the method of projection into the future of current trends and tendencies developed by Ogburn in the 1930s, claiming that everyone is well aware of both its usefulness and its drastic limitations. He argues that, in the light of rapid scientific and technological change and its social impact (this was the 1960s), the method of historical extrapolation is ineffective. This resembles de Jouvenel's historical prediction. Secondly, Rescher dismisses analytical prediction (resembling de Jouvenel's scientific prediction)—at least for complex social systems. While acknowledging that the analytical model of prediction works well for astronomy, meteorology, and even economics, Rescher is far more sceptical when it comes to 'the processes of scientific innovation, technological invention and diffusion, and the unfolding of patterns of social change'. So far the two are in agreement.

Rescher, however, proposed a third predictive method, 'the systematic (and preferably structured) utilisation of expert opinion and speculation'. He views it as being the most suitable and successful way of forecasting in the technological, scientific, and social domains. Rescher along with Olaf Helmer and Norman Dalkey invented the Delphi method of forecasting. The Delphi is the method of choice for the global projects of the Millennium Project. Jerome Glenn, Theodore Gordon, and others publish their findings annually as *The State of the Future*.

The predictive approach tries to arrive at the one and only future that empirical trends suggest, and is referred to as the probable future, in which 'trend is destiny'. The empirical-predictive approach still dominates the futures literature base, and the popular media view. The founding of the World Future Society in the USA in 1966 supported the establishment of predictive methods for broader, non-military purposes and also helped to popularize studying the future.

The urge to colonize, control, and domesticate the future through prediction and forecasting has not disappeared. It is still a powerful mode of trying to come to terms with uncertainty. Those working to develop more accurate means of prediction are attached to the idea that the future is singular and can be known scientifically, if only we can find methods that are robust enough. More novel ways to cheat future uncertainty appear in Philip Tetlock and Dan Gardner's 2015 book *Superforecasting: The Art and Science of Prediction*. The authors identify several apparently ordinary people that they call superforecasters. They discovered, through a crowd-sourced forecasting tournament process, that their superforecasters had much better success than average in the tournaments. Tetlock and Gardner admit that there is some luck involved in their approach, which, in the end, relies on probability.

Prediction, forecasting, and even superforecasting rely on there being a single future out there waiting to be predicted. Ironically, Rescher's well-argued thesis strengthens the case that, when it comes to the complexity of human affairs, our future is substantially intractable. He claims that we are effectively impotent in matters of shaping the future, because of the future's 'imperviousness to our control'.

The question we are left with here is this: 'If our lack of ability to *control the future* makes us impotent with respect to it, as Rescher claims, are there other options for us if we stop trying to control the future?' (See Box 1.)

Box 1 Arthur C. Clarke's Three Laws of Prediction

On a slightly lighter note, science fiction writer Arthur C. Clarke formulated three 'laws' of prediction:

Clarke's 1st Law: When a distinguished but elderly scientist states that something is possible, he is almost certainly right; when he states something is impossible, he is very probably wrong.

Clarke's 2nd Law: The only way of discovering the limits of the possible is to venture a little way past them into the impossible.

Clarke's 3rd Law: Any sufficiently advanced technology is indistinguishable from magic.

The crack in the future egg

What if there is not *one future* that can be colonized and controlled, but *many possible futures* that we can imagine, design, and create collaboratively? In the wake of two world wars and the Great Depression individuals committed to democratic, global futures sowed seeds for the pluralistic futures studies field. From the 1950s pioneers from systems science, sociology, peace research, journalism, theology, and media navigated futures studies away from the military-industrial complex towards more humanistic, peaceful, and egalitarian approaches.

Several significant developments occurred in quick succession. In 1954, Ludwig von Bertalanffy, Kenneth Boulding, and others founded The Society for General Systems Research at Stanford University and Robert Jungk published *Tomorrow is already Here*, a powerful critique of the US approach to what he called the colonization of the future. Polak published *The Image of the Future* (1955), which is viewed as a foundational text on imagining alternative futures, even today. Berger founded the Centre International de Prospective (1957) beginning the French activist approach to futures. Norwegian peace researcher Johan Galtung founded the Peace Research Institute (1959) in Oslo. French palaeontologist and theologian Pierre Teilhard de Chardin published *The Future of Man* (1959), an important text in the evolution of consciousness literature. Bertrand de Jouvenel and his wife Hélène founded the Association Internationale de Futuribles (1960) in Paris.

These individuals and the organizations they founded were philosophically and practically engaged in developing theories and methods of futures studies that were human-centred and differed dramatically from the state planning and RANDian predictive approaches with their primary emphasis on war scenarios.

Andersson claims in *The Great Future Debate* (2012) that by the end of the 1960s there were two movements of futures ideas competing for the future of the world itself. The empirical science of predicting (or forecasting) the future, supported by the military effort, was still dominant in North America. The more critical and sociological approach, emerging in Europe and elsewhere, was committed to making the powerful concepts and methods of futures thinking widely accessible.

Pluralism in the social sciences

Wendell Bell contrasts the positivist idea of one science to study one real world with the belief of post-positivists that 'science does not constitute a unity... Rather, science is viewed as being composed of many different "knowledges" each relative to a particular topic and community of scientists.' This idea of multiple knowledges is central to the shift in social science thinking to a pluralistic worldview.

Critiques of positivism and empiricism came from scientists, and social scientists, such as Thomas Kuhn, Karl Popper, Jürgen Habermas, and critical theorists of the Frankfurt School to name a few. By the end of the 1960s many theorists no longer considered positivism to be a plausible theory of knowledge, particularly in the social sciences. A central feature of post-positivism, broadly defined, is pluralism.

When futures studies was emerging as an academic field major changes were taking place in the way scientific research was conceived and practised. This shift within science paved the way for pluralism across the social sciences. Social scientists developed and worked with a diverse range of qualitative methods, better suited to social science research than quantitative methods.

German philosopher Habermas made important contributions to post-positivist methods. He distinguished three philosophical research interests: technical interests (through positivist methods for obtaining instrumental knowledge); practical interests (through interpretive/hermeneutic methods for obtaining practical knowledge); and emancipatory interests (through critical methods for obtaining emancipatory knowledge). Future prediction is aligned to Habermas's technical interests.

The shift to multiple futures

The 1960s and early 1970s were exciting and prolific times globally for new ideas, radical scholar activism, and hope in transformational ideas and process.

The leading edge of science had moved on from the closed-system mechanical worldview where everything is predictable, to embrace the quantum and organic worlds of open possibilities, chaos and complexity, and self-adaptive organization.

Likewise the cutting edge of futures thinking in Europe was running parallel with the shift from positivistic science to the new pluralism of the social sciences thus challenging the predictive approach. The first step was to shift from the idea of a single future to multiple possible futures.

By the late 1960s futurists held the first world conferences on futures studies. The new pluralistic philosophy was emerging largely in Europe. The pioneers of this movement focused their research efforts on 'such enemies as urban sprawl, hunger, lack of education and growing alienation'. These were the goals of the First International Future Research Conference: Mankind 2000 (Oslo, 1967) initiated by Jungk, Galtung, James Wellesley-Wesley (1926–2007), and others. As Jungk stated in the published proceedings, *Mankind 2000* (Jungk's italics):

> It is in the power of the rich nations not only to search and research, but also to define and redefine the future and to propagate their images along the lines of world communication already so biased in their favour. And this is *power*: he who has insight into the future also controls some of the present.

German historian of the future Elke Seefried explores the late 1960s shift to reconceptualize the future in plural terms in her article *Steering the Future* (2014). Her evidence comes from two documents. The first was written in 1967 by Helmer of the RAND Corporation, in which Helmer refers to 'a multitude of possible futures'. The second is the first information brochure of the Berlin Centre for Futures Research (Zentrum Berlin für Zukunftsforschung), founded in 1968, which stated: 'One begins to realise that there is a wealth of possible futures and that these possibilities can be shaped in different ways.' Seefried notes that this shift from singular to plural futures arose through what she calls 'circulating knowledge' but does not explain how this came about. Moreover, she concludes that: 'the new meta-discipline of futures research was built on the assumption that a multitude of possible futures existed, which could be estimated, forecast and manipulated.' With this conclusion, Seefried uncritically adopts Helmer's predictive-empirical view.

I want to build on Seefried's research by exploring how the circulating knowledge occurred and demonstrate that there are several approaches to multiple futures, which do not require that they be 'estimated, forecast and manipulated'.

De Jouvenel introduced the idea of plural futures with his term futuribles in 1960. He stated that: 'Futuribles…means possible futures, with an emphasis on the plural.' Jungk highlighted the fact that de Jouvenel's pioneering and creative work played a crucial role in the circulating knowledge referred to by Seefried. In his preface to the book *Mankind 2000*, proceedings from the First International Futures Conference, Oslo, 1967, Jungk made three statements that when taken together establish the Mankind 2000 Conference as a key to the pluralization of futures.

First, Jungk quoted Helmer, a Mankind 2000 participant, who reported the conference as a sign of the emergence of 'a new breed of modern-day constructive utopians, who will invent not only better futures, but the social instrumentalities of attaining them'. Secondly, Jungk makes the point that 'In the Federal Republic of Germany, where futures research had not yet existed, participants of the First International Future Research Conference [Mankind 2000] founded the…Zentrum Berlin für Zukunftsfragen.' Thirdly, Jungk referred to the founding of new journals in Europe that 'will group around the oldest and most important publication of this kind ("Analyse et Prevision") founded and headed by Bertrand de Jouvenel' whom Jungk goes on to call the dean of the futurist movement in Europe.

Finally, I discovered in a 1976 *Futuribles* article on the Futures Centre in Berlin (Zentrum Berlin für Zukunftsforschung, ZBZ) that Jungk himself was a founder of the Centre in 1968, after returning from the Conference in Oslo, having met and discussed ideas with Helmer, de Jouvenel, and other participants. Without a doubt, the Oslo meeting played a vital role in Seefried's 'circulating knowledge'.

In summary, Mankind 2000 and subsequent events that spun from it marked the birth of the post-positivist turn in futures studies: the how, when, and why 'the future' became 'a multitude of futures'. This was also the moment when Jungk, Galtung, and others initiated the discussion about creating 'a world federation' for futures studies leading to the founding of the World Futures Studies Federation (WFSF) in 1973. De Jouvenel was the Founding President of the World Futures Studies Federation (1973–4) and Galtung was its second President (1974–7). The idea of multiple possible futures evolved as futurists developed more nuanced perspectives.

Democratizing futures in civil society

Post-war historians of the future are inclined to view the forty-five-year period between the end of the Second World War and the end of the Cold War as being the most interesting and worthy of research. Seefried notes the loss of confidence in systems analysis and large-scale modelling projects from the 1970s, along with what she calls the greening of futures research after the landmark Club of Rome report *Limits to Growth* (1972). This greening involved 'an orientation towards ecology and human beings, their needs and values, rejecting a "cool" techno-scientific and "material"-based understanding of progress'.

Korean sociologist Hyeonju Son's history of Western futures studies from the 1990s seems more American- than European-influenced. He refers to the 'neoliberal view and a fragmentation of the futures field that began in the 1990s with the end of the Cold War'. Although Son acknowledges the rise of critical futures studies and small local participatory projects, he concludes that futures studies has been overcome by the neoliberal project, and dominated by a foresight approach beholden to the economic imperative. Son claims:

> The practical utility of foresight tends to marginalize futures studies in relation to the moral commitment confronting humankind, a vision of a humane future, and the future of others.

Andersson brushes off the 1990s and 2000s as being a period when futures studies became a consultancy-based practice, claiming that 'professionalisation and organisation was, in the end, more important than epistemological shape'. Andersson refers to the history of futures studies as being uncharted territory but numerous histories of futures studies have been overlooked. While Seefried describes the demise of government forecasting, and Andersson and Son bemoan the growth of neoliberal, consultancy-based foresight practice, they are all looking in a narrowly Anglo-European direction. What is missing from these histories is the rise of futures studies in global civil society and the realization that its centre of gravity had shifted.

The USA led the development of the predictive approach in the 1950s and 1960s, with Europe taking its pluralistic stand in the 1960s and 1970s. Bell claims that by the 1970s it was 'a social movement [that] encouraged the self-identification of participants as futurists'. Futurists were disseminating and exchanging new ideas, concepts, and methods through the 1980s' geographic diversification.

In Mexico, the Fundación Javier Barros Sierra was founded in 1975 as an organization exclusively devoted to futures studies. Futures conferences, courses, and projects were emerging in hot spots around the globe. For the next thirty years WFSF, often with the support of UNESCO, held conferences in such diverse places as Paris (1974), Berlin (1975), Dubrovnik (1976), Warsaw (1977), Cairo (1978), Stockholm (1982), San José, Costa Rica (1984), Honolulu (1986), Beijing (1988), Barcelona (1991), Turku (1993), Nairobi (1995), Brisbane (1997), Philippines (1999), Brasov (2001), Kure, Japan (2002), and Budapest (2005). As well as world conferences, WFSF held regional meetings and introductory futures courses in dozens of countries, including Indonesia, Mexico, the Netherlands, Switzerland, Bulgaria, Russia, Iceland, France, former Yugoslavia, Italy, Thailand, and Malaysia.

The move of the WFSF Secretariat to Australia in 1993 was an indicator of what Wendy Schultz calls the Pacific Shift. Schultz also points to new futures programmes and journals and 'the explosive growth of interest in futures practice in Singapore and South Korea, in India and Thailand and Pakistan' as indicators of geographic and cultural diversification beyond the USA and Europe.

> The Pacific Shift is not only a shift towards deeper understanding of the hidden social and cultural determinants of our futures, but also a shift from the formalization of futures thinking in Europe and the USA to vibrant communities of futures practice throughout the Pacific Basin and Asia.

Continuing this commitment to diversity, WFSF partnered with the UNESCO Participation Program (2012–15) to run introductory futures programmes and workshops for disenfranchised women and young people in such diverse locations as Cairo, Penang, DR Congo, Mexico City, Haiti, and the Philippines. These programmes continue the democratic and human-centred futures tradition initiated by the Mankind 2000 founders, thus consolidating the establishment of plural futures.

From personal to global futures

When researchers or practitioners work with future images with their client groups it is important that they specify a spatial range. The range of potential spheres of interest can include personal, local, regional, national, or global/planetary futures. Personal futures work is an approach developed by North American futurist Verne Wheelwright. He describes personal futures as involving explorations of the future of one individual, and the futures that directly involve that individual and their family. Wheelwright's approach consists of building a framework of information about a person's life; exploring their plausible futures with scenarios; developing a vision of their future and strategies to achieve their vision with action plans. At the end of this process, the individual should have an overview and a vision of their life, specific plans for the next stage of life, and contingency plans to deal with changes.

Some futurists work within the scope of their local community or neighbourhood, engaging members of a school, a business, or a local council in visioning and scenario building for their locality. A good example of this work is Merrill Findlay's workshop Imagine the Future Inc., which was operating in inner suburban Melbourne in the late 1980s. Others work more from a national or regional perspective. Finland is an example of a strongly futures-oriented nation. The Finland Futures Research Centre is a university-based research institute offering Masters and Ph.D.s; the Finnish Society for Futures Studies is an association of most of the higher education institutions in Finland. There is also a Parliamentary Committee on Futures Studies within the Finnish government. In France this is called territorial futures. Extending beyond the nation-state, some futures research links with regional planning and urban studies. The WFSF Ibero-American Chapter is very active in the Latin American region. Other groups are active in Europe, South-East Asia, and so on.

The democratization of social participation through the Internet and mobile devices has created new concepts of space. These emerging future spaces include 'g/localization', which is adaptation of a product or service specifically to each locality, and 'glonacal', an integration of global, national, and local space. Language-based groups of futurists publish in their own language, the most prolific being Spanish, French, German, Hungarian, Finnish, Arabic, and Farsi. As the planet grows smaller, more futurists are taking a global, or planetary, perspective.

Multiple futures methods

There are a few simple techniques to open up thinking into the future space. These can be compared with ice-breakers in other settings. These introductory techniques are simple to use, have a relatively limited focus, are predominantly task oriented, and are not restricted to a futures orientation. They include futures time-lines, mind maps, futures wheels (a variant of mind maps), and flow-scapes.

Slaughter developed a four-step methodological approach to use in strategic foresight applications. Joseph Voros adapted this and I call it the Swinburne approach as it was developed in parallel with the Masters of Strategic Foresight course at Swinburne University in Australia, founded by Slaughter in 2000. The four steps include many of the futures methods that can be found in other collections. Useful features of this approach are that there is choice and flexibility within each major step and that the methods are integrated into a process that foresight practitioners can use in the context of a generic foresight application (see Figure 5).

Input methods are essentially about gathering information. This can be achieved through workshops, online questionnaires, and organizational interviews. Typical methods for obtaining information prior to analysis or strategy development are

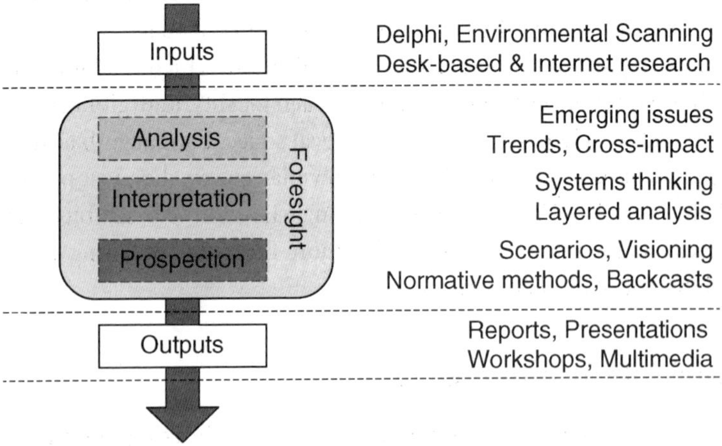

5. Futures methods as part of Generic Foresight Process.

environmental or horizon scanning, the futurescan method, the Delphi method, surveys, and technology assessment.

Analytic methods are primarily concerned with meaning-making. One of the characteristics of analysis from a futures lens is that it provides new perspectives on received wisdom by unpacking the present view of things. Analytic methods can include emerging issues analysis, trend analysis and extrapolation, cross-impact analysis, pattern recognition, discourse and text analysis, and dialogue.

Slaughter's third cluster is paradigmatic methods, which Voros calls interpretive or depth methods. Through interpretive methods we gain deeper insights into the information that has already been gathered and analysed. Interpretive methods that arise from futures research include Galtung's macrohistory and Inayatullah's causal layered analysis. Beyond futures studies we find systems thinking, hermeneutics, and mixed methods such as bricolage, which can all be used to deepen futures understanding. Wilber's integral methodological approach (integral operating system) is used in the integral futures approach. Ethnography, media critique, and study of cultural artefacts can also be incorporated into futures work.

The fourth cluster of iterative and exploratory methods is, according to Voros, aligned to prospective methods that seek to produce future images. Masini's utopian/visionary perspective aspires to 'transform the present by a *vision* of the future'. Some obvious exploratory/prospective methods include visioning (both individual and collaborative), imagination and creativity, scenario planning, and backcasting, which is reverse planning from the future vision back to the present. Prospective methods include an activism component, like Boulding's 'vision-action nexis'. In this light I include three futures methods that are often overlooked: action research, action learning, and participatory futures workshops.

Before leaving the methods discussion I want to mention the notions of wild cards and black swans that grew out of the upheavals that chaos and complexity theories introduced into prediction and forecasting. 'Wild cards' and 'black swans' are two different terms that futurists use to characterize unexpected future events that are highly improbable but would have significant effects were they to occur.

Chapter 3
The evolving scholarship of futures studies

Advancing futures scholarship

The way that the scholarship of futures studies has evolved is entwined with the history of ideas in the second half of the 20th century. Many futurists over the years came to the realization that attempting to predict the future, based on scientific positivism, was not the most productive way to approach futures studies in our complex world. Dator put it like this:

> Like many early futurists, I started out with a rather 'scientific' and 'positivistic' perspective, assuming that there was one, true future 'out there' that proper use of good data and scientifically-based models would allow me to predict. I was soon disabused of that notion for many reasons.

Galtung was one of the first to write about different kinds of futures that he referred to in 1982 as the 'probable future', relating to trend extrapolation, often bringing up fears, despair, and pessimism; 'possible futures' relating to imagination and the creation of interpretive, alternative visions including science fiction; and 'preferred futures' that relate to and include critical and normative values. Swedish futurist Åke Bjerstedt identified a fourth approach called 'prospective futures' (1982), a capacity relating to readiness to act, in spite of feared images of the probable future. Bjerstedt was most likely familiar with the French prospective approach of Berger, de Jouvenel, and others. Several futurists have developed typologies of three or four different futures approaches including Bell, Masini, Inayatullah, and Slaughter.

To my knowledge no one else has developed a systematic futures framework that integrates the philosophical foundations of social science of Habermas, with the notions of probable, possible, preferred, and prospective futures. I have integrated these diverse perspectives with more recent developments into a typology of five futures approaches. I began to develop this typology in the mid-1990s and have continued to refine and evolve it since (see Table 1). My typology begins with a single bifurcation between positivist and post-positivist, the latter expanding into a fan of alternative approaches (see Figure 6).

These approaches are not mutually exclusive, but are all suitable pathways to futures research depending on the context. Nor should this conceptualization imply a linear developmental model. Each approach represents a different underlying philosophy or theory, which parallels similar developments in other fields (see Table 1). Each of these approaches has strengths and limitations, as does the futures studies field as a whole. Furthermore, the futures studies field is continuing to evolve.

Critical futures

The critical futures approach is fundamentally about asking the hard questions. It challenges the status quo and makes inconvenient statements about why business-as-usual is not the only way. Drawing on the European critical theory approach to sociology, this approach makes value judgements about impending futures and considers the changes that might forestall an undesirable outcome. The critical social theory tradition was part of the movement to rebuild Europe in the aftermath of the

Table 1 Typology of five evolving futures approaches

Futures studies Approach	Futures types	Underlying Theories	Goals	Research methods
Positivist approach to 'the future'				
Predictive/ empirical	*Probable future*	Positivism empiricism	Extrapolation predict & control	Quantitative, forecasting surveys, trend analysis, technology assessment
Pluralism of approaches to 'multiple futures'				
Critical/ postmodern	*Preferred futures (or normative)*	Critical theory deconstruction	Normativity emancipation	Text analysis, media critique, cultural educational artefacts
Cultural/ interpretive	*Possible futures (or alternative)*	Constructivism hermeneutics	Alternative practical models 'other' futures	Imagination, creativity qualitative, dialogue, ethnographic research
Participatory/ prospective	*Prospective futures*	Action research hope theories	Empowerment transformation	Collaborative visioning, action research, activism
Integral/holistic	*Integral futures*	Integral theories	Global justice	Integral, mixed methods, transdisciplinary, complex bricolage

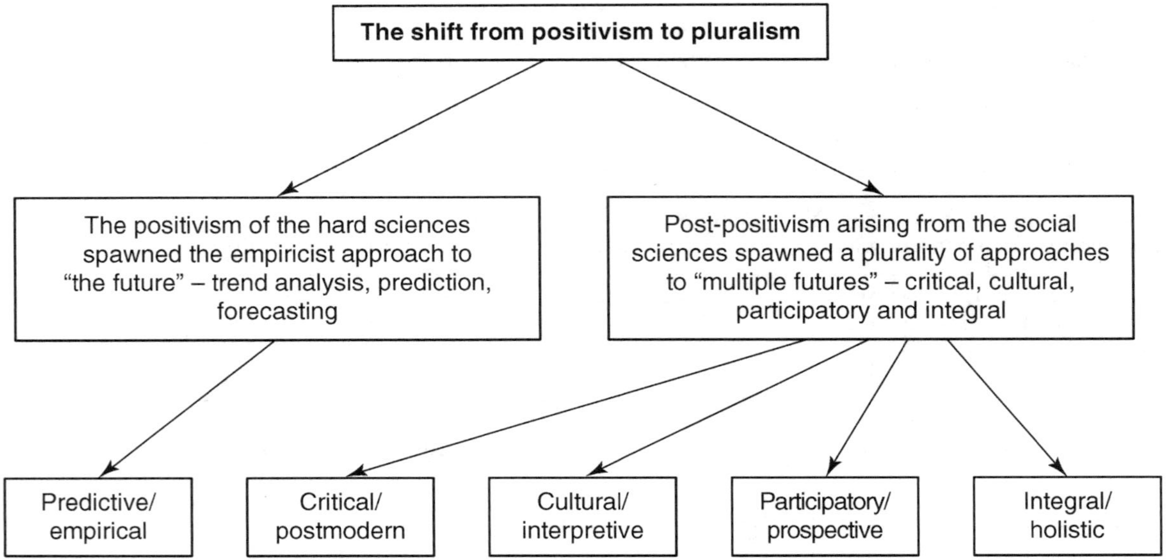

6. Typology of five evolving futures approaches. Developed by the author over twenty years (1997–2016).

Second World War. It is aligned to Habermas's critical methods for obtaining emancipatory knowledge.

Critical futurists sought to balance the predictive approaches of many US futurists, and the dominance of their involvement in the military-industrial complex. They are unashamedly normative and refer to 'preferred (or desirable) futures'. The work of many founders and leaders of the WFSF reflects the critical futures approach. Jungk and Galtung effectively founded this approach when they set up the Mankind 2000 initiative with the view to bringing futures' concepts and methods to a wider public. Jungk summarized his view of the values that underlie critical futures thinking as follows:

> It is an international, interdisciplinary, and inter-ideological venture dedicated to the invention of desirable future conditions of life and to the design of institutions likely to ensure the survival of the human race.

Masini and Dator inserted the critical perspective into civil society. Slaughter further developed critical futures theory in doctoral research and books. Inayatullah refers to a critical futures tradition but from a poststructuralist perspective.

I use the term 'critical-postmodern' to capture all these perspectives, including what Masini calls sociologically oriented, and Slaughter calls critical/comparative. This approach is also aligned to Peter Moll's nonconformist and critical, normative approach, which 'emphasises utopian and imaginative thinking, visioning and the consideration of social and cultural dynamics'. I also place futures approaches that emphasize green or ecological futures within the critical stream, although some might treat them as a separate approach entirely. Hungarian futures researcher Éva Hideg claims that the critical approach meets the criterion of a new paradigm, 'characterised by the human point of view'. The notion of paradigms is too complex to discuss further here. A critical approach to futures can be found among Malthusians who critique the status quo and show the impending disasters that may occur if business-as-usual continues.

A strength of this approach is that it makes explicit the—often tacit—contextual and values dimensions in many taken-for-granted futures by questioning business-as-usual. A weakness is its perceived subjectivity, which can sometimes lead to excessive relativism. Relativism is where this approach most leans towards the postmodern philosophy, though postmodernism is a complex philosophy that cannot be developed in detail here.

Cultural futures

The cultural futures approach is centrally about taking a multicultural lens to futures thinking. Like critical futures it challenges the dominant global cultural model, and extends it by exploring alternative civilizational models. From a cultural futures perspective, the concept of development is delinked from industrialism, unlimited growth, and addiction to consumerism. The emergence of this approach during the 1980s marked the inclusion within futures studies of the post-colonial discourse. WFSF was committed from the outset to a truly global representation with participants from Africa, India, Latin America, Asia, and the Pacific.

The cultural futures perspective also opens up possibilities for feminist and youth futures. It is central to the dimension referred to as 'possible (or alternative) futures'. Proponents of cultural futures explore a range of cultural and civilizational models to provide examples of possible alternative futures-in-practice. The approach is aligned to Habermas's practical interests, which involve interpretive/hermeneutic methods for obtaining practical insights into diverse futures.

The cultural-interpretive tradition arose largely from the work of futures researchers such as Inayatullah and Ziauddin Sardar, who both sought to include non-Western cultures and a deeper consideration of other civilizational futures. Sardar's cultural interpretive approach is evident in his edited collection *Rescuing all our Futures* (1999). Inayatullah focuses on alternative civilizational futures, looking at South-East Asian, Islamic, and Chinese futures, as described in this quote:

> Instead of future facts…what is needed are new, culturally self-aware interpretations of the future. The goal here is to discern how other cultures create the future, what they think the future will be like. How is the future perceived in Chinese, Japanese, Indian, Islamic cosmologies?

Ashis Nandy has written about different types of utopias, drawing from a wide cultural base. Ivana Milojević is one of a handful of futurists exploring feminist perspectives. Guillermina Baena Paz and Antonio Alonso-Concheiro work from their base in Mexico to research, publish, and disseminate perspectives from the Latin American region. Slaughter acknowledges a similar category that he calls the multicultural global, while Masini refers to a globalistically oriented group of futurists who were involved in founding the Club of Rome.

Masini made a significant contribution to this approach through her work with UNESCO. She was commissioned by UNESCO to undertake research between 1991 and 1994 on cultural futures with contributions from people from all over the world but mainly from Africa, Asia, and Latin America. Masini's view of this stream of futures studies is encapsulated by her comment: 'The emphasis in this context is on "living communities of cultures" as linked to future developments.'

Strengths of this approach include its creativity and engagement with multiple perspectives. A weakness is that proposed alternatives may lack feasibility, or be overpowered by more dominant approaches.

Participatory futures

The participatory futures approach integrates the activism of the French prospective with vision-building and action research methods. In my model I call this approach participatory or prospective depending on context. It facilitates empowerment and transformation through engagement and participation. Researchers have found that being able to participate in how the future is constructed by the powers-that-be is an empowering process. This seems to be the case whether the participation is at a local level or in relation to complex global challenges, such as mitigation and adaptation to global warming. Like Berger, Bjerstedt focused on the activism aspect of prospective which he called 'readiness to act'. He linked this to personal empowerment (also called locus of control). Jungk also ran participatory futures visioning workshops in Germany and elsewhere as part of his efforts to de-colonize the future.

Sociologist and peace researcher Elise Boulding (1920–2010) encapsulated the empowerment aspect in the following quote, extracted from her 1988 paper *Image and Action in Peace-Building*:

> In the context of the theme of 'promoting positive approaches to peace'... people arrived feeling ineffective in the face of nuclear threat and disbelieving about disarmament; they departed feeling empowered to varying degrees by their own imagery.

Boulding, with her colleague Warren Ziegler, used this approach from the 1980s running visioning workshops that enabled participants to envisage more peaceful futures. Their workshop series *Imaging a World without Weapons* was inspired by Polak's imaging workshops in the immediate post-war period. Boulding and Ziegler claimed the participatory approach empowered those who took part.

Australian futurist Frank Hutchinson adapted Boulding and Ziegler's workshops for educational settings in the 1990s and has written widely about how this approach can contribute to educating beyond violent futures. I have personally used this approach with both secondary school students and marginalized youth in rural areas of Australia to help them envision and construct more positive, empowered futures for themselves. This approach was found to reduce the feelings of hopelessness in many of the young people, particularly the boys. I have also written about the value of the participatory futures approach in activating and engaging community responses to climate change mitigation.

Inayatullah uses the term 'participatory action-learning' for this work in which the participants take ownership of their own preferred futures. Slaughter uses the term activist/participatory for this approach, while Moll refers to a pragmatic emphasis that 'seeks economic social and political realisation, perhaps through participation and empowerment'.

The participatory approach is popular with young futurists who are committed to collaborative and engaging processes, rather than detached empiricist processes. Good examples include Australian/Mexican futures researcher José Ramos, who prioritizes what he calls 'action foresight', and Shermon Cruz from the Philippines who is focused on what he calls 'engaged foresight'.

The most obvious strength of this approach is that it engages participants in action research projects, empowering them to question and act on alternatives. A weakness is that if it does not also take account of relevant empirical research, it may lack legitimacy in scientific circles. It is an approach that deserves greater attention as we work as a global community to both mitigate and adapt to the massive changes associated with global warming and climate crisis.

Integral futures

The integral futures approach is potentially the broadest and deepest approach as it can integrate multiple perspectives. The concept of an integral-holistic approach has only emerged over the last decade in the literature, but this approach has an earlier history that is largely overlooked. Important forerunners of integral futures include Erich Jantsch who wrote in 1966 about integrative forecasting, which incorporated social, economic, political, technological, psychological, and anthropological dimensions in policy formation, planning, and decision-making. As early as 1968 futurists and artists John McHale and Magda Cordell McHale founded the Center for Integrative Studies at the State University of New York. They focused their futures work on integrating global trends, inter-generational shifts in thought, and the impact of new technologies on contemporary culture. John McHale collaborated with Buckminster Fuller as series editor for publications associated with Fuller's World Design Science Decade project (1965–75). In this multidisciplinary project Fuller called on the International Union of Architects to encourage architectural schools around the world 'to invest the next ten years in a continuing problem of how to make the total world's resources which [in 1961] serve only 40% serve 100% of humanity through competent design'. The McHale archives are in the Hawai'i Research Center for Futures Studies Library.

New experimental and innovative approaches that fit within the holistic and integrative strand include Belgian futurist Maya Van Leemput's use of multi-media approaches through film, video, and the arts. Other young futurists such as Stuart Candy, Jake Dunagan, and Dana Klisanin are integrating futures concepts into projects that involve gaming, design theory, and immersive experiences.

Ironically the more recent developments of a more specific integral futures approach have resulted in contested claims and debates about the integrality of approaches. There has been some lively dialogue published across three special journal issues since 2008, beginning with a special issue of the journal *Futures* edited by Slaughter, who describes integral futures as follows:

> An integral framework recognizes the complexity of systems, contexts and interconnected webs of awareness and activity... The framework incorporates a developmental perspective that recognizes individual and collective access to different structures of consciousness.

In this issue many of the articles were based on, or aligned to, the claim that integral futures is based primarily on the theories of Ken Wilber. Inayatullah responded with a second special issue in the same journal in 2010, critiquing the idea of a narrowly Wilberian approach to integral futures, and including articles offering some broader integrative theories and approaches. A third special issue on the 'integral futures controversy', edited by Slaughter, was published the following year in the *Journal of Integral Theory and Practice* linked with Wilber's Integral Institute. It is beyond the scope of this short introduction to provide detail but it makes interesting reading on the development and nuancing that is found within this most comprehensive of futures approaches (see Further reading).

The strength of any integral/holistic futures approach is in its breadth of scope. Because it is grounded in complex, integrative, and transversal theories it maximizes potential for facilitating desirable planetary futures. However, too much breadth may also be perceived as a weakness reflecting lack of depth.

Advancing futures concepts

Over the last five decades futures scholars have developed new language, concepts, and methods to articulate the breadth and depth of the futures studies field.

From the 1960s de Jouvenel created some new philosophical concepts as he developed his 'art of conjecture'. Many of de Jouvenel's concepts are quite complex, paradoxical, and require more than a passing glance to grasp. De Jouvenel's 'transferred presents' are made up of all those structural certainties that are 'structural features of the present, which our thought automatically carries forward into the future': for example, the sun will come up tomorrow, winter will be followed by spring, and the stars and planets will continue to appear to us as if they are circling the earth. By contrast, his notion of 'foreknown futures' is made up of those matters of daily life that we feel subjectively certain about. These are what de Jouvenel calls the subjective certainties. Obviously these are less certain than the structural certainties. De Jouvenel points out that there may be conflict between the transferred presents and the foreknown futures. Here is his most paradoxical claim:

> If the future is predetermined, then we can know it in advance. But if we can know it in advance, we can change it, so it's not predetermined.

James Dator developed the Manoa Method of alternative futures visioning at the Hawai'i Research Center for Futures Studies, which he founded over forty years ago. The seven-step method can be researched elsewhere. I want to focus on the fourth step, involving 'an experience in one or more of at least four alternative futures that are based upon different mixes of the trends, emerging issues, challenges and opportunities from the future, and also based upon different ideas about how the world works'. Participants are to think about the pros and cons of each scenario.

The first of Dator's four generic alternative futures is 'continued growth'. Dator describes this as the official view for most governments and other contemporary organizations. In most cases this scenario is related to economic growth, so is often referred to as continued economic growth. His second scenario is 'collapse', and is based on the common fears that many people have today that there will be societal or environmental collapse. Thirdly, Dator refers to the 'disciplined society' scenario, which is often linked with the notion of sustainability. This approach may also include 'a set of fundamental values—natural, spiritual, religious, political, or cultural [rather] than the pursuit of endless wealth and consumerism'. Dator's fourth scenario is the 'transformation society', which, as Dator presents it, is strongly linked to technological transformations, including 'robotics and artificial intelligence, genetic engineering, nanotechnology, teleportation and space settlement' just for a start. While many futurists use the four scenarios of the Manoa Method in their visioning and scenario processes, not all see the fourth scenario only from the technological perspective. Dator is probably best known for Dator's Law: 'Any useful statement about the future should at first seem ridiculous.'

Eleonora Masini is a lawyer and sociologist, born in Guatemala, and based in Rome. She has worked globally for decades articulating her philosophy of futures studies as well as applying it in some of the world's most challenging contexts. For Masini, most futures studies approaches are grounded in Western philosophical concepts—particularly those of John Locke, Leibniz, Hegel, and Kant. Masini is interested in both the philosophical and the ethical foundations. She identifies three levels of futures thinking that she associates with particular Western philosophers. The first is 'empirical futures', most popular from the end of the Second World War to the 1960s. It relies on social and economic indicators to extrapolate possible futures to arrive at what is most probable. Masini grounds this approach in the philosophy of Locke as it is based on empirical data linking it with the predictive-empirical approach. A key phrase for this approach is 'something *is* changing'. Masini's second approach is 'visionary and utopian futures' and is aligned to the philosophy of Leibniz. It is linked to the critical-postmodern approach, to desirable, or preferred, futures, and is based on the belief that 'something *must* be changed'.

Masini's third level is a synthesis of the first two, and she calls it 'project building'. In this approach people can create a futures-oriented project guided by their utopian visions of desirable futures, taking into account the conditions of the present and past trends that may influence the outcome. In Masini's project approach, the possible and probable futures emerge into the desirable (related to Kant's 'the ideal' and Hegel's 'the infinite') and create a synergy of all three. The key phrase is 'something *can* be changed'. It is in project building that futurists are involved in political and ethical positions that lead to action and through which they can take responsibility. This is where human agency appears and where Masini most aligns herself with the French prospectivist approach that contains within it the link between science and action. This approach appears to be an integration of the participatory-prospective and integral approaches.

British/Australian futurist Richard Slaughter has contributed much to the conceptualization and articulation of futures studies, particularly since the 1990s. Like Masini, one of his approaches is to take a layered view of futures work. Slaughter's four layers include 'pop futurism', which is superficial, media-friendly, and involves a trivialization of the future. His second layer is 'problem-oriented work'. This more serious futures work focuses on the ways that organizations and societies could, or should, respond to future challenges. His third layer is 'critical futures', which goes deeper than pop futurism or problem-oriented work. Slaughter's critical futures approach involves the deconstruction and reconstruction of social and cultural life, in the interests of understanding the underlying worldviews that may need to be addressed. He called his fourth and deepest layer 'epistemological futures'. At this level the more substantial philosophical and sociological futures work is undertaken, and may involve the deep study of time and cosmology. Slaughter's 1990s layered typology was used as a basis for Inayatullah's layered methodology, which he calls causal layered analysis. Slaughter refers to futures studies as a meta-discipline:

> 'Meta-' because of the way it integrates material, data, ideas, tools, etc. from a wide variety of sources; and 'discipline' because when done well it clearly supports disciplined enquiry into the constitution of human futures.

Slaughter was also instrumental in an important consolidation of the language and concepts of futures studies in the mid-1990s. He recognized a need to begin to cohere the growing body of futures literature and to create a series of edited books *The Knowledge Base of Futures Studies*. Cautioning readers to not fall into the trap of seeing this as a codification of the field, Slaughter pulled together, over several years, contributions from dozens of futures scholars and practitioners, globally. Slaughter highlighted important elements in the first three volumes as being language, concepts, and metaphors; theories, ideas, and images; literature; organizations, networks, and practitioners; methodologies and tools; and social movements and innovations.

Futures of time consciousness

Along with philosophers and sociologists, futurists have made important contributions to advancing our ideas about the complex relationship between time and futures. Elise Boulding developed the concept of a '200-year present'. This concept involves thinking about the time span of the present as beginning 100 years ago, so that people born then would be 100 years old today. At the other end of Boulding's 200-year present is 100 years from now, when babies being born today will be 100 years old. In this view, we stand in the middle of a 200-year present with our grandparents stretched behind us and our grandchildren stretched ahead of us.

This perspective tends to link us more strongly with the long-term consequences of our actions today. And as Boulding reminds us: 'This present is a continuously moving moment, always reaching out 100 years in either direction from the day we are in.'

A much more extended time frame is the concept of the 'long now' that has been embedded in an organization called the Long Now Foundation, co-founded by Stewart Brand. The aim is to offer an institutional counterpoint to short-termism, to encourage long-term thinking, and to cultivate thinking and responsibility about a very long-term framework of 10,000 years. To fulfil this ambitious project the Long Now Foundation is in the process of building a 10,000-year clock (see Figure 7). The prototype held in the London Museum has been ticking since 31 December 1999. 'The six dials represent the year, century, horizons, sun position, lunar phase, and the stars of the night sky.'

Galtung developed the idea of macrohistory with Inayatullah in relation to futures studies as a way of focusing on big patterns of change over long historical time periods to assist with understanding the present and possible futures. The idea of big history, pioneered by historian David Christian in 1989, is a neighbour to macrohistory. Christian was inspired by the Annales School of French historians who sought to write an *histoire totale* that avoided the siloism of separating economic, political, social, and other forms of history. Big history contextualizes human life and culture within the cosmological time scales, from the big bang to the present. Voros is building conceptual bridges between big history and futures studies.

Gebser's concept of 'concretion of time' characterizes how time is experienced by the emerging integral consciousness of the present era. Integral consciousness, as understood by Gebser, does not place mythical-cyclical and modern linear time constructions in opposition to each other, as both modern and traditional approaches do. Instead, Gebser's concretion of time involves an

7. Long Now clock: Model of the 10,000-year clock of the Long Now Foundation first operational in 1999. It is on loan to the Science Museum of London.

intensification of consciousness that enables us to reintegrate all of the structures of consciousness—including their different ways of experiencing time—in the same fully conscious moment. Gebser claimed that Picasso's facial portraits are evolved attempts to show this visually in that he painted the same face at different moments in the one portrait.

Gebser helps us to understand concretion of time using two additional related terms. 'Latency'—meaning what is concealed—is for Gebser the 'demonstrable presence of the future'. It includes everything that is not yet manifest. Gebser's concept of 'presentiation' integrates the presence of the past as well as the future. Gebser claims that capacity to experience the latency of the future leads to time freedom, or being 'freed from time and thus free for the spiritual'. Needless to say these philosophical concepts, related to new concepts and relationships between time and futures, deserve the attention of another book.

Futures education and scholarship

There are now hundreds of organizations around the world that are attempting to come to terms with how to better prepare for the uncertain and complex futures we can expect of the 21st century. Futures education assists this process.

From 1966 futures courses were initiated in the USA by Alvin Toffler at the New School for Social Research in New York, followed by James Dator at Virginia Tech and Wendell Bell at Yale University. Over the next ten years, university courses and research centres sprang up, beginning a more scholarly stage of futures studies. The Hawai'i Research Center for Futures Studies was established in 1971. By 1973 Maria Koszegi Kalas and Erzsébet Gidai were undertaking research in Hungary in association with the already existing Futures Research Committee at the Hungarian Academy of Sciences. The following year the University of Houston-Clear Lake in Texas offered Master's Programs in Futures Studies (1974).

In 1975 Galtung founded the Inter University Centre in Dubrovnic. The idea was to create a university centre that would collect faculty and students from the Eastern and Western parts of Europe, and possibly the world, based on academic freedom. Annual futures studies courses were run there in connection with the World Futures Studies Federation, with participation from many of its members, including Masini and Bart van Steenbergen. The Centre was closed in 1990 as a result of war. By 1976 the world had its first Professor of Futures Studies, Eleonora Masini, in the Faculty of Social Sciences, Gregorian University, Rome. In 1980 Pentti Malaska founded the Finnish Society for Futures Studies, followed by the Finland Futures Research Centre in 1992. In 1989 Erzsébet Nováky became Head of the Department of Futures Studies at Corvinus University of Budapest.

From the mid-1990s futures courses started in Australia and the Asia-Pacific region. The Southern Cross University hosted the first online Masters Course in Futures Studies in the world, founded by Paul Wildman in 1995. Swinburne University followed in 2000 with a Masters in Strategic Foresight, with several other futures courses developing in Australia since then, some of them short-lived. From 2002 the Graduate Institute of Futures Studies, Tamkang University in Taiwan, has offered a Master of Education with an emphasis on Futures Studies. In 2002 a Masters Course was also founded at the Universidad Externo de Colombia in Bogotá, offering a specialization in foresight and strategy.

In addition to full Masters degree courses there are numerous other universities and colleges worldwide that offer undergraduate courses or short courses in futures studies and foresight. A new WFSF-endorsed introduction to futures studies was launched in Tehran in 2015, just prior to the lifting of the US sanctions. These developments point to the continued growth and diversification of futures education.

Chapter 4
Crystal balls, flying cars, and robots

Futuristic trivia and misunderstandings

In spite of the substantial body of futures literature with its conceptual and methodological innovation and engagement with real world issues, misconceptions abound in academic, professional, and policy circles. The term 'future' is increasingly used in these circles without reference to the published futures studies material. As a consequence, futures literature is under-appreciated, while decision-makers and policy-makers work largely in the dark. Why is this so?

First, because of the transdisciplinary nature of futures writing, it does not easily find a home in discipline-based academic journals. Secondly, some futurists ideologize futures concepts and methods as if foresight was the next new grand theory that would save the world. This contributes to academic siloism, rather than knowledge exchange and circulation. A third challenge is that futures/foresight journals are the most likely to accept futures/foresight articles, increasing the likelihood of futures literature becoming cut off from other academic discourse. My concern is that if futures research becomes too isolated within its own domain, the field may not remain up to date with other leading-edge discourses. Furthermore, other fields will continue to miss out on the futures resources available. It is vital in these complex and challenging times, for both futures studies and the wider world, that the corpus of futures literature is widely accessible. Kreibich sounds a warning in *All Tomorrow's Crises*:

> If we ignore this scientific knowledge in shaping the future, there is a high probability that it will lead to fatal consequences—up to and including the self-destruction of humankind.

These problems are exacerbated because the futures studies field, when it is covered in the media, is frequently misrepresented. At one end of the spectrum is the misbelief that the futures studies field is solely about prediction and forecasting based on extrapolation from present-day trends. At the other end of the spectrum is the idea that the future is inherently unknowable, and therefore futures studies can be nothing more than ungrounded speculation. While there are many futurists who rely on predictive methods and some pop futurists who engage in poorly researched speculative fantasy, these extreme views do not reflect the breadth of the field.

No matter how many scholarly books are written about futures studies, or how many university courses provide education in futures concepts, theories, and methods, the media frequently trivializes the field. The most common trivialization is futurists being dismissed as crystal ball gazers. The second trivialization is that futurists are all involved in high-tech, especially flying machines or space-tech, and science fiction. Thirdly, there is the idea that futures studies is dominantly involved with robotics, drones, and artificial intelligence.

The strange case of the crystal ball

I was interviewed a few years ago by journalists from two Australian magazines, because I had become President of the World Futures Studies Federation. Given that both magazines claimed to be writing balanced and informed articles about futures studies, and in fact they both did, I was astounded to discover that both used the visual metaphor of the crystal ball to illustrate their articles. Even more surprising is that researchers from one of the Grand Écoles in Paris held an event in 2016 on the histories of prediction using a crystal ball image to advertise it.

This strange case of the crystal ball appearing so often to represent futures thinking makes me wonder if there is something very deep in the human psyche, a kind of collective memory of when humans used divination and talismans to get a handle on the future. This cultural memory goes back as far as the ancient Druids, yet still inspires us today, even if unconsciously.

Another possible explanation is that the futures studies field is so hard to grasp from the outside that the media resort to trivialization as a defence mechanism. One interviewer even asked me how my 'pot of rabbit entrails' was going on the stove. I proceeded to offer him some insight into the complexity of ways to approach the future that are more recent than the sibylline oracles.

I hope by the end of this book that you will have a broader view of the complexities of non-trivial futures and think again next time you see a crystal ball being used to illustrate an article on the future.

A seven-century fascination with flying

Since at least the 13th century, visions of the future have included inventions through which humans could take to the air. Roger Bacon's 1260 vision included a description of what resembles today's helicopter. In the late 1400s Leonardo da Vinci sketched the helicopter. Francis Godwin's 1638 journey to the moon involved being carried off by a flock of wild swans. The Montgolfier balloon event in 1783 sparked a panoply of visions of imaginary flying machines. Through all these iterations it took 700 years for Bacon's vision to become a reality in the 20th century. Strangely the latest in high-tech flying machines are miniature *nano copters* that can fit into the palm of your hand. Flying either autonomously or by remote control, they can be equipped with cameras to spy into the smallest places. I doubt if Bacon or Da Vinci would have imagined this.

A typical futuristic image in the 1900s in both Europe and the USA was the personal flying machine. A series of futuristic postcards were produced in France in 1900 to depict techno-utopian images of life in the year 2000. A surprising number showed humans flying about fulfilling their daily duties (see Figures 8 and 9). So far their realization has eluded us.

Slovakian company Aeromobil has designed and patented a flying car for private use that they expect will be available in 2017, with a price tag of around $200,000 (see Figure 10). I have no doubt that some people will own personal flying cars in the relatively near-term future. I do wonder about their relevance for the majority of people on earth. The price tag will be unattainable for all but the super-rich given that the 2014 median global annual per-capita household income was $2,920 (Gallup Metrics). If we keep in mind that the median per-capita annual income in the top

8. *Flying Firemen* by Jean-Marc Côté, 1899. An illustration of aerial firemen from a French exhibition called 'Visions of the Year 2000' (1900).

9. ***Futuristic Flying Car*, c.1900, imagined in the 1900s. Painting by Harry Grant Dart.**

10. A flying car (2015) proposed for launch in 2017 from Slovakian Company Aeromobil.

ten wealthiest populations is more than fifty times the income in the ten poorest populations, I doubt that we will see many of these flying cars in sub-Saharan Africa any time soon. What I find interesting is the resemblance between the 1900s image (see Figure 9) and that of today (Figure 10).

The robot challenge

The word robot was first used in the context of humanoid machine intelligence in 1921 by Czech playwright Karel Čapek in his play *R.U.R. (Rossum's Universal Robots)*. The play involves a factory that builds artificial people to be servants for humans. Since that time robots have become somewhat ubiquitous in futuristic trivia. By the late 1920s commercial companies such as Westinghouse had seized the opportunity to capture the futuristic imagination of householders by marketing the Mechanical Wonder Robot: Televox (see Figure 11).

In 1942 Isaac Asimov published the first in his series of short stories collected into the book *I, Robot*. In the series, Asimov

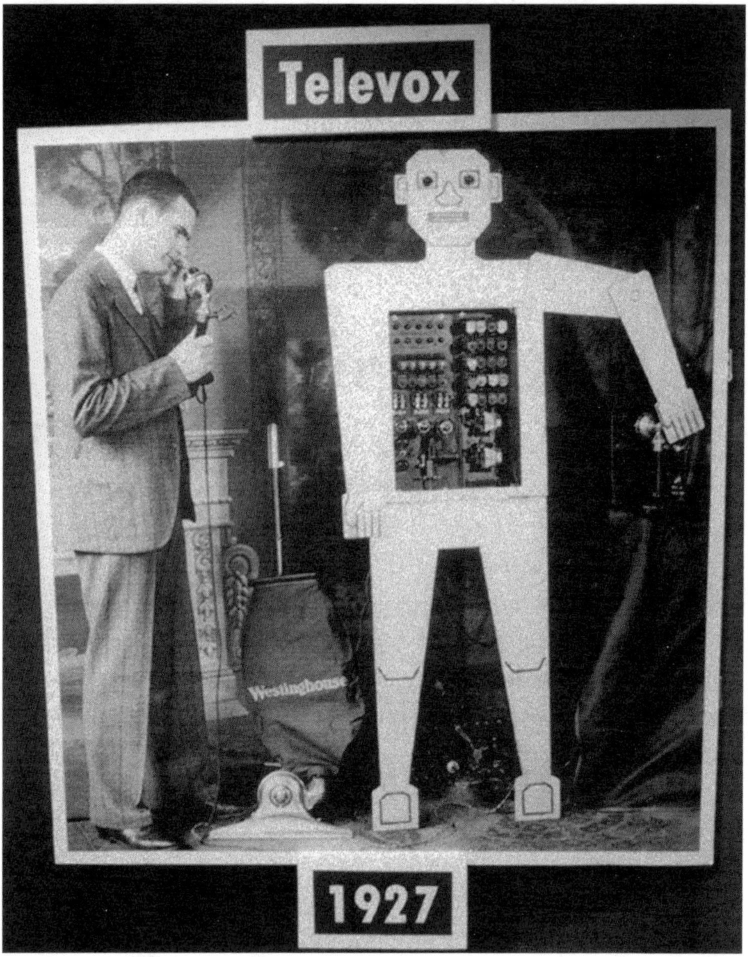

11. Herbert Televox, 1927. Westinghouse Electric & Manufacturing Co.'s first robot, built in 1927 by Roy Wensley.

invented the Three Laws of Robots (Box 2). These laws, albeit part of a science fiction series, managed to convince us that robots and the whole territory of Artificial Intelligence (AI) would not be harmful to humans providing we build these laws into them. In the light of developments in robotics and AI in recent years, it seems that this view was rather naïve.

Box 2 Isaac Asimov's three laws of robots

1. A robot may not injure a human being or, through inaction, allow a human being to come to harm.
2. A robot must obey any orders given to it by human beings, except where such orders would conflict with the First Law.
3. A robot must protect its own existence as long as such protection does not conflict with the First or Second Law.

So where are we at with robotics today and what are our future prospects?

Bearing some similarities to the politics behind the early futures work in the USA, the science of robotics is heavily funded and supported by the US military-industrial complex to create war machines. Researchers Braden Allenby and Daniel Sarewitz tell us in *The Techno-Human Condition* (2011) that the USA had no military robots in 2002, but by the end of 2008 it had 12,000.

A looming risk is in the form of what the UN calls 'Lethal autonomous robotics (LARS)' which are 'weapon systems that, once activated, can select and engage targets without further human intervention'. At the UN Convention on Certain Conventional Weapons (CCW) in Geneva in 2014, the UN called for national moratoria on the 'testing, production, assembly, transfer, acquisition, deployment and use' of these lethal autonomous machines of war. Meanwhile, the *Financial Times* reported in February 2016 that the US Department of Defense gearing up to outperform China and Russia in high-tech warfare. Its latest move is to set up offices in Silicon Valley and Boston to liaise with private tech companies to increase its arsenal of robotics and autonomous vehicles.

In order to encourage and accelerate the development of robotics, the Defense Advanced Research Projects Agency (DARPA) created the DARPA Challenge—a competition for robots. According to its website, DARPA's mission is 'creating breakthrough technologies for national security'. DARPA priorities are captured in their motto for the Robotics Challenge Workshop: 'From better robots to better futures.' This is a narrow vision of better futures for much of the world. So far the most successful robots have been produced by Boston Dynamics, which has helped build robots for the US Navy, Army, and Marines. The mission of Boston Dynamics is 'to build the most advanced robots on Earth, with remarkable mobility, agility, dexterity and speed'. The 2013 DARPA Challenge was won by Boston Dynamics' premium robot, Atlas (see Figure 12). Just prior to the event, Google acquired the company. With Google resources at its disposal, Boston Dynamics went on to win the 2015 DARPA Challenge, with the new, smarter, Atlas unplugged, which operates on wireless technology. Google's relationship with Boston Dynamics appears short-lived as they are trying to sell it at the time of writing this book. In case Atlas does not leave us feeling safe enough from the existential threats surrounding us, NASA has created Valkyrie, which it calls the Super Hero Robot.

This highly resourced competition leaves me with many questions. I wonder how robots will help us to deal with the world's most intractable global challenges, such as food and water security and climate crisis; resource depletion and economic disparity; conflicts and terrorism; and lack of education in many parts of the world? And why do many of them look like Terminator and not Gandhi or Mother Teresa?

Swedish philosopher Nick Bostrom tells us that by 2010 the world's estimated population of robots had exceeded 10 million. A current projection from the International Federation of Robotics (IFR) is that by 2018 global sales of privately used service robots will increase to around 35 million. Another interesting statistic from the IFR is that 70 per cent of global

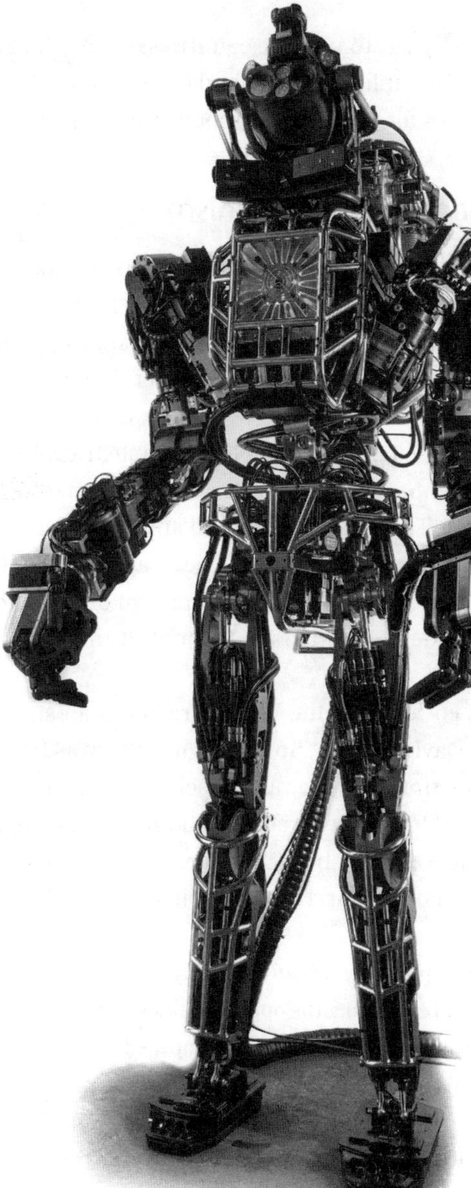

12. **The humanoid robot Atlas, created by Boston Dynamics, was winner of the DARPA Challenge in 2013. Google owned Boston Dynamics at that time.**

robots sales in 2014 went to just five countries: China, Japan, the United States, the Republic of Korea, and Germany. One can only speculate on the uses for which these robots are being engaged.

The lost human in transhumanism

An even bigger challenge than the sheer numbers of robots being produced is the ambitions of some developers to bridge the human–machine divide: by enhancing human capacity with technology or trying to make machines smarter than humans.

Transhumanism in the popular sense today is inextricably linked with technological enhancement or extensions of human capacities through technology. This is a technological appropriation of the original idea of transhumanism, which began as a philosophical concept grounded in the evolutionary humanism of Teilhard de Chardin, Julian Huxley, and others in the mid-20th century.

In 1998 Bostrom co-founded the World Transhumanist Association with David Pearce. Bostrom's interest was to create a broad-ranging platform for the various schools of thought within transhumanism and to raise awareness in both the academic arena and among the wider public about the potential benefits and risks of technological enhancement. He defined it as follows:

> Transhumanism... promotes an interdisciplinary approach to understanding and evaluating the opportunities for enhancing the human condition and the human organism opened up by the advancement of technology.

In 2005, the Oxford Martin School at the University of Oxford founded The Future of Humanity Institute appointing Bostrom as Chair. While its original focus was quite strongly on human, and specifically cognitive, enhancement through advancing technologies, more recently the Institute has intensified its focus on existential risk, ethics, altruism, and the big questions for the future of humanity. Bostrom has published both a history of transhumanist thought and a set of transhumanist values. He notes that while secular humanism was also concerned with human progress and improvement, its means of achieving this was through education and cultural refinement. By contrast, transhumanism, according to Bostrom, involves 'direct application of medicine and technology to overcome some of our basic biological limits'. It is concerned with both existing technologies, such as genetic engineering and information technologies, as well as those that are still being invented, such as molecular nanotechnology and artificial intelligence. The propositions put forward by techno-transhumanists are based on an ideology of technological determinism, meaning that the development of a society and its cultural values are driven by that society's technology, not by humanity itself.

Bostrom argues that transhumanism does not entail technological optimism. He regularly points to the risks of potential harm, including the 'extreme possibility of intelligent life becoming extinct'. Less dramatic negative consequences include even greater social inequalities, the gradual loss of personal human relationships and human agency, and continued loss of environmental health and biodiversity.

There are multiple ideological currents within the techno-transhumanism movement. Not all are in agreement, nor do they share Bostrom's circumspect view. The currents include extreme techno-utopianism at one end of the spectrum (such as paradise-engineering, singularitarianism, and artificial super-intelligence), and more moderate and risk-aware views (such as democratic and theoretical transhumanism) at the other end. The transhumanism movement has also attracted some fringe elements, such as bio-punks, cyber-punks, and bio-hackers. We must wonder how different these 21st-century techno-enhancement theories are, ethically, from Comte and Spencer's 19th-century social engineering.

Posthumanism as superman complex

The term posthumanism is used in a variety of ways in different contexts. For Bostrom a posthuman person is one with at least one posthuman capacity, meaning 'a general central capacity greatly exceeding the maximum attainable by any current human being without recourse to new technological means'. By general central capacity he means healthspan, cognition, and emotion. Because posthumanism requires technological intervention, posthumans are essentially a new, or hybrid, species. Related concepts include cyborg and android. The term cyborg is a shortened form of 'cybernetic organism' and arose out of cybernetics in the 1960s. However, the concept of a human/machine hybrid has been used in science fiction for almost 200 years, originating with Mary Shelley's Frankenstein monster. The android is a robot in the form of a human being (see Figure 12). This concept is connected with the more recent high-tech movement to create so-called machine super-intelligence. The movie character Terminator is a cyborg.

The most vocal of high-tech transhumanists have ambitions that seem to have grown out of the superman trope so dominant in early to mid-20th-century North America. Their version of transhumanism includes the idea that human functioning can be technologically enhanced exponentially, until the eventual convergence of human and machine into the singularity or posthumanism. The singularity refers to an artificial super-intelligence (ASI) greater than human intelligence. Bostrom eschews the use of the word singularity, claiming 'the term singularity…has been used confusedly in many disparate senses and has accreted an unholy (yet almost millenarian) aura of techno-utopian connotations'. He prefers to focus on the prospect of machine super-intelligence, warning of the dangers and discussing strategies for how to deal with it to reduce the potential existential risk.

The idea of something like a future singularity (humans transcending biology) is not new. Science fiction writer and mathematics professor Verner Vinge introduced the idea of singularity at the VISION-21 Symposium sponsored by NASA Lewis Research Center in 1993. He claimed that John von Neumann had already spoken in the 1950s of a coming technological singularity, beyond which human affairs as we know them would finish, as a result of the ever accelerating progress of technology.

Vinge predicted that we would have the technological means to create superhuman intelligence between 2005 and 2030, arguing this would end the human era.

Google engineer Ray Kurzweil has attempted to popularize the singularity concept. Not surprisingly, Kurzweil's predicted date for the appearance of the Singularity, 2029, sits nicely within Vinge's dates. Is it coincidence that the cyborg assassin from the movie Terminator was sent back to restore order in the year 2029? To further promote the concept Kurzweil co-founded the Singularity University in Silicon Valley in 2009 with Peter Diamandis. The espoused mission of Singularity University is to use accelerating technologies to address 'humanity's hardest problems'. A clue to their extreme techno-topianism is that they see humans as a multi-planetary species and aim to colonize other planets (like Mars) offering humans a 'kind of species survival insurance policy against extinction-level events'. Kurzweil refers to the singularity as an inevitable empirical trend but his mission reads like a science fiction screenplay. It is hard to overlook the striking resemblance between the Singularity University logo and the Superman logo.

When unleashing accelerating technologies, we need to ask ourselves, how should we distinguish between authentic projects to aid humanity, and highly resourced messianic hubris? Clarke pre-empted these developments in 1979:

> The tale of the future is the dreamtime of industrial society. It reaches down to the mythic roots within human experience to find sources of supreme power, means of transcending all limitations, opportunities for achieving absolute perfection.

The fifth AI winter

Much of the transhumanist discourse of the 21st century reflects a historical and sociological naivety. Other than Bostrom, transhumanist writers seem oblivious to the 3,000-year history of humanity's attempts to predict, control, and understand the future. Although many transhumanists sit squarely within a cornucopian narrative, they seem unaware of the alternating historical waves of techno-utopianism (or Cornucopianism) and techno-dystopianism (or Malthusianism).

Neo-Cornucopianism is unbridled optimism about the abilities of technology to fix everything. It is called 'the techno-fix solution' in critical futures literature and includes among its ranks Kurzweil, Pearce, and Byron Reese. Kurzweil claims that humans can and will take positive advantage of technology, and that it will not replace us but improve and extend our lives. Pearce describes his paradise engineering in his book *The Hedonistic Imperative,* in which he argues for a biological programme to eliminate all forms of cruelty, suffering, and malaise. Pearce's approach involving genetic engineering and nanotechnology sounds very much like a 21st-century version of social Darwinism. Reese believes the Internet and technology will end 'Ignorance, Disease, Poverty, Hunger and War' and we will colonize outer space with a billion other planets each populated with a billion people. In his science fiction-like book *Infinite Progress* Reese claims:

> We will launch terra-forming nanites into space that land on lifeless rocks and planets and transform them, at the atomic level, to be filled with carbon, hydrogen, oxygen, and everything else we might need. Atmospheres will form, then plants will be seeded, and the colonists will arrive.

Neo-Malthusians are pessimistic about population growth, environment, climate, and the future. Important 20th-century books include Paul Ehrlich's (1968) *The Population Bomb* and *Limits to Growth* (1972) report to the Club of Rome. Bashford claims that Julian Huxley was a Malthusian.

As the exponential growth in the technologies associated with robotics and AI parallels the rise in global acts of terrorism, scientists, philosophers, and AI funders are sending out sharp warnings. Bostrom's book *Superintelligence: Paths, Dangers, Strategies* (2014) is the most comprehensive discussion of the issues so far. Bostrom provides a detailed overview of the history of attempts at artificial intelligence, the modes of possibility for its development, the likelihood of success, and the risks and dangers. Theoretical physicist and mathematician Stephen Hawking has been outspoken on his fears about the dire consequences of future 'superintelligent creations', which could match or surpass humans' current abilities. His concern is that if the development of full artificial intelligence is achieved, it could spell the end of the human race. Elon Musk, Tesla and SpaceX founder, has spoken out about his concerns at MIT Aeronautics and Astronautics Department's Centennial Symposium (2014). Musk, a former enthusiast, warned that artificial intelligence could be our biggest existential threat. He has called for regulatory oversight at national or international level and granted millions to research. Like Bostrom, Hawking, and Musk, some of the early-adopter Neo-Cornucopians are becoming very vocal about the existential risks ahead. Jaron Lanier, known as the 'dean of the digital dissenters', refers to himself as the first guy to sober up after a heavy-duty party. In a scathing critique of the culture of Silicon Valley, Lanier claims it 'treats humans like electrical rays in a vast machine'. With Silicon Valley being the home of many of the new tech-billionaires, and now a US Department of Defense office, this is a sobering thought.

Research on killer apps discussed by Allenby and Sarewitz show there is good reason for concern. The 19th-century tensions between Malthusians and Cornucopians are set to repeat themselves in response to high-tech transhumanism.

In an interesting counter-intuitive development, Bostrom points out that since the 1950s there have been periods of hype and high expectations about the prospect of AI (1950s, 1970s, 1980s, 1990s) each followed by a period of setback and disappointment that he calls an 'AI winter'. The surge of hype and enthusiasm about the coming singularity surrounding Kurzweil's simplistic beliefs about replicating human consciousness may be about to experience a fifth AI winter.

The dehumanization critique

The strongest critiques of the overextension of technology involve claims of dehumanization, and these arguments are not new. Canadian philosopher of the electronic age Marshall McLuhan was primarily a techno-utopian, but he was also a critical thinker, who cautioned decades ago against too much human extension into technology. McLuhan famously claimed that every media extension of man is an amputation. For example, once we have a car, we don't walk to the shops any more; once we have a computer hard-drive we don't have to remember things; and now we have personal GPS on our cell phones no one can find their way about without it. Based on McLuhan's philosophy, we are becoming post-literate because we rely on screens full of pictures, rather than print media, such as books. It is thus possible that extensions of human faculties, through techno- and bio-enhancement, will bring about arrested development in the natural evolution of higher human faculties.

Lewis Mumford's critique of the dangers of too much technological extension was grounded in his organic humanism. As part of this approach Mumford considered that the space exploration of his era was a form of technological exhibitionism. I wonder what he would think of Kurzweil's plans to colonize Mars, and Reese's vision to launch terra-forming nanites into space? But perhaps these nanites will meet a swarm of surveillance cyborg insects on their travels. In his book *Values for Survival* (1946) Mumford made his humanistic priorities clear:

> If we are to create balanced human beings, capable of entering into world-wide co-operation with all other men of good will... we must give as much weight to the arousal of the emotions and to the expression of moral and esthetic values as we now give to science, to invention, to practical organization.

From the perspective of psychology of intelligence the term artificial intelligence is an oxymoron. Intelligence, by nature, cannot be artificial and its inestimable complexity defies any notion of artificiality. We need the courage to name the notion of 'machine intelligence' for what it really is: anthropomorphism. Until AI researchers can define what they mean by intelligence, and explain how it relates to consciousness, the term artificial intelligence must remain a word without universal meaning. At best, so-called artificial intelligence can mean little more than machine capability. As for the newly minted machine *super*-intelligence it is difficult not to read this as unbridled hubris.

Chapter 5
Technotopian or human-centred futures?

Contrasting futures for humanity

A vital question with regard to the future is how we deal with human futures. While high-tech futures are of interest to some futurists, many futures scholars are focused on the potential social, cultural, and environmental impacts of rapid unprecedented change, including exponential technological developments.

We are at a critical point today in research into human futures. Two divergent streams show up in the human futures conversations. Which direction we choose will also decide the fate of earth futures—at least in the sense of earth's dual role as home for humans, and habitat for life in general. As a psychologist and educator, I am well aware that the domain of human futures is extremely complex and that creating binaries is an oversimplification. However, I choose to deliberately oversimplify here to make a point that I believe is vital.

My approach is informed by Oliver Markley and Willis Harman's work *Changing Images of Man* (1982) in which they draw attention to two contrasting future images of human development: 'evolutionary transformational' and 'technological extrapolationist'. I realize that the two types of utopian human futures distinguished by Polak in *The Image of the Future* (1955) provide historical lineages for these streams, as does C. P. Snow's 'Two Cultures' (the humanities and the sciences). Sociologist Menno Boldt explores values and goals that might define a person who wants to create better earthly conditions for humanity. In *A Quest for Humanity* (2011) Boldt prioritizes respect for the dignity of every human being and identifies qualities to be found in what he calls a 'transcendent humanity'. The qualities he includes are empathy, generosity, fairness, and forgiveness, as well as a commitment to working for peace and opposing the use of violence and destruction.

I am interested in how these different values are likely to play out in human futures, especially with respect to long-term consequences. Building on Markley and Harman's images, and Boldt's set of qualities for the transcendent human, I offer two contrasting approaches to human futures and their inherent values and ethics. Any approach to human futures is invariably informed by our image of the human being.

What I call 'human-centred futures' is humanitarian, philosophical, and ecological. It is based on a view of humans as kind, fair, consciously evolving, peaceful agents of change with a responsibility to maintain the ecological balance between humans, earth, and cosmos. Human-centred futures involve ongoing psychological, socio-cultural, aesthetic, and spiritual development, and a commitment to the betterment of earthly conditions for all humanity through education, cultural diversity, greater economic and resource parity, and respect for future generations.

By contrast, what I call 'technotopian futures' is dehumanizing, scientistic, and atomistic. It is based on a mechanistic, behaviourist model of the human being, with a thin cybernetic view of intelligence. The transhumanist ambition to create future techno-humans is anti-human and anti-evolutionary. It involves technological, biological, and genetic enhancement of humans and artificial machine intelligence. Some technotopians have transcendental dreams of abandoning earth to build a fantasized techno-heaven on Mars or in satellite cities in outer space.

This contest for the control of human futures is not new. It has been waged intermittently since at least the European Enlightenment. Because of the extreme existential risks facing humanity, it is necessary to detour backwards to appreciate how this struggle between techno-centred and human-centred futures began.

The Enlightenment contest for human futures

> Our hopes, as to the future condition of the human species, may be reduced to three points: the destruction of inequality between different nations; the progress of equality in one and the same nation, and lastly, the real improvement of man.

This quote by Flechtheim is the more remarkable when we realize that it was said over 220 years ago. Flechtheim is quoting French philosopher the Marquis de Condorcet (1743–94), who, when facing death in 1793–4 in the wake of the French Revolution, wrote *Sketch for a Historical Picture of the Progress of the Human Mind.* A key contributor to the French Enlightenment, and holding similar views to many of the German idealist and romantic philosophers, de Condorcet envisioned humans as progressing towards a perfectly utopian society. Given the exchange of ideas among French and German philosophers at the time, it is highly likely that de Condorcet was influenced by German romantic philosopher Johann Gottfried (von) Herder's *This Too a Philosophy of History for the Formation of Humanity* published just twenty years earlier. In his treatise on the evolution of human consciousness, Herder claimed, 'there exist radical mental differences between historical periods, that people's concepts, beliefs, sensations, etc. differ in important ways from one period to another'. Along with German idealist and romantic philosophers, de Condorcet was a forerunner of humanistic futures thinking.

The German romantic philosopher who stood out as a pioneer of futures thinking in the High Romantic period is Georg Philipp Friedrich von Hardenberg (1772–1801). His pen name was Novalis meaning 'that which is of the future'. One of his many projects, although it remained incomplete at the end of his short life of less than thirty years, was his *Enzyklopädistik*. As noted by Novalis scholar Chad Wellmon: 'Operating at the boundaries of the possible, the ideal, and the real, Novalis's Enzyklopädistik both reflects on the conditions of possibility of an encyclopedia and actually attempts to make one.' Novalis's mode of working 'at the boundaries of the possible, the ideal and the real' was an uncanny forerunner of current notions of possible, preferred, and probable futures. In Wellmon's view, Novalis's encyclopedia was about creating 'an anticipatory project, possible, unfinished and a future to come... an encyclopedic way of knowing'. Novalis was anticipating the emergence of both futures studies and the integral worldview in the 20th to 21st centuries. As part of his theory of cultural evolution, Novalis envisaged three ages in the social development of humanity. The kings and priests led the first. Politicians and economists led the second age, whilst the third (the emergent one) is to be led by interdependent individuals with the gift of 'inspired artistic imagination'. The third age in social development would have the characteristics of liberty, equality, and fraternity, the ideals of the French Revolution, which so inspired Novalis.

Herder, de Condorcet, and Novalis would most likely have read two other important works of their era. The first, *L'Homme machine* (1748) (*Man as Machine*) published by Julien Offray de La Mettrie (1709–51), radically overturned previous views of the human being. Although not considered scientific at the time, the mechanistic view of human nature put forward by La Mettrie cast a long shadow into the future. It influenced B. F. Skinner's 20th-century psychology school of radical behaviourism, the cybernetic view of human consciousness, and contemporary branches of transhumanism. The second was *A Philosophical Review of the Successive Advances of the Human Mind* by French economist Anne Robert Jacques Turgot (1727–81). Published just two years later, Turgot's holistic view of humanity, incorporating various social and cultural dimensions, was in sharp contrast to La Mettrie's mechanistic theory of human nature.

The striking similarity between the titles of the works by de Condorcet and Turgot cannot be mere coincidence. These French and German philosophers (Turgot, de Condorcet, Herder, and Novalis) shared a belief in human development as a humanistic ideal, interwoven with culture, society, education, and the arts. They diverged, however, in ways that reflected an important differentiation between the French and German Enlightenment. This is relevant to the two streams we see today.

Over that fifty-year time span in the second half of the 18th century, we can see the beginnings of the power struggle for human futures, between human-centred values and the dehumanization that was taking hold with the Industrial Revolution.

The German philosophical stream included the idealists and romantics, such as Herder, Novalis, Goethe, Hegel, and Schelling. They took their lineage from Leibniz and his 17th-century integral, spiritually based evolutionary work. These German philosophers seeded a spiritual-evolutionary humanism that laid down important foundations for the human-centred futures approach presented here.

The French philosophical influence included La Mettrie's mechanistic man and René Descartes's early 17th-century split between mind and body, forming the basis of French (or Cartesian) Rationalism. These French philosophers (La Mettrie, Descartes, Turgot, and de Condorcet) were secular humanists. Secular humanism is one lineage of technotopian futures. Scientific positivism is another.

Origins of a humanistic transhumanism

In 1950, Pierre Teilhard de Chardin (1881–1955) published the essay *From the Pre-Human to the Ultra-Human: The Phases of a Living Planet*, in which he speaks of 'some sort of Trans-Human at the ultimate heart of things'. Teilhard de Chardin's Ultra-Human and Trans-Human were evolutionary concepts linked with spiritual/human futures. These concepts inspired his friend Julian Huxley to write about transhumanism, which he did in 1957 as follows (Huxley's italics):

> The human species can, if it wishes, transcend itself—not just sporadically, an individual here in one way, an individual there in another way—but in its entirety, as humanity. We need a name for this new belief. Perhaps *transhumanism* will serve: man remaining man, but transcending himself, by realizing new possibilities of and for his human nature.

This quote of Julian Huxley, while frequently used to attribute to him the coining of the term transhumanism, has sparked some controversy. Some contemporary transhumanists have incorrectly cited the quote as being associated with a 1927 Huxley publication, others have ignored Huxley's contribution to the discourse altogether. Peter Harrison and Joseph Wolniak claim in their *History of Transhumanism* (2015) that the term was actually coined in 1940 by a Canadian historian, W. D. Lighthall, who draws from Dante's *Divine Comedy* and biblical references to make a case for the apostle 'Paul's Transhumanism'.

Regardless of who first coined the term, the high-tech transhumanism that developed in the late 20th century has taken off in another direction entirely. It bears little resemblance to Huxley's transhumanism, which is deeply imbued with humanistic values. Nor does it relate to Lighthall's transhumanism, which seems to be more closely linked with religious concepts such as the Christian glorification of the body. Putting these ideas aside I want to explore the contrast between Huxley's human-centred transhumanism and contemporary, technotopian transhumanism.

Huxley, a biologist and humanitarian, was the first Director-General of UNESCO in 1946, and the first President of the British Humanist Association. Huxley's transhumanism was more humanistic and spiritual than technological, inspired by Teilhard de Chardin's spiritually evolved human. Notably, Huxley wrote the introduction to Teilhard de Chardin's *The Phenomenon of Man* (1959).

Cambridge historian Alison Bashford points to two ways in which Huxley's transhumanism differed from contemporary transhumanism. First, Huxley was committed to the evolutionary imperative for all humans, not just particular individuals or populations, and secondly, his transhumanism was based on social not technological improvements through increased opportunities for all in education and health services. She notes: 'His humanism and even his transhumanism once he started using that term, was always based on what he called evolutionary humanism.' Huxley put forward notions of planetary evolution, along the lines of Teilhard de Chardin's notion of the planetization of mankind. He also promoted the idea of conscious evolution, which originated with the German romantic philosopher Schelling, but did not become a popular idea until the late 20th century.

An interesting wild card possibility is that humanists will reclaim the concept of the transhuman to reflect its origins in the evolutionary humanism of Teilhard de Chardin and Huxley. Echoing Menno Boldt's 'transcendent humanity', French social theorist and presidential adviser Jacques Attali attempts to reclaim transhumanism in such a way in his book *A Brief History of the Future*:

> Transhumans will be altruistic, a citizen of the planet, at once nomadic and sedentary, his neighbor's equal in rights and obligations, hospitable and respectful of the world. Together, transhumans will give birth to planetary institutions and change the course of industrial enterprises.

Evolving superhuman beings

The evolutionary ideas that were in discussion the century before Darwin were focused on consciousness and theories of human progress as a cultural, aesthetic, and spiritual ideal. These late 18th-century German philosophers foreshadowed the 20th-century human potential and positive psychology movements. To support their evolutionary ideals for society they created a universal education system, the aim of which was to develop the whole person (*Bildung* in German).

After Darwin, philosophers began to explore the impact of Darwinian evolution on human futures, in other ways than Spencer's social Darwinism. Friedrich Nietzsche wrote about the *Übermensch*, in *Thus Spoke Zarathustra* (1883). His concept has been translated from the German with several meanings: 'Overman, Overhuman, Above-Human, Superman, Super-human, Ultrahuman, Higher-Person, Higher-Being.' His ideas about the higher person were informed by Darwin's biological evolution and the idealist writings on evolution of consciousness. His Übermensch was also deeply connected to his ideas on freedom.

French philosopher Henri Bergson's contribution to the superhuman discourse first appeared in *Creative Evolution* (1907). Although Bergson did not directly cite Nietzsche's work, his work had its roots in Nietzsche's Übermensch. Like Nietzsche, Bergson saw the superman arising out of the human being, in much the same way that humans have arisen from animals. Rudolf Steiner, in his own research on evolution of consciousness, discussed the superman theories of both Nietzsche and Bergson. Nietzsche's notion of the superman was paraphrased by Steiner as 'The animal bore man in itself; must not man bear within himself a higher being, the *superman*?'

In parallel with the efforts of Nietzsche and Bergson, Steiner articulated his own ideas on evolving human-centred futures, with concepts such as spirit self and spirit man (between 1904 and 1925). During the same period, Aurobindo Ghose, an Indian political activist, was writing in India about the Overman as a type of consciously evolving future human being. Sri Aurobindo's integral evolutionary work drew from both the ancient Hindu texts and German idealist philosophy. Both Steiner and Aurobindo founded education systems after the *Bildung* style of holistic human development.

Analogous with the two streams of transhumanism—the techno- and the spiritual-humanistic—Teilhard de Chardin wrote about a spiritual forerunner, and humanistic counterpoint, to the technological concept of the singularity. Teilhard de Chardin's Omega Point reflects a belief that the universe is evolving toward a higher level of material complexity and spiritual consciousness. The Omega Point–Singularity tension is a touchstone for further research into human futures.

Reinventing human-centred time

The 2,500-year-old concept of linear time has itself undergone evolutionary change since Ancient Greece. What began as the more formal measurement of already recognized cosmological and natural cycles became gradually stripped of its natural and cosmological dimension. After the Industrial Revolution linear time further contracted into factory time. As time became entrapped in the industrial machine, humans came under the spell of mechanical notions of time.

However, this predictable, mechanical, conception of time began to unravel with the elaboration of Einstein's theory of special relativity and the discovery of quantum mechanics in the early 1900s. Time was no longer an object, upon which the movement or change of things can be measured in discrete, identical fragments. The new scientific discoveries had huge philosophical implications, gradually displacing fixed concepts of linear time with radically new concepts.

German phenomenologist Edmund Husserl developed the idea of 'subjective time'—the time of the soul—in contrast to external or objective time. Following Husserl's phenomenological explorations of time, Martin Heidegger spoke of the notion of 'existential time'. British philosopher Whitehead applied his process view of thinking to time and Bergson described the paradoxical notion of time as *durée* (the conscious flow of life). Bergson's views of time as having a radical multiplicity sit well with the notion of multiple futures. Husserl, with his concept of subjective time, was the first to take into account the personal, or psychological, aspect of time. Even within futures studies this psychological aspect is under-developed and needs to be further researched. Like quantum mechanics and chaos theory, these new concepts will take time to trickle into mainstream thinking.

Other societal developments have contributed to our changing sense of time throughout the last century. Accelerating technology has extended the old divisions of seconds, minutes, and hours into nanoseconds at one extreme and radioactive half-life at the other. Industrial era time is dominated by politics and economics and these metaphors dominate everyday conversations, with such phrases as 'time is money', or 'buying time'. The speed addiction of the present age can be seen in fast food outlets, instant communications, and the culture of over-consumption. The speeding up of time means that the future now rushes towards us in a hurry!

Yet life today is not simple and one-dimensional. In contrast to the accelerating anxiety and time panic of the 21st century, counter-trends are emerging, such as the slow movement and the retro travel movement. The old concept of cyclical time is being reclaimed from both non-Western and feminist perspectives. These emerging issues suggest a gradual move to re-examine our relationship with time and rediscover time's multifaceted relationship with nature and cosmos that has been hidden in plain sight while time was tied to the industrial era worldview.

Conscious human-centred futures

From a human-centred perspective on consciously evolving human futures there have been several important 20th-century developments. Increasingly in the last fifty years, evolutionary change can be found in most of the major academic disciplines. I have coined the term 'megatrends of the mind' for these developments. They are indications of the evolution of consciousness, which Ervin László claims 'has become a pre-condition of our collective survival'.

An environmental scan of the major fields of knowledge shows new ways of thinking have emerged within science, philosophy, psychology, and education. In science we can observe the early 20th-century scientific turn from classical physics to quantum physics, followed by the shift from the closed system of classical physics to the open systems of postclassical biology, chaos, and complexity sciences. A similar transition can be found in Western philosophical thought from modernism to postmodernism and poststructuralism. The singular notion of philosophy, implying British analytic philosophy, has expanded into a philosophical pluralism that acknowledges comparative, process, and integral philosophies. Over the last fifty years psychology has extended beyond the clinical, empiricist, and behaviourist models to new approaches that include humanistic, transpersonal, developmental, and postformal psychology theories. Evolutionary waves of change can even be observed in the stalwart discipline of education. The factory model of formal schooling designed for the 19th century is being challenged by innovative, postformal pedagogies better suited to the 21st century.

The movement to counterbalance the excesses of fragmentation associated with disciplinary specialization is well established via inter-, multi-, and transdisciplinary approaches. It is part of more integrated futures of knowledge creation.

Three major bodies of research offer counterpoints to the techno-transhumanist claim that superhuman powers can only be reached through technological, biological, or genetic enhancement. They show that humans may have far greater capacities across several domains than we realize. In brief these themes are the future of the body, cultural futures, and futures of thinking.

Contemporary research points to the superhuman potential already available within us. Michael Murphy's book *The Future of the Body* documents 'superhuman powers' unrelated to technological or biological enhancement. For forty years Murphy, founder of Esalen Institute, has been researching what he calls a *Natural History of Supernormal Attributes*. He has developed an archive of 10,000 studies of individual humans, throughout history, who have demonstrated supernormal experiences. Expanding considerably on Bostrom's three categories of 'healthspan ... cognition ... emotion', Murphy's classification includes twelve groups of attributes:

> Perceptual abilities, kinesthetic awareness and self-regulation, communication abilities, vitality, movement abilities, abilities to alter the environment, capacities for pain and pleasure, cognition, volition, sense of self, love, and bodily structures and processes.

In almost 800 pages Murphy documents the supernormal capacities of humans as diverse as Catholic mystics, Sufi ecstatics, Hindi-Buddhist siddhis, martial arts practitioners, and elite athletes. Murphy concludes that these extreme examples are the 'developing limbs and organs of our evolving human nature'. We also know from the examples of savants, extreme sport and adventure, and narratives of mystics and saints from a variety of religions, that we humans are always extending ourselves.

Is it possible that the obsession with techno-enhancement is preventing us from consciously evolving our inherent super-human potential? It is certainly the case that many young people are showing signs of addiction to their mobile phones and computers. Evidence of this includes the appearance of digital detox clinics and the emerging issue of Internet addiction disorder.

Regarding cultural evolution, throughout the 20th century, numerous scholars and writers have put forward ideas about human futures drawing on the German idealists, Teilhard de Chardin, Gebser, and others. Contemporaries include Ervin László, who links evolution of consciousness with global planetary shifts; Duane Elgin, who writes about the evolution and futures of society; Richard Tarnas, whose book *The Passions of the Western Mind* traces socio-cultural developments over the last 2,000 years, pointing to emergent changes; and Habermas, whose book *Communication and the Evolution of Society* suggests a similar developmental pattern. In the late 1990s Duane Elgin and Coleen LeDrew undertook a forty-three-nation World Values Survey, including Scandinavia, Switzerland, Britain, Canada, and the United States. They concluded, 'a new global culture and consciousness have taken root and are beginning to grow in the world'. They called it the postmodern shift and described it as having two qualities. The first was the ecological perspective which they saw as a 'spacious perspective, [through which] the

Earth (and even the cosmos) are seen as interconnected, living systems'. The second was a self-reflexive ability to step back from the rush of life. These qualities may be behind the slow-time, retro travel, and other emerging movements, and lead us directly into postformal reasoning.

Adult developmental psychology research builds on positive psychology, and the human potential movement beginning with Abraham Maslow's book *Further Reaches of Human Nature* (1971). In combination with transpersonal psychology the research is rich with extended views of human futures in cognitive, emotional, and spiritual domains. For four decades adult developmental psychology researchers such as Michael Commons, Jan Sinnott, and Lawrence Kohlberg have been researching the systematic, pluralistic, complex, and integrated thinking of mature adults. They call this mature thought 'postformal reasoning' and their research provides valuable insights into higher modes of reasoning that are central to the discourse on futures of thinking. Some of the features that these psychologists identify include complex paradoxical thinking, creativity and imagination, relativism and pluralism, self-reflection and ability to dialogue, and intuition. Wilber's integral psychology research is integrated with his cultural history research to build a significantly enhanced image of the potential for consciously evolving human futures. I have applied these findings to education in *Postformal Education: A Philosophy for Complex Futures*.

Given the breadth and subtlety of postformal reasoning that is available for us to develop, how likely is it that machines could ever acquire such higher functioning human features as these? The technotopians discussing artificial superhuman intelligence carefully avoid the consciousness question. Bostrom explains that all the machine intelligence systems currently in use operate in a very *narrow* range of human cognitive capacity (weak AI). Even at its most ambitious, it is limited to trying to replicate 'abstract reasoning and general problem-solving skills' (strong AI). ASI proponents seem unaware of the research on evolution of consciousness, metaphysics of mind, or philosophies and psychologies of consciousness showing that human intelligence is continually evolving.

Even if techno-developers succeed in replicating general intelligence, at best it would function as Jean Piaget's formal operations albeit with greater processing speed. We now know from the adult developmental psychologists that mature, high-functioning adults are capable of complex, postformal reasoning. It is questionable whether anyone working with AI is aware of the limits of formal reasoning let alone that there are higher stages of postformal reasoning. And what do they know of Howard Gardner's theories of multiple (human) intelligences? There is no evidence in the literature on AI that the theories about higher-level reasoning are being addressed.

These developments in thinking and systems of knowledge represent a major shift from the industrial worldview associated with positivism, modernism, and Piaget's formal reasoning, to the post-industrial worldviews of post-positivism, postmodernism, and postformal reasoning. If we look towards the longer-term futures of thinking we can expect to see more of the features of postformal reasoning appearing. Although this evolutionary aspect is rarely explicitly included in the futures literature, futures scholars and researchers are not immune to these influences. The mind-set shift is slowly trickling into the futures discourse. Hideg points to a new evolutionary paradigm of futures studies emerging at the end of the 20th century.

When all of this research is taken together it indicates that we humans are already becoming capable of far greater powers of mind, emotion, body, and spirit than previously imagined. If we seriously want to develop superhuman intelligence and powers in the 21st century and beyond we have two options. We can continue to invest heavily in our technotopian dreams of creating machines that can operate better than humans. Or we can invest more of our consciousness and resources on educating and consciously evolving human futures with all the wisdom that would entail.

The human futures terrain is vast and complex, and this chapter should be read as the beginning of a conversation that has barely begun.

Chapter 6
Grand global futures challenges

Canvassing global perspectives

Anyone who thinks deeply and looks beyond their own household will see a large number of global challenges as unpredictable futures rush towards us. The challenges we face for near and long-term futures have been called a crisis of crises. They range across the gamut of socio-cultural, geo-political, and environmental domains. Bearing in mind that all these challenges are complex and systemically interconnected, this chapter offers multiple starting points for further dialogue. Futurists discuss the grand global challenges from a variety of perspectives.

James Dator calls them the 'Unholy Trinity, Plus One'. Dator's Unholy Trinity is the end of cheap and abundant oil; multiple environmental challenges; and global economic and fiscal collapse. Dator's Plus One is lack of adequate government intervention. Jorgen Randers claims that a sustainability revolution is under way, but that it will take most of this century to complete. He identifies five big issues, which are inextricably linked with the sustainability revolution and its likelihood of success. His big issues are the end of capitalism, the end of economic growth, the end of slow democracy, the end of generational harmony, and the end of stable climate. Futurist, ethical economics expert, and author Hazel Henderson also focuses on one central transition. In her 2014 monograph *Mapping the Global Transition to the Solar Age*, Henderson highlights the transition from the obsolete industrial era mind-set to an emerging solar age as a path to a 'more green and sustainable economic future'.

In *All Tomorrow's Crises* Kreibich identifies ten critical megatrends (including pressures on the environment through indiscriminate exploitation of natural resources, population growth and demographic change, globalization of industry, and increased global mobility). He also notes ten core global change problems (including climate change, pollution of oceans and atmosphere, threats to food and water security, global epidemics, and increase in non-sustainable lifestyles). Kreibich's concern, that we are ignoring the resources at our disposal, echoes Dator.

> The core problems of global change are even now deeply affecting all areas of life, and although we already have a great deal of knowledge about the future, very little is being done. There is a huge gap between the challenges—even crises—that we know lie ahead and the practical responses offered on the global, national, and regional levels.

Glenn and Gordon from the Millennium Project (MP) use '15 Global Challenges' as a useful framework to assess global and local prospects for humanity. They include environmental issues such as sustainable development and climate change, clean water and energy; social issues such as population and resources, rich–poor gap, education and learning, status of women and health; science and technology including global convergence of IT; and geo-political issues such as global ethics, transnational organized crime, peace and conflict, democratization, and global foresight and decision-making. Their continuous research with over 4,000 global experts has been reported annually since 1996 in the MP *State of the Future Report*.

The World Economic Forum publishes an *Outlook on the Global Agenda Report* each year with ten trends that will have the biggest impact on the world short-term (twelve to eighteen months). Introducing the 2015 report Al Gore noted the inextricable links between the two dominant issues, economic and environmental. In summary:

> Today, we see the consequences of short-term economic thinking and the reckless use of our planet's resources: water disputes between neighbouring nations, more frequent and powerful extreme weather events brought on by our warming climate, an on-going global deforestation crisis, a rapidly acidifying ocean, eroding topsoil and agricultural capacity, and an alarming biodiversity crisis unparalleled in modern history.

Based on these global perspectives, and my own research and analysis, I synthesize the major global futures challenges into twelve clusters of issues across three broad domains: environmental, geo-political, and socio-cultural. My first mind-map (see Figure 13) includes current trends likely to create major problems for futures of humanity. In a second mind-map I include counter-trends, twists, and surprises (see Figure 14). These alternative futures have potential to mitigate, disrupt, or even reverse the dominant trends and enable others to imagine and create alternatives to the disturbing trends being forecast. Then I focus on Three Grand Global Challenges: growing urbanization, lack of (or inadequate) education, and climate crisis.

Environmental trends and surprises

In the broad environmental domain ecosystem, energy systems and climate crisis are clearly interconnected. I include health because healthy human futures are so reliant on how we deal with the future of our earth, its atmosphere, biosphere, climate, plants, oceans, and sentient beings.

The entire ecosystem of the earth is under severe strain and we have known this for decades. There are widespread concerns

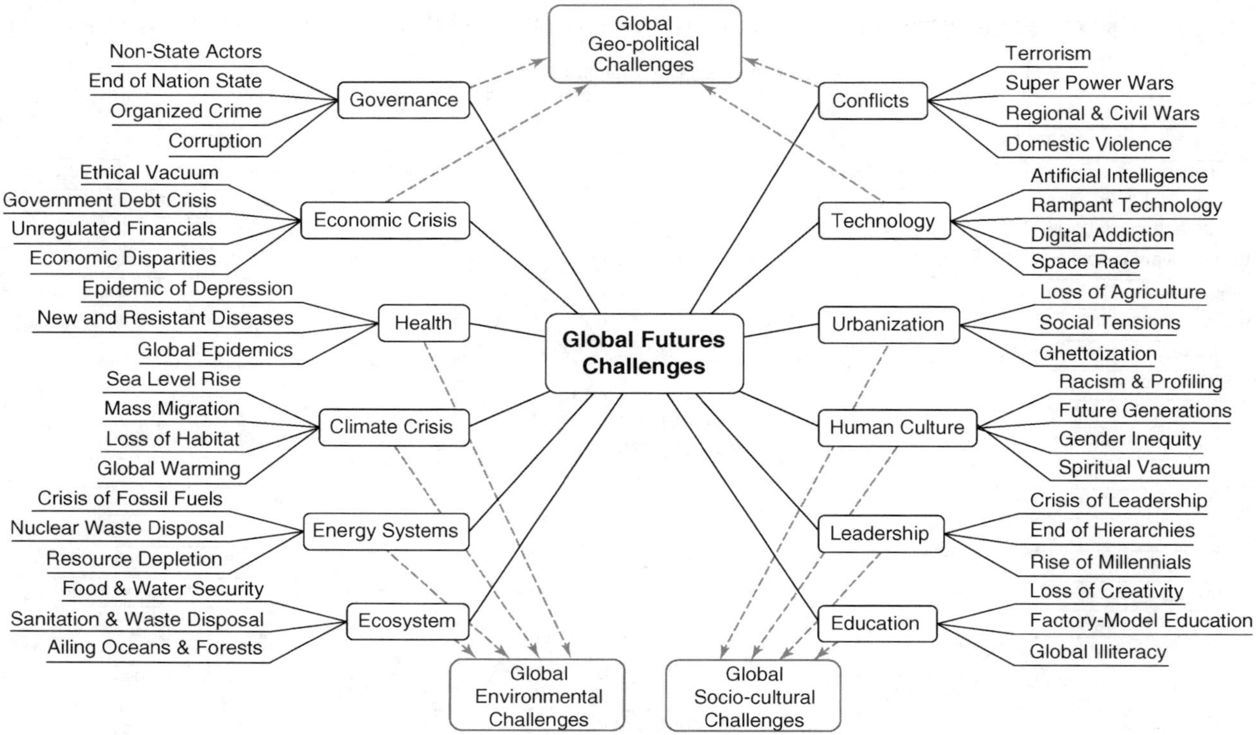

13. Global environmental, geo-political, and socio-cultural challenges.

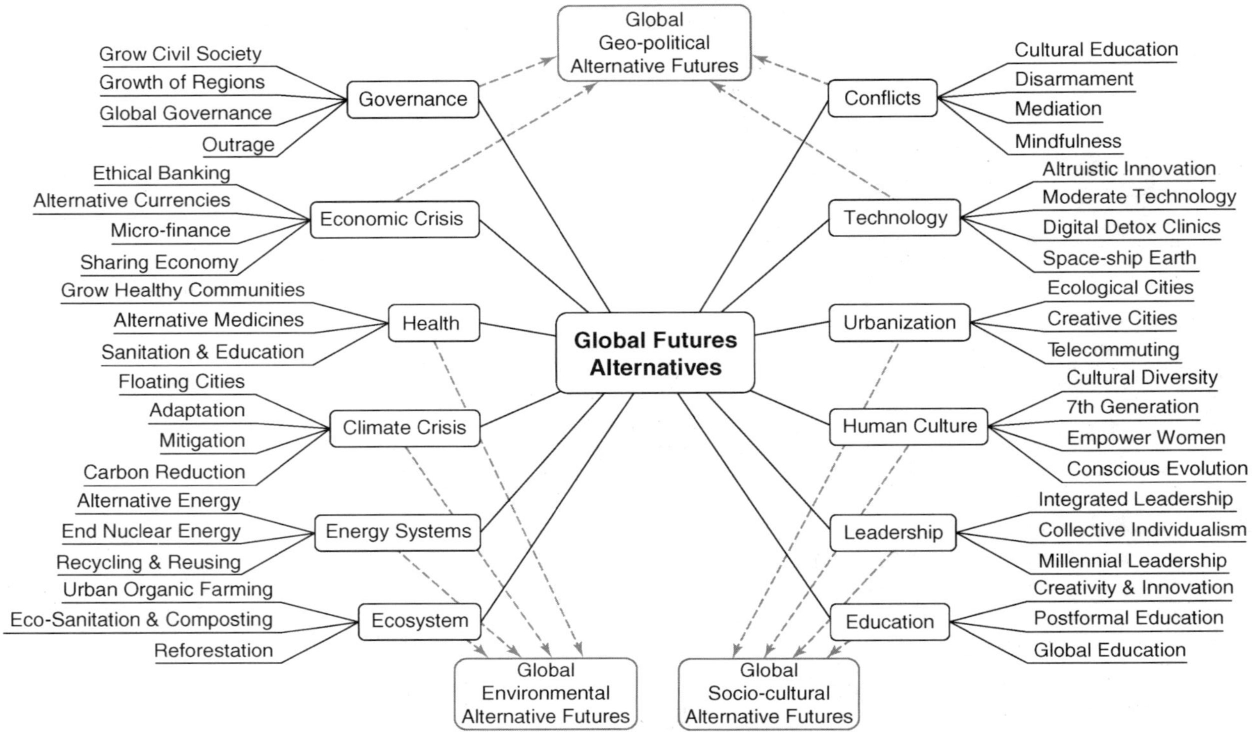

14. Alternative global environmental, geo-political, and socio-cultural futures showing multiple counter-trends and alternatives to overcome the challenges.

about food and water security for an expected global population of 9 billion by 2040, based on UN Department of Economic and Social Affairs (DESA) projections 2015–50. Increasing water stress is one of the top ten trends in the World Economic Forum Report for 2015. From an economic and resources perspective, growing urbanization means that rural land is shrinking. Given that rural regions have traditionally supplied most of the food for urban areas, reduced rural land and populations could lead to serious food shortages.

There are many weak signals globally that citizens want to take back control over their food and water security. Attempts to control global food supply by multinationals such as Monsanto are increasingly being resisted by national governments in response to popular demand. Similarly, the Bolivian people successfully took back their urban water supply from corporates in 2000 in a series of protests called the Cochabamba Water War. Cities seeking to creative sustainable solutions are experimenting successfully with vertical gardens, bush food forests, and urban farms, which are part of the growing creative and eco-city movement designed to deal with food security. Cuba embraced and adopted sustainable solutions in its search for political and economic independence after the US embargo. Havana is now a world leader in urban agriculture with more than 50 per cent of its fresh produce grown within the city limits, using organic compost and simple irrigation systems. Organic agriculture, urban gardening, permaculture, herbal medicines, renewable energy, and waste minimization have all developed rapidly since 1990. Signals of a shift from extractive to ecological alternatives to ailing oceans, deforestation, and waste disposal—through reuse and recycling—are weak but not insignificant.

Disturbing energy trends include peak oil and the crisis of fossil fuels, nuclear waste disposal, and overall resource depletion. Welcome counter-trends include the upsurge in renewable energy, the growing awareness of the global need to reuse and recycle, particularly among young people, and the movement to end nuclear energy, because of the near impossibility of eliminating the dangers of waste disposal.

In the global health domain, new and resistant diseases are emerging, some of them threatening to reach pandemic proportions. A global epidemic of mental health problems includes depression, anxiety, and suicide, particularly among the young. In the USA suicide is the third leading cause of death among children aged 10–14 and the second among young people aged 15–34 years. The World Bank claims that depression is a major contributor to the overall global burden of disease. In April 2016 the World Health Organization cited depression as the leading cause of disability, affecting an estimated 350 million people of all ages globally. Counterpoints to these alarming trends include a renewed focus on healthy communities, futures visioning work with young people, alternative and traditional medicines to complement antibiotics, better sanitation in countries most in need, and, last but not least, global educational transformation.

Trends and twists in global power

As part of global power I include the geo-political issues of governance and conflicts, economic issues, and technology—the latter because digital technologies are so ubiquitous that we cannot isolate the power structures from the technologies they are embedded in. Future global governance challenges stem from the shift from a bi-polar (Cold War) world to a multi-polar world (G-20); the rise of non-state actors such as terrorist networks, aided and abetted by the digital revolution; and organized crime and corruption across many levels of global society. There is a paradox with respect to the nation-state: on the one hand there is an intensification of nationalism, which the World Economic Forum (WEF) *Outlook on the Global Agenda Report for 2015* views as a demand for protection against the perceived economic disruption and social dislocation caused by globalization. On the other hand an erosion of power of the nation-state to deal with the complexity of issues leads to a parallel rise in power of city mayors. The tension is evident in the chaos of the British referendum to exit the European Union. The twists and counter-turns in the play of power include growth in high-level global non-government organizations such as the United Nations and its subsidiaries since the end of the Second World War; the emergence of regional geo-political and economic partnerships, such as BRICS (Brazil, Russia, India, China, and South Africa); and the explosion of civil society activism both on the ground and digitally. The Outrage movement is a powerful example of the energy that can be mustered to counter the corruption and abuse of power experienced by everyday citizens.

Economic crisis dominates discussion on global futures challenges. While the media focuses on rising and falling share prices, interest rates, property values, and whether there will be another GFC, another looming economic crisis is largely invisible. In the last few decades the disparity between rich and poor has increased exponentially, both within nations and across the globe. In the WEF *Outlook 2015* 'deepening income inequality' was at number one. In the USA the richest 1 per cent of Americans own 45 per cent of America's wealth, while the bottom 50 per cent of Americans do not own anything. The WEF report indicates that this is not just a problem for developed countries but rather in most countries 'the poorest half of the population often controls less than 10% of its wealth'. While the free market argument is that wealth will trickle down to the needy, in most cases the increasing wealth continues to 'trickle up' to the already wealthy. The WEF research cites improved education as one of the best solutions. On the alternative futures horizon we find the rise of the sharing economy, micro-finance, alternative currencies, the love economy, and ethical banking. None of these will overcome the ethical/moral vacuum lying under the greed of the grasping billionaire minority who must daily turn a blind eye to the needs of the common good. Only individual moral awakening can achieve this.

The shape of conflicts is changing to reflect the geo-political tensions between globalism and nationalism, the growing economic disparity, the rise of non-state actors, and the freedoms and shadows of the digital revolution. As an example, terrorist group ISIS jumped in opportunistically to take advantage of the chaos of the British exit from the European Union. Lone wolf terrorists, who may be isolated psychopaths, claim allegiance to Islamist jihad as a way to justify their crimes. Growing economic disparity is a sleeping giant in terms of potential conflict if disenfranchised populations decide to take united action. Such revolutionary energy of the disenfranchised was amplified digitally in the initial surge of the Arab Spring to overthrow despotic governments. It was largely orchestrated by the millennial generation in North Africa, using Twitter and Facebook. Notwithstanding that, the surge was too weak to sustain itself. Like most violence and conflict, cyber-terrorism has both a geo-political and domestic face. We are only seeing the tip of the iceberg in terms of the socio-cultural and economic impact of emerging issues such as cyber-bullying, cyber-stalking, and identity theft in the domestic arena.

Socio-cultural trends and counter-trends

After brief pointers on the broad domain of human culture and leadership, I focus in more detail on growing urbanization and the failure of education, globally.

Some of the entrenched global challenges in human culture are racism, as found in ethnic and racial profiling; gender inequity; neglect of the rights of future generations; and tensions arising between the extremes of religious fundamentalism and the spiritual vacuum of secularism. A promising cultural counter-trend is the emerging movement to replace GDP growth with growth in well-being as a societal goal.

A vital socio-cultural futures issue is how we care for future generations, the children of our children's children. What kind of earth, environment, tangible and intangible resources are we bequeathing to them? This includes food and water security, safety from war, violence, and toxic environments, and, of course, quality education. Taking a cultural futures lens to future generations, we find the 7th Generation Principle of indigenous peoples, especially of North America. This principle means that elders are guided in their decisions and actions by considering the needs of their descendants, seven generations into the future. This is a wise, futures-oriented principle that has clear benefits for human and earth futures.

The WEF *Outlook 2015* ranked 'lack of leadership' in the top three challenges facing humanity. This crisis of leadership stems from the shift from old hierarchical, militaristic leadership models to new generation collaborative, digital, networked approaches; the rise of millennial post-industrial values; and the sheer complexity of life. Alternatives such as transformational, millennial, and postformal integrated leadership are arising, but will leave a leadership vacuum for some time.

The grand urbanization challenge

Urbanization, the movement of people from rural areas into towns, cities, and, more recently, mega-cities, has been a growing global trend since the beginning of the 20th century. In 1900 only 10 per cent of the global population lived in cities. By 1950 29 per cent of the world's two and half billion people lived in cities. In 2010 the global urban population tipped beyond 50 per cent. In 2014, 54 per cent of the world's population of over seven billion was urbanized. The UN DESA Population Division (2014) projects that by 2050 the 1950 proportions will be reversed with 66 per cent of the global population being urbanized. The picture of growing urbanization is complex, diverse, and heterogeneous and there are emerging counter-trends. First, I want to make a distinction between 'old urbanization' and 'new urbanization' (sometimes called 'new urbanism').

Key drivers of old urbanization over the past fifty years were industrialization and globalization, both motivated by the desire for economic growth. The drivers of the new urbanization include sustainability and the creativity required to build a sustainable post-industrial urbanism that values people and planet over profit. In the coming decades nations of Africa, Asia, and Latin America will continue to play catch-up with the global north. Many do not want to merely copy what the old urban zones were doing fifty years ago, but to keep abreast of the new urbanization drivers: sustainability and creativity.

While sustainability is a goal of the new urbanism it is threatened by growth that is too rapid with insufficient time for basic infrastructures to be developed (such as power and water supplies, sanitation, health services, education, and transportation).

When rapid urbanization occurs in pre-industrial societies, as it has in Africa, parts of Latin America, and elsewhere, instead of improved living conditions the UN DESA in its *World Urbanization Prospects: The 2014 Revision* reports the following:

> Hundreds of millions of the world's urban poor live in sub-standard conditions...[including] rapid sprawl, pollution, and environmental degradation, together with unsustainable production and consumption patterns.

Such rapid growth undermines the three pillars of sustainable development recommended by the Rio+20 United Nations Conference on Sustainable Development in 2012. These are 'economic development, social development and environmental protection'. Rapid urbanization does not generally benefit the whole community equally. Most industrializing nations follow the free-market American model, which brings greater social disparity and poor working and living conditions for disenfranchised immigrant workers, the youth, the elders, and women.

Rapid urbanization also depletes and diminishes the zones of natural vegetation and wilderness that once surrounded cities and provided habitat for diverse species. New forms of regeneration of forests, grasslands, and wetlands need to be developed if we are not to turn the whole earth into a desert. The greening of established cities, like Berlin, Manchester, and New York, can be models for planners in Nigeria so they do not repeat the old mistakes. There is an urgent need for more experienced urban environments to develop sustainable cities policies so that newly urbanizing regions can benefit from the hard experience of the old industrialized nations. In a globalized, interconnected world, there is no excuse for ignorance. Cities can form alliances and networks for knowledge sharing about paths to sustainability and resource management. Internet technology can be used to disseminate research and knowledge about more socially and politically equitable forms of urbanization, as we find in Scandinavian countries. However, lack of access to technology can be a consequence for those remaining in rural regions.

Efforts towards sustainable urban development in emerging nations show mixed success. Masdar City, Abu Dhabi, UAE, is due for completion in 2025 and aims to be one of the world's most sustainable, low-carbon, low-waste cities. China and Singapore are collaborating on an eco-city project, Tianjin City, designed to be a model of sustainable urban development throughout Asia and the world, planned for completion in 2020. While the reality of these cities is falling short of the ideal it is welcome to see sustainability principles being attempted globally.

The creative city movement is a counter-trend that will shape the way cities urbanize in coming decades, supported by the Creative Cities Network, a UNESCO partner. In *Creative City* (2007) Maurizio Carta points to three design dimensions: 'culture, communication and cooperation, which support the development of a creative class, and contribute to urban regeneration and sustainability'. These validate Richard Florida's 'creative class' and Paul Ray's 'cultural creatives'.

Some Latin American nations are examples of wise urbanization using sustainable and creative approaches to transportation (Curitiba, Brazil) and integrated social practices introduced by Mayor Enrique Peñalosa between 1998 and 2001 (Bogotá, Colombia). In Australia the desire to own a large suburban house and land is wilting before the cultural attraction of post-industrial chic, inner-urban regeneration of factories and warehouses. Creativity is central to transforming cities from black and dirty industrial wastelands to green and sustainable creative cultural hubs such as Berlin and Manchester. The post-industrial counter-trend is welcomed by millennials with their creative, green, and collaborative values. In this context, post-industrial refers to value clusters connected with creative, sustainable, and wise urbanization, rather than an outright rejection of industrialization.

The grand education challenge

Over seventy years ago, the UN Universal Declaration of Human Rights asserted that: 'everyone has a right to education'. In 1990, the World Bank, UNICEF, UNDP, and UNESCO held a World Conference on Education for All in Thailand, creating the 1990 Jomtien World Declaration on Education for All. The Education for All (EFA) project, now run by UNESCO, has had some success in increasing access to schooling for many children and improving literacy rates overall.

However, major challenges remain for the Education for All Agenda. First, there are serious cultural implications of importing one system of education (largely Euro-American) into other cultures. Secondly, it is difficult to assess whether the increased attendance at school is actually increasing learning and life opportunities. Thirdly, it is doubtful that the imported education model will meet the needs of diverse cultural futures in a rapidly changing world.

Between 1990 and 2010 there has been improvement in some areas. In 1990, more than 100 million children had no access to primary schooling. In 2010, there were still almost 61 million primary school-age children out of school, 47 per cent of whom were believed to be unlikely to ever enter school. Over 30 million of the out-of-school children in 2010 lived in sub-Saharan Africa with over half of these being in the category of 'unlikely to ever enter school'. By 2012 another 3 million in the 6- to 11-year age group had entered school. But this is a long way from the UN Millennium Development Goal that 'by 2015, children everywhere, boys and girls alike, will be able to complete a full course of primary schooling'.

The UN declaration of education as a human right was the foremost driver of educational change in recent decades. New drivers have arisen in the higher education sector, which is inextricably caught up in the market forces of globalization and corporatization. Other drivers include the increasing commodification of education associated with the knowledge industry; the information revolution including Massive Open Online Courses (MOOCS); and the rise of the global south.

Educational developments in much of south and western Asia, Latin America, central eastern Europe, and the Arab states are significant. They demonstrate that global education has gathered its own momentum and is no longer just imposed or implanted from the global north. Educational innovation in the global south is self-generating and continues to lower numbers of international students enrolling in Australia, Canada, and the USA.

Looking to the future it is clear that UNESCO with its long-term commitment to human rights is motivated to continue with the Education for All Agenda and will prioritize the most challenged regions, such as sub-Saharan Africa. UNESCO, like other UN agencies and partners, must now shift emphasis from the Millennium Development Goal (MDG) (2000–15) of educational access for all, to the Sustainable Development Goal (SDG) (2015–30) that prioritizes quality education. John Coonrod of The Hunger Project summarized the differences between the two sets of goals as follows:

> The MDGs focused on quantity (eg, high enrollment rates) only to see the quality of education decline in many societies. The SDGs represent the first attempt by the world community to focus on the quality of education—of learning—and the role of education in achieving a more humane world: 'education for sustainable development and sustainable lifestyles, human rights, gender equality, promotion of a culture of peace and non-violence, global citizenship, and appreciation of cultural diversity and of culture's contribution to sustainable development.'

The Education for All project may in the long run overcome the challenge of global illiteracy, but was never designed to deal with the subtle cultural challenge of imposing the Anglo-European industrial era education model on other cultures. Nor are there any easy fixes in sight for emerging educational challenges, particularly in the USA, such as declining creativity among school-aged children and the rise in home-schooling. Home-schooling is being reported as the fastest-growing form of education in the USA with estimates of between two and three million school-aged children being educated at home. While not in itself a problem, when we consider that home-schooling is increasing so dramatically as a result of discontent with mainstream education, it does present a challenge for US educational policy-makers.

The biggest educational futures challenge is not just access. It is how to transform education so it is culturally appropriate and designed to develop whole human beings who are futures-focused and can think creatively about how to deal with emerging challenges. The old fragmented, mechanistic, and materialistic ways of thinking are not capable of dealing with the growing complexity of global environmental, economic, and societal change. Much that is called new knowledge is *not-so-new* knowledge repackaged in new technologies. Creativity, imagination, critical thinking, and complexity are important higher-order cognitive capacities. They are needed to enable the radical rethinking of education that the 21st century demands, if it is to adequately prepare young people for exponential change and uncertainty.

The megatrends of the mind are vitally important for educational futures. Education, along with thinking, needs a complete overhaul, as Edgar Morin argues:

> One of the greatest problems we face today is how to adjust our way of thinking to meet the challenge of an increasingly complex, rapidly changing, unpredictable world. We must rethink our way of organising knowledge.

Not only futurists, but also leading thinkers in many fields (complexity science, ecology, education, integral studies, philosophy, psychology, spirituality studies, and systems theory) attempt to grapple with these challenges. Like Morin, I believe that more complex, self-reflective, organic ways of thinking will be vital in reshaping education, so young people are better equipped for the complexity, paradox, and unpredictability. We urgently need new forms of education based on new thinking, as I write in *Postformal Education: A Philosophy for Complex Futures*:

> While so much has changed out of all recognition in the last hundred years, the institution of formal schooling still resembles the factory schools built to provide human fodder during the Industrial Revolution. Fundamentally, we are still educating our children as if we were living in the 19th century, albeit with a few added digital gadgets, and online infotainment.

The global-societal challenges we face as a species have a huge impact on young people and future generations. The failure of formal schooling to prepare young people to meet those challenges is the subject of much of the critical education literature and more recently fills the pages of education blogs, globally. Global education researchers, practitioners, and policy-makers must tackle the complex global-societal challenges discussed here if education is to contribute to local communities, national priorities, and the global common good.

If we de-link education from economics it can reclaim its place in the socio-cultural domain. Teachers will no longer be primarily child-minders, researchers will not be primarily fund-raisers, and curricula will become focused on the whole-person development of children and young people. Once the profit motive has been removed from education and replaced by cultural motives to develop individuals, and improve society, the complex global challenges may begin to be tackled afresh.

The grand climate challenge

The most disturbing global challenge is climate crisis. I acknowledge that the notion of anthropogenic climate change is not universally agreed, and that while the science is clear the politics is not. There is a great deal of agreement among climate scientists that the planetary climate is changing in ways that increase risk for a large proportion of the global population. It is widely agreed that this is a result of a century of industrialized human lifestyle and that it is potentially irreversible. The most significant devastating effects on global human society in the foreseeable future are expected to be melting polar glaciers, leading to rising sea levels, flooding of Pacific islands, and inundation of low-lying countries and large coastal mega-cities. This is very likely to drive mass migration on a scale not seen for 10,000 years, but not many people are talking about this.

Because of the complexity of climate crisis all available pertinent knowledge needs to be brought together. I explore here whether parallels exist between the diverse approaches shown in my futures typology (see Table 1: Chapter 3) and current approaches to climate change (see Table 2).

The most common futures methods being used in climate research are trend analysis/modelling and expert scenario mapping based on the projections. These are heavily weighted towards the predictive/empirical approach and to a lesser degree towards the critical approach. Empirical and statistical data form the basis of expert, or top–down, scenarios used to evoke change. There may be value in collaboration between climate scientists and empirically oriented futures researchers. Collaboration would focus on the probable future as indicated by trend analysis and modelling. However, such approaches rarely elicit engagement or motivation from local communities, as they imply passive adaptation, rather than active participation.

The critical futures approach asks the question, 'who decides what is preferred?' This normative approach to climate futures is used in the UN Framework Convention on Climate Change (UNFCCC) agreement (1992), the Kyoto Protocol (1995), and the annual Conference of Parties (COPs). They critique existing climate insensitive activities associated with hyper-development. They also engage in collaboratively designed targets for reducing GreenHouse Gas (GHG) emissions to mitigate global warming, to enable preferred climate futures for the global population.

A climate approach based on the cultural/interpretive futures philosophy would critique the Western development model of hyper-development and neoliberal globalization taking a post-colonial or post-industrial view. It would evoke alternative possible climate futures by engaging with the voices of indigenous elders, women, youth, and hypothetical future generations.

Table 2 Futures approaches to climate change

Futures studies approaches	Futures studies key terms	Climate change approaches	Climate change key terms
Positivist approach: the future of climate change			
Predictive/ empirical	'probable future'	Climate trends 'Top–down Scenarios'	Trend is destiny Mitigation Passive adaptation
Pluralism of futures approaches to climate change			
Critical/ postmodern	'preferred futures'	UNFCCC protocols Emissions targets	2% Warmer stabilization
Cultural/ interpretive	'possible or alternative futures'	Women, youth, indigenous voices, Climate Alliances	Futures for the climate vulnerable
Participatory/ prospective	'prospective or participatory futures'	Climate activism 'Bottom–up' scenarios	Active co-evolution Social learning co-creation
Integral/ holistic	'planetary or integral futures'	UN protocols Global collaboration All of the above	Global climate justice

Examples of climate protection aligned to this approach include the Climate Alliance of European Cities with the Indigenous Rainforest Peoples and the Australian Youth Climate Coalition.

The participatory futures approach involves informed forward thinking and active engagement to enable its empowering and transformative potential. While climate activism is participatory and action-oriented it needs to be well informed about the complexity of climate issues to claim wider legitimacy. Participatory futures involves community-based scenario building in climate-vulnerable communities and could be used worldwide to empower threatened communities. This approach could increase motivation towards household actions that can mitigate global warming, and also assist with the kind of social learning that supports adaptation.

Anthropogenic climate change is a planetary issue of meta-proportions and meta-complexity requiring global, national, regional, and local collaboration. An integral futures approach has much to offer climate futures in turning around current trends and finding creative ways to co-adapt to the inevitable. Although integral futures is not sufficiently embedded in either the futures field or the climate change field to have a large impact, the approach has potential for climate futures, particularly by integrating multiple approaches. Based on the expectation that sea levels will rise significantly in the foreseeable future, integrated approaches are being taken in low-lying countries like the Netherlands where architects are working with planners to create different kinds of floating houses and urban conurbations.

Conclusion

In this *Very Short Introduction* to the Future I have introduced you to multiple ways that we can think and talk about the future and shown its evolving relationship with time. Through a 3,000-year journey back in time I was able to give you a glimpse of the different ways that people have related to the future. The future has been prophesied, divined, imagined, colonized, feared, forecast, strategized, and created. As multifaceted as humanity itself the future can never be fully known, predicted, or controlled, but it can be better understood.

I have introduced you to the breadth and depth of the futures studies field, the range of approaches to exploring and creating multiple futures, and the extent of resources that can be tapped into. I have tried to offer some hope going forward by drawing on resources from my long-term engagement with futures studies, and sharing them with you. My working definition of futures studies is as follows:

> Futures Studies is the art and science of taking responsibility for the long-term consequences of our decisions and our actions today.

Once we know there is not one predictable future, as many leading-edge thinkers realized in the middle of the last century, we are freer to imagine alternative futures and work towards creating the futures we prefer—for self and humanity.

In my work over the years with young people, as a mother, an educator, a psychologist, and futurist, I found that young people are often very deeply affected by the negative images of the future portrayed in the media and dystopian movies. I learned that fear of the future or lack of ability to imagine a positive future can lead to depression, anxiety, and even suicide.

It is my hope that many young people will read this book. I want them to be aware of the grand global challenges faced by humanity, but not to be alarmed. A sense of fear and hopelessness often comes from not knowing enough. By introducing the challenges, hand in hand with the many alternatives and counter-trends, I want young people to feel inspired and empowered to change the trends they don't agree with. I want them to think creatively and imagine alternative futures that they could design.

By working collaboratively for positive change, whether in the area of climate change, alternative energy, humanitarian causes, health, economics, or transforming education, we can create a critical mass for creating positive futures.

We all have the capacity to create our desired futures, far more than most of us realize. As the only space where we have a degree of freedom, the future is a site of great power. Who holds that power in your life? The type of future we actually create reflects our values, ethics, morality, and level of consciousness.

I opened this *Very Short Introduction* to the Future with a provocative claim that the future we face is a threatening one. My intention was not to be a fear-monger but to raise awareness about the gravity of the challenges we do face. We can't change much from a place of ignorance: only from a place of awareness.

Although many of these challenges may seem insurmountable, they are in our power to deal with constructively if we choose to meet them with clarity, imagination, and courage. However, if we choose to keep our heads in the sand, and not care about our common human futures, we do so at our peril.

Appendix: Global futures timeline

1st MILLENNIUM BCE	
1,000 >	The Sibyls.
1,000 >	The Prophets.
380	Plato *Republic*—utopian society based on justice.
145–90	Ssu-Ma Chien (Sīmǎ Qiān)—theory of cycles of virtue.
106–43	Cicero, Roman philosopher, distinction between 'facta' and 'futura'.
70–19	Virgil's *Fourth Eclogue*—images of Arcadia.
COMMON ERA	
426	Augustine of Hippo *De civitate Dei* (*City of God*)—a utopian society.
12th century	
*c.*1180	Joachim of Fiore—three great ages on earth, the third to begin 1260.
13th century	
1260	Roger Bacon *Epistola de Secretis Operibus*—foresaw motor car, helicopter.

(*continued*)

14th century

1378	Ibn Khaldun *The Muqaddimah*—cyclical theory of social change.

15th century: The Italian Renaissance

c.1485	Da Vinci—flying machines and the *Ideal City*.

16th century

1516	More *Utopia*—community values stronger than individualism.
1543	Copernicus *On the Revolutions of the Heavenly Sphere*—new astronomy.
1555	Nostradamus *Les Propheties* (*The Prophecies*).
1589	De Molina *Concordia*—'futura' as contingent.

17th century: The scientific revolution

1602	Campanella *La città del sole* (*The City of the Sun*).
1627	Francis Bacon *The New Atlantis*—utopia of Enlightenment values.
1637	Descartes *Discourse on the Method*—Cartesian Rationalism.
1638	Godwin *The Man in the Moone*—first work of science fiction.
1662	Boyle's wishlist—twenty-four prophetic scientific predictions.
1686	de Fontenelle *Entretiens sur la pluralité des mondes*—life on other planets.
1687	Newton *Principia Mathematica*—birth of modern science.
1697	Leibniz *The Ultimate Origin of Things*—foreshadows Darwin's evolution.

18th century: The European Enlightenment

1748	La Mettrie *L'Homme machine* (*Man as Machine*).

1750	Turgot *A Philosophical Review of the Successive Advances of the Human Mind.*
1752	Maupertuis *Letters*—memory and 'prevision'.
1751–72	Diderot *Encyclopédie*—key text of French Enlightenment.
1760	Beginning of the Industrial Revolution in Britain.
1762	Rousseau *The Social Contract*—utopia of participatory democracy.
1765–83	The American Revolution—overthrew British, founded USA.
1771	Mercier *L'An 2440*—optimistic utopian novel.
1774	Herder *This Too a Philosophy of History for the Formation of Humanity.*
1781	Kant *Critique of Pure Reason*—key text of European Enlightenment.
1783	The launch of the Montgolfier balloon in Paris.
1786	The invention of the steam engine.
1789–99	The French Revolution.
1790s	The High Romantic period in Germany.
1795	de Condorcet *Outlines of an Historical View of the Progress of the Human Mind.*
1796	Goethe *Wilhelm Meister's Apprenticeship*—first *Bildungsroman.*
1798	Malthus *An Essay on the Principle of Population.*
19th century: The European Industrial Revolution	
1800	Schelling *System of Transcendental Idealism*—conscious evolution.
1802	Restif de la Bretonne *Les Posthumes*—first fiction Superman.
1805	De Grainville *Le Dernier Homme* (*The Last Man*).
1818	Wollstonecraft Shelley *Frankenstein.*

(*continued*)

19th century: The European Industrial Revolution	
1826	Wollstonecraft Shelley *The Last Man*.
1848	Marx and Engels *The Communist Manifesto*.
1859	Darwin *The Origin of Species*—theory of biological evolution.
1883–7	Nietzsche *Thus Spoke Zarathustra*—Übermensch (Superman)
1894	Steiner *The Philosophy of Freedom*—evolution of consciousness.
1895	Wells *The Time Machine*.
20th century	
1901	Wells *Anticipations* and *The War of the Worlds*.
1907	Bergson *Creative Evolution*—alternative to Darwinian evolution.
1917	The October Revolution in Russia.
1922	Mumford *The Story of Utopias* and pioneering urban futures.
1927	Lang's movie *Metropolis*—first evil cinema robot.
1928	The USSR's first five-year plan.
1929	US President Hoover—Research Committee on Social Trends.
1930	Stapledon *Last and First Men*.
1932	Aldous Huxley *Brave New World*.
1929–39	Great Depression. Roosevelt's social engineering plan.
1939	New York World's Fair *The World of Tomorrow*.
1942	Asimov *The Three Laws of Robotics* in *Runaround*.
1944	Mumford *The Condition of Man*.
1945	Buckminster Fuller first Geodesic Dome.
1949	Flechtheim *Futurology: The New Science?* Orwell *1984*.

1950	Teilhard de Chardin *From the Pre-Human to the Ultra-Human.*
1955	Teilhard de Chardin *Le Phénomène humain* in French. Polak *The Image of the Future Volumes I & II.*
1956	Mumford *The Transformations of Man.*
1957	Berger founded Centre International de Prospective. Julian Huxley—first used term Transhumanism.
1959	Teilhard de Chardin *The Future of Man.* Galtung—Peace Research Institute, Oslo. Delphi method Helmer, Rescher, and Dalkey.
1960	De Jouvenel founded Association Internationale de Futuribles.
1960s	Kahn (RAND) *On Thermonuclear War.* Fuller *World Game*—players solve world problems.
1962	McLuhan *The Gutenberg Galaxy*—impact of Internet. Carson *The Silent Spring*—ecological awareness. Kahn *Thinking about the Unthinkable.* Aldous Huxley *Island*—utopian novel.
1964	De Jouvenel *L'Art de la conjecture.* McLuhan *Understanding Media.*
1965–73	*Commission on the Year 2000.*
1966	Ursula Le Guin *Rocannon's World*—her first futuristic novel. World Future Society—founded by Cornish.
1967	Mankind 2000: Conference Oslo, Norway.
1968	*Futures*—first futures journal founded UK. Club of Rome—founded by Peccei and King. *2001: A Space Odyssey* movie.
1969	Jungk and Galtung *Mankind 2000*: Proceedings. McHale *The Future of the Future.*

(*continued*)

20th century	
1970	Özbekhan *The Predicament of Mankind* Club of Rome. Alvin and Heidi Toffler *Future Shock.*
1971	Hawai'i Research Center for Futures Studies—founded by Dator.
1972	Meadows with Randers *Limits to Growth.* Toffler (ed.) *The Futurists.*
1973	World Futures Studies Federation—founded Paris. Daniel Bell *Coming of Post-Industrial Society.*
1975	International University Centre, Dubrovnik. Fundación Javier Barros Sierra—founded Mexico.
1976	Kahn *The Next 200 Years.*
1977	Institute for Alternative Futures—founded by Bezold, Dator, Toffler. László *Goals for Mankind* to Club of Rome.
1979	*Mad Max*—early dystopian futures movie.
1982	Harman and Markley *Changing Images of Man.* Naisbitt *Megatrends.*
1983	Masini (ed.) *Visions of Desirable Societies.*
1986	International Futures Library, Salzburg—founded by Jungk. Drexler *Engines of Creation*—on nanotechnology.
1987	World Commission on Environment and Development.
1988	Hans Moravec *Mind Children.* Harman *Global Mind Change.*
1990	Barbara Adam *Time and Social Theory.* Elise Boulding *Building a Global Civic Culture.*
1990–6	UNESCO clearinghouse—Future Scan: FUTURESCO.

1993	Masini *Why Futures Studies?* Club of Budapest founded by László—human values, consciousness.
1997	Bell *The Foundations of Futures Studies Volumes I and II.* Slaughter *Knowledge Base of Futures Studies Volume I.*
1999	Morin *Homeland Earth: A Manifesto for the New Millennium.* *The Matrix* futures fiction movie.
2000	Inayatullah and Gidley (eds) *The University in Transformation.* Pieterse (ed.) *Global Futures: Shaping Globalization*

NB: See the main text for developments since 2000.

Sources: Janna Anderson (2006), *Futures Studies Timeline*; Jenny Andersson (2015), *Midwives of the Future*; Wendell Bell (1997), *Foundations of Futures Studies I*; I. F. Clarke (1979), *The Pattern of Expectation*; Johan Galtung and Sohail Inayatullah (1998), *Macrohistory and Macrohistorians*; Eleonora Masini (1982), *Reconceptualizing Futures*; and Wendy Schultz (2012), *The History of Futures.*

References

Introduction

Warren W. Wagar (1983). H. G. Wells and the Genesis of Future Studies. *World Network of Religious Futurists*. Retrieved from <http://www.wnrf.org/cms/hgwells.shtml>.

Ossip K. Flechtheim (1949). Futurology: The New Science? *The Forum* (April), 206–9.

Bertrand de Jouvenel (1964/1967). *The Art of Conjecture* (translation of *L'Art de la conjecture* by Nikita Lary). London: Weidenfeld and Nicolson.

Lyman Tower Sargent (2010). *Utopianism: A Very Short Introduction*. Oxford: Oxford University Press.

Chapter 1: Three thousand years of futures

Jean Gebser (1949/1985). *The Ever-Present Origin*. Athens, Oh.: Ohio University Press.

Barbara Adam (2004). *Time (Key Concepts)*. Cambridge: Polity Press.

Eleonora Masini (1996). International Futures Perspectives and Cultural Concepts of the Future. In R. Slaughter (ed.), *The Knowledge Base of Futures Studies, Volume I*. Hawthorn, Victoria, Australia: DD Media Group.

Frederick L. Polak (1973). *The Image of the Future* (translated and abridged by Elise Boulding). San Francisco: Jossey-Bass.

Ignatius Frederick Clarke (1979). *The Pattern of Expectation: 1644–2001*. London: Jonathan Cape.

Tommaso Campanella (1901). *The City of the Sun*. In *Ideal Commonwealths*. New York: P. F. Collier & Son. Web edition published by eBooks@Adelaide.
Catherine Redford (2012). The Last Man. *Catherine Redford's Romanticism Blog*. <http://www.catherineredford.co.uk/2012/08/the-last-man.html>.

Chapter 2: The future multiplied

Jenny Andersson (2015). Midwives of the Future: Futurism, Futures Studies and the Shaping of the Global Imagination. In J. Andersson and E. Rindzeviciute (eds), *The Struggle for the Long-Term in Transnational Science and Politics: Forging the Future*: London: Routledge.
Nicholas Rescher (1998). *Predicting the Future: An Introduction to the Theory of Forecasting*. New York: SUNY Press.
Rolf Kreibich (2007). All Tomorrow's Crises. *IP—Global Edition* (Spring), 'Limits to Growth', 11–15.
Nicholas Rescher (1967). The Future as an Object of Research. RAND Corporation paper P-3593, Santa Monica, Calif.
Robert Jungk and Johan Galtung (eds) (1969). *Mankind 2000*. Oslo: George Allen & Unwin.

Chapter 3: The evolving scholarship of futures studies

James Dator (2009). Alternative Futures at the Manoa School. *Journal of Futures Studies*, 14(2), 1–18.
Johan Galtung (1982). *Schooling, Education and the Future* (Vol. 61). Malmo: Department of Education and Psychology Research, Lund University.
Jennifer M. Gidley (18–19 November 2010). Is Futures Studies Keeping up with the Times? Speculations on the Futures of Futures Thinking. Paper presented at the Stockholm Futures Conference 'Our Future in the Making', Stockholm.
Ziauddin Sardar (1999). *Rescuing All our Futures: The Future of Futures Studies*. Westport, Conn.: Praeger.
Elise Boulding (1988). Image and Action in Peace Building. *Journal of Social Issues*, 44(2), 17–37.
Richard Slaughter (2003). *Integral Futures: A New Model for Futures Enquiry and Practice*. Melbourne: Australian Foresight Institute.

Jennifer M. Gidley (2010). An Other View of Integral Futures: De/reconstructing the IF Brand. *Futures: The Journal of Policy, Planning and Futures Studies*, 42(2), 125–33.

Chapter 4: Crystal balls, flying cars, and robots

Braden R. Allenby and Daniel Searewitz (2011). *The Techno-Human Condition*. Boston: MIT Press.

Nick Bostrom (2014). *Superintelligence: Paths, Dangers and Strategies*. Oxford: Oxford University Press.

Verner Vinge (1993). The Coming Technological Singularity: How to Survive in the Post-Human Era. Paper presented at the VISION-21 Symposium.

Lewis Mumford (1946). *Values for Survival: Essays, Addresses, and Letters on Politics and Education*. New York: Harcourt Brace and Co.

Chapter 5: Technotopian or human-centred futures?

Oliver Markley and Willis Harman (1982). *Changing Images of Man*. Oxford: Pergamon Press.

Chad Wellmon (2011). Touching Books: Diderot, Novalis, and the Encyclopedia of the Future. *Representations*, 114 (Spring), 65–102.

Alison Bashford (2013). Julian Huxley's Transhumanism. In M. Turda (ed.), *Crafting Humans: From Genesis to Eugenics and Beyond*. Taiwan: V & R Unipress Taiwan University Press.

Michael Murphy (1992). *The Future of the Body: Explorations into the Further Evolution of Human Nature*. Los Angeles: Jeremy P. Tarcher.

Jennifer M. Gidley (2010). Globally Scanning for Megatrends of the Mind: Potential Futures of 'Futures Thinking'. *Futures: The Journal of Policy, Planning and Futures Studies*, 42(10), 1040–8.

Duane Elgin and Coleen LeDrew (1997). *Global Consciousness Change: Indicators of an Emerging Paradigm*, San Anselmo, Calif.: The Millennium Project.

Chapter 6: Grand global futures challenges

James Dator (2009). The Unholy Trinity, Plus One. *Journal of Futures Studies*, 13(3), 33–48.

Jorgen Randers (2012). *A Global Forecast for the Next 40 Years: 2052*. White River Junction, Vt: Chelsea Green Publishing.
Hazel Henderson (2014). *Mapping the Global Transition to the Solar Age: From 'Economism' to Earth System Science*. London: ICAEW.
Maurizio Carta (2007). *Creative City: Dynamics, Innovations, Actions*. Barcelona: LISt Laboratorio.
Jennifer M. Gidley (2016). Understanding the Breadth of Futures Studies through a Dialogue with Climate Change. *World Future Review*, 8(1), 24–38.

Further reading and websites

General books

Here is a brief selection of classic futures books. See also <http://www.wfsf.org/resources/futures-publications-books>.

Adam, B., and Groves, C. (2007). *Future Matters: Action, Knowledge, Ethics (Supplements to the Study of Time)*. Leiden: Brill.

Bell, W. (1997). *Foundations of Futures Studies I & II*. New Brunswick, NJ: Transaction Publishers.

Binde, J. (2001) (ed.) *Keys to the 21st Century*. Paris: UNESCO & Berghahn Books.

de Jouvenel, B. (1964/1967). *The Art of Conjecture* (translation of *L'Art de la Conjecture* by Nikita Lary). London: Weidenfeld and Nicolson.

Gidley, J., and Inayatullah, S. (2002). *Youth Futures: Comparative Research and Transformative Visions*. Westport, Conn.: Praeger.

Inayatullah, S., and Gidley, J. (eds) (2000). *The University in Transformation: Global Perspectives on the Futures of the University*. Westport, Conn.: Bergin & Garvey.

Jungk, R., and Galtung, J. (eds) (1969). *Mankind 2000*. Oslo: George Allen & Unwin.

Masini, E. (1993). *Why Future Studies?* London: Grey Seal.

Slaughter, R. (1999). *Futures for the Third Millennium: Enabling the Forward View*. St Leonards, NSW: Prospect Media.

Journals

As the academic field of futures studies developed several academic journals were founded.

Here is a brief selection of peer reviewed futures and foresight journals with URLs. See also:
<http://www.wfsf.org/resources/futures-publications-journals>.

Futures: The Journal of Policy, Planning and Futures Studies, London: Elsevier, founded 1969.
<http://www.journals.elsevier.com/futures/>.

European Journal of Futures Research, Berlin: Springer, founded 2013. <http://www.springer.com/philosophy/history+of+science/journal/40309>.

Futuribles, Paris: Futuribles International, founded 1960.
<https://www.futuribles.com/en/>.

World Future Review, Hawai'i: Sage, founded 2009.
<https://au.sagepub.com/en-gb/oce/world-future-review/journal202156#description>.

Foresight: The Journal of Future Studies, Strategic Thinking and Policy, London: Emerald, founded 1999.
<http://www.emeraldgrouppublishing.com/products/journals/journals.htm?PHPSESSID=if4gij4mdfomo157e0oprpafj1&id=fs>.

Web resources

Here are links to a handful of key players on the global stage.
World Futures Studies Federation: <www.wfsf.org>.
Association of Professional Futurists: <apf.org>.
The Future of Humanity Institute: <www.fhi.ox.ac.uk>.
World Future Council: <www.worldfuturecouncil.org>.
World Future Society: <www.wfs.org>.
The Millennium Project: <www.millennium-project.org>.

Introduction

Good overviews on naming the study of the future are Wendell Bell (1996), An Overview of Futures Studies. In R. Slaughter (ed.), *The Knowledge Base of Futures Studies, Volume I*. Hawthorn, Victoria, Australia: DD Media Group; Eleonora Masini (1993), *Why Future Studies?* London: Grey Seal; Ziauddin Sardar (2010), The Namesake: Futures; Futures Studies; Futurology; Futuristic; Foresight—What's in a Name? *Futures: The Journal of Policy, Planning and Futures Studies*, 42(3), 177–84.

A good overview on time and the future is Barbara Adam (2004), *Time (Key Concepts)*. Cambridge: Polity Press.

Of historical interest is H. G. Wells (1932/1987), 'Wanted Professors of Foresight!' *Futures Research Quarterly (World Future Society)* (Spring).

Chapter 1: Three thousand years of futures

For an overview of evolution of consciousness theories in relation to time consciousness see Jennifer M. Gidley (2007), The Evolution of Consciousness as a Planetary Imperative: An Integration of Integral Views. *Integral Review: A Transdisciplinary and Transcultural Journal for New Thought, Research and Praxis*, 5, 4–226; Ken Wilber (1981/1996), *Up from Eden*. Wheaton, Ill.: Quest Books.

A good overview of macrohistory is Johan Galtung and Sohail Inayatullah (1998), *Macrohistory and Macrohistorians*. Westport, Conn.: Praeger.

The best overview on the broad history of futures thinking is Wendell Bell (1997/2003), *Foundations of Futures Studies I: History, Purposes, Knowledge*. New Brunswick, NJ: Transaction Publishers. For a short history of futures studies see Wendy Schultz (2012), The History of Futures. In A. Curry (ed.), *The Future of Futures* (pp. 3–7): Association of Professional Futurists.

Overviews of utopias and dystopias are Lyman Tower Sargent (2010), *Utopianism: A Very Short Introduction*. Oxford: Oxford University Press; and Gregory Claeys (ed.) (2010), *The Cambridge Companion to Utopian Literature*. Cambridge: Cambridge University Press.

Chapter 2: The future multiplied

Overview of the pluralism shift in philosophy: Jürgen Habermas (1972), *Knowledge and Human Interests* (2nd edn). London: Heinemann.

For histories of futures thinking in the Cold War period, see Jenny Andersson (2012), The Great Future Debate and the Struggle for the World. *American Historical Review*, 117(5), 1411–30; Elke Seefried (2014), Steering the Future: The Emergence of 'Western' Futures Research and its Production of Expertise, 1950s to early 1970s. *European Journal of Futures Research*, 2(1), 1–12; Hyeonju Son (2015), The History of Western Futures Studies: An Exploration of the Intellectual Traditions and Three-Phase Periodization. *Futures: The Journal of Policy, Planning and*

Futures Studies, 66, 120–37; and a special issue of *Futures* (2005) Volume 37, No. 5.

An overview of personal futures approach is Verne Wheelwright (2012), *It's your Future...Make it a Good One!* Harlingen, Tex.: Personal Futures Network.

Chapter 3: The evolving scholarship of futures studies

Other typologies of futures approaches include: Sohail Inayatullah (1990), Deconstructing and Reconstructing the Future: Predictive, Cultural and Critical Epistemologies. *Futures*, 22(2), 115–41; Richard Slaughter (1999), Professional Standards in Futures Work. *Futures: The Journal of Policy, Planning and Futures Studies*, 31(8), 835–51; Peter Moll (1996), The Thirst for Certainty: Futures Studies in Europe and the United States. In R. Slaughter (ed.), *The Knowledge Base of Futures Studies, Volume 1*. Melbourne, Victoria: Foresight International; and Éva Hideg (2015), *Paradigms in Futures Field, Volume 21*. Budapest: Corvinus University.

For wider reading on advancing futures concepts see Eleonora Masini (1982), Reconceptualizing Futures: A Need and a Hope. *World Future Society Bulletin* (November–December), 1–8; and Richard Slaughter (1999), *Futures for the Third Millennium: Enabling the Forward View*. St Leonards, NSW: Prospect Media.

To explore the integral futures controversy see special issues of *Futures* (2008) Volume 40(2); *Futures* (2010) Volume 42(2); and special issue of *Journal of Integral Theory and Practice*, 6(2).

Extended concepts of time can be explored in Elise Boulding (1990), *Building a Global Civic Culture: Education for an Interdependent World*. New York: Syracuse University Press; Danny Hillis, Rob Seaman, Steve Allen, and Jon Giorgini (2012), *Time in the 10,000-Year Clock*. Washington, DC: American Astronomical Society.

Good overviews of futures methods are found in Richard A. Slaughter with Marcus Bussey (2005/2012), *Futures Thinking for Social Foresight*. Brisbane: Foresight International; Joseph Voros (2003), A Generic Foresight Process Framework. *Foresight*, 5(3), 20–1; Michael Jackson (2013), *Practical Foresight Guide—Shaping Tomorrow*, chapter 3 <https://www.shapingtomorrow.com/media-centre/pf-ch03.pdf>; Jerome C. Glenn and Theodore J. Gordon (2009), *Futures Research Methodology Version 3.0*, The Millennium Project.

Chapter 4: Crystal balls, flying cars, and robots

Best overviews of contemporary transhumanism and posthumanism are Nick Bostrom (2003/5), Transhumanist Values. In F. Adams (ed.), *Ethical Issues for the 21st Century*. Oxford: Philosophical Documentation Centre Press; Nick Bostrom (2008), Why I Want to be a Posthuman When I Grow up. In B. Gordijn and R. Chadwick (eds), *Medical Enhancement and Posthumanity* (107–37). New York: Springer.

For an overview of Kurzweil's singularity theory see Ray Kurzweil (2006), *The Singularity is Near: When Humans Transcend Biology*. New York: Penguin; The Viking Press.

Neo-Cornucopian approaches include Byron Reese (2013), *Infinite Progress: How the Internet and Technology will End Ignorance, Disease, Poverty, Hunger and War*. Austin, Tex.: Greenleaf Books.

Neo-Malthusian approaches include Lindsay Grant (1993), Cornucopian Fallacies. *Focus*, 3(2); Jared Diamond (2005), *Collapse: How Societies Choose to Fail or Succeed*. New York: Viking.

For discussion on existential risk related to AI see Nick Bostrom (2014), *Superintelligence: Paths, Dangers and Strategies*. Oxford: Oxford University Press; Jaron Lanier (2013), *Who Owns the Future?* New York: Simon & Schuster.

Chapter 5: Technotopian or human-centred futures?

For more on human-centred images see Fred Polak (1973), *The Image of the Future* (translated and abridged by Elise Boulding). San Francisco: Jossey-Bass; Jacques Attali (2006/2009), *A Brief History of the Future: A Brave and Controversial Look at the Twenty-First Century* (translated by J. Leggatt). New York: Skyhorse Publishing.

Origins of humanistic transhumanism: see Pierre Teilhard de Chardin (1959/2002), *The Phenomenon of Man*. New York: Perennial; Pierre Teilhard de Chardin (1959/2004), *The Future of Man*. New York: Image Books, Doubleday; Julian Huxley (1957), Transhumanism. In J. Huxley (ed.), *New Bottles for New Wine* (pp. 13–17). London: Chatto & Windus.

Further reading on naturally evolving superhuman theories includes Henri Bergson (1907/1944), *Creative Evolution* (translated by A. Mitchell). New York: Macmillan & Co.; Rudolf Steiner

(1914/1973), *The Riddles of Philosophy (GA 18)* (4th edn). Spring Valley, NY: The Anthroposophic Press; Michael Murphy (1992), *The Future of the Body: Explorations into the Further Evolution of Human Nature*. Los Angeles: Jeremy P. Tarcher.

Overviews of evolution of consciousness and human-centred futures include Abraham Maslow (1971), *The Farther Reaches of Human Nature*. New York: The Viking Press; Ken Wilber (2000), *Integral Psychology: Consciousness, Spirit, Psychology, Therapy*. Boston: Shambhala; and Ervin Lászlo (2006), *The Chaos Point: The World at the Crossroads*. Charlottsville, Va: Hampton Roads Publishing Company, Inc.

Good overviews on cultural evolution are Richard Tarnas (1991), *The Passions of the Western Mind*. New York: Random House; Jürgen Habermas (1979), *Communication and the Evolution of Society*. Boston: Beacon Press.

Good overviews on postformal reasoning are Jan Sinnot (1998), *The Development of Logic in Adulthood: Postformal Thought and its Applications*. New York: Springer; Michael L. Commons and Sara Ross (2008), What Postformal Thought is, and Why it Matters. *World Futures*, 64, 321–9; and Jennifer M. Gidley (2016), 'Postformal in Psychology' (chapter 5) in *Postformal Education: A Philosophy for Complex Futures*. Dordrecht: Springer.

Chapter 6: Grand global futures challenges

Overviews on the global challenges: see World Economic Forum *Outlook on the Global Agenda Report 2015*; and Jerome C. Glenn, Elizabeth Florescu, and The Millennium Project Team 2015–2016 State of the Future Report.

Good reading on the new urbanization including creative cities: see Tigran Haas (ed.) (2008), *New Urbanism and Beyond: Designing Cities for the Future*. New York: Rizzoli; Sasha Kagan (2010), Workshop 3: Sustainable Creative Cities: The Role of the Arts in Globalised Urban Contexts. In *4th Connecting Civil Societies in Asia and Europe (CCS4) Conference*. Brussels: Leuphana, Institut für Kulturtheorie.

Introductions to the post-industrial creative culture include Paul Ray (1996), The Rise of Integral Culture. *Noetic Sciences Review*, 37, Spring; Richard Florida (2002), *The Rise of the Creative Class; and How It's Transforming Work, Leisure, Community and Everyday Life*. New York: Basic Books.

For an overview on educational challenges and transformation see Jennifer M. Gidley (2016), *Postformal Education: A Philosophy for Complex Futures*. Dordrecht: Springer International; and Edgar Morin (2001), *Seven Complex Lessons in Education for the Future*. Paris: UNESCO.

Further reading on the climate crisis and approaches to it: see Intergovernmental Panel on Climate Change (IPCC), *IPCC, 2014*: R. K. Pachauri and L. A. Meyer (2014) (eds), *Climate Change 2014: Synthesis Report. Contribution of Working Groups I, II and III to the Fifth Assessment Report of the Intergovernmental Panel on Climate Change*. Geneva: IPCC.

“牛津通识读本”已出书目

古典哲学的趣味
人生的意义
文学理论入门
大众经济学
历史之源
设计，无处不在
生活中的心理学
政治的历史与边界
哲学的思与惑
资本主义
美国总统制
海德格尔
我们时代的伦理学
卡夫卡是谁
考古学的过去与未来
天文学简史
社会学的意识
康德
尼采
亚里士多德的世界
西方艺术新论
全球化面面观
简明逻辑学
法哲学：价值与事实
政治哲学与幸福根基
选择理论
后殖民主义与世界格局
福柯
缤纷的语言学
达达和超现实主义
佛学概论
维特根斯坦与哲学
科学哲学
印度哲学祛魅
克尔凯郭尔
科学革命
广告
数学
叔本华
笛卡尔
基督教神学
犹太人与犹太教
现代日本
罗兰 · 巴特
马基雅维里
全球经济史
进化
性存在
量子理论
牛顿新传
国际移民
哈贝马斯
医学伦理
黑格尔
地球
记忆
法律
中国文学
托克维尔
休谟
分子
法国大革命
民族主义
科幻作品
罗素
美国政党与选举
美国最高法院
纪录片
大萧条与罗斯福新政
领导力
无神论
罗马共和国
美国国会
民主
英格兰文学
现代主义
网络
自闭症
德里达
浪漫主义
批判理论

德国文学
戏剧
腐败
医事法
癌症
植物
法语文学
微观经济学
湖泊
拜占庭
司法心理学
发展
农业
特洛伊战争
巴比伦尼亚
河流
战争与技术
品牌学
数学简史
物理学
行为经济学
计算机科学
儒家思想
未来

儿童心理学
时装
现代拉丁美洲文学
卢梭
隐私
电影音乐
抑郁症
传染病
希腊化时代
知识
环境伦理学
美国革命
元素周期表
人口学
社会心理学
动物
项目管理
美学
管理学
卫星
国际法
计算机
亚当·斯密

电影
俄罗斯文学
古典文学
大数据
洛克
幸福
免疫系统
银行学
景观设计学
神圣罗马帝国
大流行病
亚历山大大帝
气候
第二次世界大战
中世纪
工业革命
传记
公共管理
社会语言学
物质
学习
化学
天体物理学